言視舍 評伝選

山本七平

Yamamoto Shichihei

鷲田小彌太

Washida Koyata

言視舍

山本七平（1921 ～ 1991）1971 年 4 月
写真提供＝共同通信社

はじめに

1　処女作にはすべてがある。

すぐれた処女作は、どんなに作者から離れているように見えても、「自画像」である。

吉本隆明　一九二四〜二〇一二　「マチウ書試論」（一九五四『芸術的抵抗と挫折』一九五九）＝イエス（ジュジュ）はいつキリストになったか

小室直樹　一九三二〜二〇一〇　『ソヴィエト帝国の崩壊』（一九八〇）

丸山真男　一九一四〜一九九六　「超国家主義の論理と心理」（一九四六『現代政治の思想と行動』一九六四）

司馬遼太郎　一九二三〜一九九六　『梟の城』（一九六〇）

イザヤ・ベンダサン『日本人とユダヤ人』（一九七〇）

山本七平　一九二一〜一九九一　『ある異常体験者の偏見』（一九七四）

これら処女作のすべては、「いまだ何ものでもない」ものが「何ものか」になろうとして、「何ごとか」（something）を書き上げた成果である。しかも、「自伝」である。「立志伝」（a story of a self-made man）であり、「偉大なこと」（something great）をなし遂げる「端緒」である。と同時に、処女作には、作家が成就するもののすべての要素が含まれている、と断じてもいい。とりわけ山本がそうだった。その全作品は、「自分」(self made man) 研究でもある。自分史を、暗黙裏のうちに、書く。これが山本の「立志」であった(と思える)。

2　日本と日本人の「履歴書」を書く。

しかし山本(＝現存在)は、「自分」からもっとも遠いもの、比較対象化された、日本と日本人の「歴史」を書こうとする。端的にいえば「日本と日本人とはいかなるものか?」に、日本と日本人とは異なる対象と比較＝相対させ、答えようとする。そうしてはじめて日本と日本人の「自画像」が書ける、とするのだ。従来の自画像に欠落したものを、民主主義(作法)と科学(作文)を、まったく異なった形で提示するに至る。

山本七平は、民主主義と科学と平和の「敵対」者のごとく語られることがある。少なくない。保守反動という人がいる。多い。天皇主義者で、軍国主義の復活を願う人間だ、と指弾する人がいる。とんでもないことだ。すべて、一読しないでする、読んでも「自分とは違う」と感じることから生じる「幻像」(imago)だ。

わたし(鷲田)自身の山本「像」は、七〇年代、八〇年代、九〇年代と変わらなかった。一読もなかった(?!)ので、「わたしとは違うな!」という幻像にとどまった。それが、二一世紀になるまで、山本の著作を本格的に読まなかった、結果である。

わたしは仕事で(書くために)山本作品を読みはじめた。しかし、肝心なところを読み間違っていた。「ベンダサン＝山本」としていたからだ。本書で訂正したい。できるなら、読者の皆さんにも、訂正してもらいたい。

本書は「山本七平への旅」である。かなり長い。でもていねいに辿れば、遠くはない。

山本七平＊目次

補　291

最初に「評伝」のイメージを記してみたい。かなり大雑把に、ざっくばらんに、裃を着けずに、という。ただし、あくまでも「入り口」だ。「なか」は日本人にとっては未知の「怪物」だ。そう思ってほしい。

1　日本教徒

日本人は日本教から抜け出ることはできない。そう述べる山本自身も、また紛れもなき日本教徒の一人である。ただし、山本は、

（1）日本教徒批判のキリスト教徒である。
（2）日本のキリスト教徒、日本教徒であるキリスト教徒の徹底批判者である。
（3）では山本は「批判者の批判」にとどまるのか。もしそうでないのなら、キリスト教徒の絶対要件とは何か。ユダヤ教やイスラム教徒とともに、唯一神との契約、これが絶対である、という「立場」を堅持できるかどうか、である。

しかし「立場」とは何か。あらかじめここで議論する前に、一つの「例」を示しておこう。カー

ル・マルクスの「批判者の批判」の批判論理である。マルクスはいう。

《ヘーゲルのうちには三つの要素がある。スピノザの実体、フィヒテの自己意識、そしてこの両者の必然的な矛盾に満ちたヘーゲルの統一、すなわち絶対精神である。第一の要素は人間から切り離されて形而上学的に改作された自然であり、第二のものは自然から切り離されて形而上学的に改作された精神であり、第三のものはこれら両者の形而上学的に改作された統一であり、現実の人間と現実の人類である。

ストラウスはスピノザ的立場から、バウアーはフィヒテ的立場から、ヘーゲルをそれぞれ神学の領域で首尾一貫して展開している。……フォイエルバッハが現れるにおよんで、彼は形而上学的な絶対精神を「自然という基礎の上に立つ現実的人間」に解消することによって、はじめてヘーゲルの立場に立って完成し、批判した。》（『聖家族――批判的批判の批判』一八四四）

マルクスは、バウアーを「社会の外部に生きている批判者」であると断罪する。

山本は、マルクスが批判した、ヘーゲル左派のB・バウアーの立場と似ているのか、いないのか？答え。似ていない。歴史変化のなかに実在する人間自然（human nature）を肯定するからだ。

だがマルクスの批判は、「批判者の批判」の批判にとどまっていないのか？　答え。いる。この時期、マルクスもまた、「絶対精神」を「人間＝自然」に解消することで、社会的諸関係とりわけ歴史変化から切り離されて形而上学的に改作された「人間」を立て、「人間主義」（humanism）の立場を標榜したからだ。

この意味で、ベンダサン「夏目漱石『こころ』に見る現代日本精神」（『ベンダサンの日本の歴史』所収）や山本『小林秀雄の流儀』は、「批判者の批判」に似ている。

2 日本教徒キリスト教派

では、日本人であり、日本教徒であり、日本教徒に根本的な批判者である立場を取るキリスト教徒の山本にできることは何か。

(1) 日本教を、日本人が不可避に逃れることのできない「病」であり、「桎梏」であるとしてつかむだけでなく、「絆」(bonds) として、自覚し、生き、かつ語る=書くことだ。

ここで「バンド」とは、サマセット・モーム『人間の絆』、あるいは内村鑑三たちの「札幌バンド」を意味する。

(2) これは、一見して、キルケゴール『死に至る病』の自覚(自己意識)の構図に、似ている。しかし、一見して、のことである。

キルケゴール(一八一三〜五五)はデンマーク生まれの哲学者で、デカルトからヘーゲルまでの近代精神=合理主義と教会宗教を批判する、急進主義者だ。『死に至る病』(一八四九)の核心部分を知ってほしい。

〈人間とは何か? 精神である。精神とは何か? 自己〔意識〕だ。自己とは何か? 一つの〔自己が自己を意識する〕関係である。関係〔自己意識が〕それ自身に関係する関係だ。この関係は、有限性と無限性、時間的なものと永遠的なもの、自由と必然との総合である。だがこの総合は、二つのものの総合のように、たんなる消極的な統一としての第三者ではない。

人間の自己は、関係する自己も、関係される自己も、無限なもの、永遠なものではない。関係にすぎない。自分で自分自身を措定〔産出〕する自己ではなく、別なある者によって措定された、派生的な関係が人間の自己なのだ。自己とは、それ自身に関係する関係であるとともに、それ自身に関係することにおいて他者に関係する関係なのである。

絶望は不可避な病である。なぜか？　絶望とは精神の病である。それに三種ある。一、絶望していることに気づかず、人生の喜びや悲しみに欺かれてうかうかと日を送り、自分を精神として自覚しない場合だ。二、絶望を自覚しているが、絶望して自分自身であろうと欲しない場合だ。自己が自分で自己を措定したと思っている人で、絶望している自己自身から逃れようとする。三、絶望して自分自身であろうと欲する場合だ。したがって、絶望は特殊例外的な病ではなく、人間にとって避けることのできない、すべての人が罹る病である。

一は、病んでいることを自覚していないので、絶望＝病から逃れることはできない。二は弱さの絶望だ。その絶望は、この世のものを失った絶望にすぎない。絶望を徹底的に生き抜く精神ではない。したがって双方とも本来の生を失った、一は、自覚なしに、二は自覚しつつ、精神上、死んだ生を生きているにすぎない、死に至る病である。

絶望とは罪である。どうしてか？　三の精神は、本来の自己を、自己を超えた他者（永遠なるもの＝神）との関係を失った関係を生きざるをえないことを自覚している。絶望して自己自身であろうと欲する、とは、この本来の自己を取りもどす自己回帰の不可避な契機を内包しているのだ。

人間は、牛を、奴隷を、両親を、国家等を尺度として生きる。それは、有限なものとの関係と関係する自己で、無限なものとの関係を失った関係にある自己だ。絶望とは、永遠なものとの関係を失なう関係を生きざるをえないことに絶望するとともに、永遠的なものを求めるという、二重の絶望関係を自覚的に生きることである。人間はこの絶望＝原罪から逃れることはできない。可能なのは、原罪を自覚し、永遠なものを尺度とする生き方をやめないことだ。死に至る病を自覚的に生き抜くことだ。〉

なおキルケゴールがすごいのは、彼自身がこの「死に至る病」を生き抜いたことだ。

（3）一九七〇年以降、山本が書いたことのすべては、日本教徒にして日本教をどう抜け出る（durchdringen）ことができるか、の問いに答えるためのものである。ドイツ語のドゥルヒドゥリンゲンとは「する抜ける」（回避）ではなく、「つき抜ける」（浸透・貫通）である。貫通して、別な境位（rigion）に達することだ。

ただし別の領域といっても、一度のりこえてしまえば戻ることのない「鉄壁」内にはいるのではない。細い太いにかかわらず、領域のあいだには、往還可能な「通路」が開いている。「復帰」不能な通路ではない。それが「日本教」の特質である、と山本は考えている。

（4）だが山本のいうとおりであろうか？　日本教といわれているものは、約言すれば「日本（人）に共通な無意識」だ。だが、日本の無意識は特異特例や孤立無援のものにとどまるのだろうか？そうではなく、人類に共通な無意識に通じる部分をもっているのではないだろうか？　これを検討する必要がある。

3　自覚し、生き、書く

しかし、日本教徒でありながら、日本教を自覚し、生き、書くことは、至難の業だ。なぜか。自覚すること、生きること、書くことは、相通じるが、各自独立した異質なことだからだ。

最も重要なのは、以下のことではないだろうか。
（1）山本は「自伝」とでもいうべき作品を数多く残している。
1．文字通りの「自伝」で、『静かなる細き声』である。
2．『昭和東京ものがたり』は、1．の「補遺」というよりは、時代意識や世相を焦点にした「自伝」である。
3．山本の戦争体験三部作『ある異常体験者の偏見』『一下級将校の見た帝国陸軍』『私の中の日本軍』は、「自伝」として読むことができるのではなく、「自伝」として読むべきである。
4．その他エッセイ集『人生について』（PHP研究所）や山本夏彦との対談集『夏彦・七平の十八番づくし』『意地悪は死なず』は「自伝」の「補遺」として読むことができる。
5．なによりも重要なのは、作家の「自伝」は作家の作品の「なか」にある、その「なか」にしかない、という事実だ。
端的に思い起こしてほしい。「歴史」（history）とは「書かれたもの」である。「自伝」（my history）も歴とした「歴史」ではないか。
（2）そのうえで確認しなければならない。
山本が自覚したコース（信念）、生きたコース（体験）、書いたコース《メイン》（作品）を、一体のものとみなすのは、とても危険である。わたしは、山本の作品（works）を正面に据え、その信と体験を側面におこうとする。

もっとも、山本の「信」と「体験」は、その作品の膨大な部分を、圧倒的な力で浸透している。この浸透力こそ、山本作品の他に代えがたき「生命」であり、「輝き」である、ということができる。だからこそ、信や体験の力で、作品のリアリティを保証する行き方《マナー》をとってはならない、というのがわたしの考えだ。これが作家・思想家山本を遇する正当で最良な行き方であり、作家山本の「思考」本意もここにある、と考えるからだ。

（3）以上の上で断じよう。

1.「自伝」には、あるいはおよそ「歴史」には「作者」がいる。山本の自作伝記の作者は、山本だ。

2.この「作者」山本とは誰か？　面妖なことをいうではないか。作者「山本」は「唯一無比の存在」ではないか、と。そうではないのだ。

「自伝」の作者は、一九七〇年代、「作家」（イザヤ・ベンダサンや山本七平）として登場した作者であること、自明である。彼らの自伝は、すべて、作家となった人間の意識（記憶）で書かれたものだ、ということをひとときも失念してはならない。

3.ただし、2.の確認は、山本の「自伝」を信じるに足らないとか、誤認に満ちているとか、いいたいのではない。重要なのは、山本の自伝も作品も、一九七〇〜八〇年代の山本の意識あるいは無意識によって「書かれたもの」（歴史）、端的にいえば、再構成されたものであるということだ。

これを山本「自伝」、ましてやベンダサン＋山本作品に難癖をつけることだ、と解さないでほしい。まったく反対なのだ。その「自伝」と作品を、「書かれたもの」一般に対するのと同じマナーで対応するためにこそ、必要なのだ。

4.とりわけ、山本「自伝」は、圧倒的な「異常体験」と堅い「信仰」によって書かれているため、書かれた時代意識や無意識を棚上げして「読む」と、大きな錯誤読をおこしかねない、と思えるからだ。

4「三位一体」か？

もちろん三つのことはつながっている。だがいわゆる「三位一体」ではない。なぜか。

(1) 自覚しなくとも、否、むしろ自覚を傍においてこそ、くだいていえば、「自分を棚にあげて」こそ人は、よきにつけあしきにつけ、生きることができるからだ。よくもわるくも書けるからだ。ベンダサンや山本は例外者か。そんなことはない。(わたしから看れば、ごく健常者である。異常なところはない。)

(2) だが、書いてしまえば、自分の人生を「棚上げ」して、ですますわけにはいかなくなる。「自覚」(覚知 perception) のほどが問われる。「事実」と「論理」と「信」に即して審理される場に立たされる。

(3) 人は、多く、書いてはじめて、書いたものによって「判断」される。無自覚に生き、あるいは書いたことの是非をただされる。ベターなのは、無自覚には自覚を、誤人生にはまっとうな人生をもって訂正すればいいが、それは簡単ではない。

特に、異常体験と堅信の持ち主である山本は、その特殊体験や信仰のゆえに、彼が語り書く「論理」を正当化に導く危険がある。総じて、「体験」や「信」が真っ裸で闊歩し出すと、手に負えなくなる。「戦争体験を忘れるな！」などの中身抜きの「悲惨」体験が大手を振って歩く。

一つの事例を思い起こしてほしい。

山本がしばしば引く、フランクル『夜と霧』との比較である。『夜と霧』は、山本よりさらに「異常」体験者記である。「超常」といってさえいい。

エミール・フランクル『夜と霧』は、原題が「一人の心理学者が強制収容所で体験したこと」というほどの意味で、体験記である。フランクルは精神科医で、実際にユダヤ人としてドイツの強制収容所にいれられて、奇蹟的に生還した。そこで語られている思想はさまざまあるが、二つだけ引こう

1.《ただ一つのことを君達に忠告する。それは、ひげを剃れ、ということだ。できれば毎日だ。何でもよい、俺はガラス片でやっている。あるいはひげを剃ってくれる者に最後のパンの一片をやれ、そうすれば君達は若く見え、頬はたとえひっかき廻したようでも、血色がよくなる。病気になるな、また病気のように見えさせるな。生命が救かろうと思うならば、たった一つだけ方法がある。それは労働が可能であるという印象を惹き起こすことだ。君達が一寸したつまらない傷や靴ずれで跛をひくだけで、もうおしまいだぞ。誰か親衛隊員がそれを見つけ、其奴に傍にくるように合図し、そして翌日はガス行きは受け合いだ。俺達の間で回教徒と呼ばれている者を知っているか。病人らしく見える、くたびれて痩せた、もう働くのがむずかしいような哀れな姿さ。早かれ遅かれ、しかも大概はすぐ、回教徒はガスの中に入って行くのだ。だからもう一度言うがな、ひげを剃れ、そしていつも真直ぐ立って歩け。そうすればガスの心配をする必要はない。まだここに来て二十四時間しかたっていないにせよ、丁度俺の前にいる君達のようにしているのだ。いつまでもな。そうすればガスの心配はない。》(一九四七　霜山徳爾訳　みすず書房)

2.《人生から何をわれわれはまだ期待できるかが問題なのではなくて、むしろ人生が何をわれ

われから期待しているかが問題なのである。》

フランクルはキリスト者である。彼は1.の状況下で、生きる意味・目的の「転換」をおこなう。正確には、転換をおこなって、はじめて生き抜く力を獲得する。

強制収容所は厳しい。一片のパンすらも、一すすりのスープすらも与えられない状態だ。そのなかで、なお生きる勇気を失わない状態に人々を押し止めている運命を、神が私に授けようとしているのだ。ならば、私は生きてやろうじゃないか。神が私をこのような形で試しているのなら、生きてやる。神が私に対して不幸を与えているのではない。神が与えた運命なのだ。ならば、どんな運命でも、甘んじて生き抜いてやろうじゃないか。こう、作者フランクルが強制収容所のぎりぎりの生存状態の中で独白する。

山本の「異常体験」を「絶対化」する危険は、フランクルの体験と比較すると避けることができる。相対化・客観視できる。山本の体験を卑小化したいがためではない。その論を、可能な限り「体験」や「信仰」から独立化させるためにである。

5 「完成」体として初登場

評論家山本七平は、ほとんど「完成」した作家として論壇に初登場した。

最初の著書（単行本）が、一九七三年二月『文藝春秋』（三月号）に連載され、七四年に単行本になった、『ある異常体験者の偏見』（文藝春秋）である。

しかし山本七平『ある異常体験者の偏見』には、イザヤ・ベンダサン『日本人とユダヤ人』（山本書店　一九七〇）が先行する。しかも、まったく無名・新人作家が書いて、ほとんど無名な小書店から出たこの本が、ベストセラーになったのだ。たしかに「ずぶの素人」がベストセラーを書くというのは、「文壇」ではかならずしも稀なことではなかった。が、「論壇」では稀なことに属する。二つのことにかぎっていおう。

(1)この書が出版された年が、戦後の「終わり」をしめす「画期《エポック・メーキング》」であったことだ。

たしかに一九六〇年、「日米安全保障条約」改定をめぐる年が「戦後」の重大画期であった。しかも改定後、すぐ続いて新時代を画する六〇年代高度成長経済がはじまる。しかしこの一〇年余は、「旧」日本の「総決算」が基本で、「新」日本はまだ「踊り場」(standing still)にあった。

一九七〇年(昭和四五)は、一見、たしかに騒がしい年だった。一方では、高度成長期の「民族移動」の総仕上げとでもいうべき大阪万博に日本全国から六五〇〇万に迫る人が集まった。同時に、「戦後」=「占領」に終止符を打つ象徴、「沖縄返還」をめぐって、日米安保条約改定とそれを阻止しようとする(戦後最後の)大衆政治闘争が生じた。さらにこの闘争の狭間を縫うようにして、ベトナム反戦(「アメリカはベトナムから出ていけ!」)闘争が盛り上がり、お隣のチャイナでは「文化大革命」(共産党内の権力闘争)が新局面を迎え、新左翼過激集団赤軍派の「よど号ハイジャック事件」が、自衛隊駐屯地で割腹自殺した三島由紀夫事件(「憲法改正!」ならずんば自衛隊のクーデタを!)が生じ、全国各地で水質大気汚染「公害」問題が噴出した。いずれも、六〇年代の「ツケ」を支払う事件であるといっていい。

一九七〇年という年は、よきにつけあしきにつけ「お祭り」であった。だがこの祭りの「あとに」になにが生じるのか、で決定事項は「沖縄返還」だけであった。まだ、ベトナムから米軍が「敗北」撤退する、などと予測した人はいなかった。赤軍派がリンチ殺人事件を起こし、国際テロの手先になること、毛沢東の「文化大革命」がチャイナの負の遺産になることを予測はできたが、社会主義「世界体制」が二〇年後に崩壊するなどということは予見できなかった。それに「公害」という名の大気水質汚染、人命・文化・自然破壊（「日本沈没」）が、法規制や技術革新によって食い止められ、「除去」できる、と主調する論者は少数派だった。「異端」であった。

（2）一見地味なベンダサン『日本人とユダヤ人』は、日本人を理解する総体ビジョンの核となる「新」視点（哲学）を提出した。画期的で刺激的な内容を提示できた理由だ。どういう視点か。

欧米人と日本人を対比モデルにする日本人論、たとえばその代表である『菊と刀』（The Chrysanthemum and the Sword : Patterns of Japanese Culture 一九四六）は、「菊」＝「天皇制」や「刀」（武士道）という特殊「日本モデル」を対比尺度にする。だが『日本人とユダヤ人』は、「安全と自由と水」を比較尺度とする。一見して地味な要素だ。しかし「世界普遍《あたりまえ》モデル」である。欧米（資本主義）、中ソ（社会主義）、その他世界のありとあらゆる地域の民族、住人にも当てはまる「尺度」だ。

主張は単純明快である。日本人は「安全と自由と水」を「ただ同然」（natural）と見なしている。ユダヤ人であれ、非日本人であれ、この三つを「ただ同然」と見なしていない。ただ同然とみなす日本人の「心的傾向」（mentality　精神構造）、歴史的に形成されてきた日本人に共通な民族意識（無意識）とはなにか？　これが『日本人とユダヤ人』が、問いかつ答えようとするメインテーマである。

同時に、山本七平の著作が、『ある異常体験者の偏見』（一九七四）からはじまって『日本人とは何か。』（一九八九）まで、ひたすら解明しようとして挑んだ総テーマである。

Ⅰ

「前史」——異例の日本人

0章　焦点

1　山本七平の人生を「終点」から遡れば、何の迷いもなくそのライフとワークを太い線で描くことができる。その中間に「異常な戦争体験」が、がっしりと抜きがたく挟まっている。

2　だが、その人生「出発」から遠望すれば、その到達点を薄ぼんやりとも窺い知ることはできない。それほどに異例の人生である。

しかし同時に、その異例さは、「木に竹を接ぐ」というようなものではない。梅の木に梅の実がというように、必然というか、「自然」に思える。

3　1と2は、だれにでも生じることだが、出発と終点をつなぐ「細い」だが「強靱」な線をたどってみよう。どんな線か。何によって生まれた線か。

その線は、「キリスト教徒」山本七平にしかたどり着くことができない線である。そして、キリスト教を含む一神教ほど、日本人にとって異例なものはありえない。

4　しかし、山本の体験を「異常」で「特異」なものとみなすだけでは、作家・思想家・哲学者、山本七平の「誕生」と「成果」を説明はできない。

5　山本は、普通の日本人、普通のキリスト教徒から、異例な日本人、異例な日本人キリスト教徒になった。

なりえた根本因は、山本の「異常」な軍隊体験である。世界最古で最強の「聖書学」を思想と人生の試金石にしたからだ。「体験」と「信」がその思想の核心になければ、山本は作家山本にはなりえなかった、ということだ。

＊しきんせき【試金石】〔1　石 a touchstone; a Lydian stone. 日本では「那智黒」2　価値判定の基準となること・もの（a test (case); a litmus test; a trial; an ordeal.) 重大な試金石（an important [a critical] test.)

6　そんな山本七平にして、やろうとして、やれなかったことがあった。
だが「筆を置く」不運ではない。イエス伝、天皇論、日本資本主義の精神を、改めて、書きたい、という祈念であった。だがわたしには、「幸運」に思える。

「歴史」はつねに、いつでも・どこでも、書き改められる。山本も例外ではない。「最晩年」に自分で書くと、通例、歪む。

7　山本の人生も仕事も、「劇薬」（a deadly [virulent] poison）に似ている。だが劇薬は、「病」を覚らせる「良薬」でもある。日本人にとっても、山本自身にとってもだ。

第1章　歴史のなかの山本七平

0節　「戦前」という時代――二人の山本

山本七平に、自叙伝『静かなる細き声』（ＰＨＰ研究所　一九九二）がある。

山本の膨大な著述に示されている思考と叙述の特徴は、「歴史のなか」で対象をクールに観察し、対象の特質、とりわけ「急所」（vital point）を的確かつ執拗に拾い出してゆくことにある。自分の些細な体験と思えるものも、「自分史」と「時代史」の両睨みでつかまえる労を惜しんでいないということだ。これは思われているのとは違って、「難事」に属する。ヒズ・ストリー（his-story）がヒストリー（history）になる必要があるからだ。山本七平の「異常体験者」の記が、ヒストリーの急所を衝くため、一瞬耳目を塞ぎたくなるほどの圧力で、読むひとのほとんどを圧倒する理由である。いまの「わたし」たちが、忘れたい、そして忘れていた「急所」を衝くのだ。

『静かなる細き声』は、月刊『信徒の友』（日本キリスト教団出版局）に「わたしの歩んだ道」（七七年四～八一年三月号）として連載されたが、この「自伝」も例外ではない。

この自伝と対をなすのが、一〇年後に書かれた『昭和東京ものがたり』（読売新聞社　一九九〇〈日経ビジネス文庫〉1・2　二〇一〇）である。より強く「時代史」を意識した半自伝コラム集で、「歴史」の「短期」と「長期」におのずと目配りが行き届いている。『週刊読売』に一九八八年四月三日〜八九年一二月三一日号に連載されたもので、山本最晩年の著述の一つだ。

この「自伝」二冊は、一方は「自分」史を、他方は「東京」（帝都）史を論述対象にしており、書き方もエッセイとコラムほどの違いがあるが、ともにビビッドかつクリアに読むものに迫ってくる。というのも、時代センスというか時代判断がくっきりしているからだ。「戦前」期をはっきりと「分節」把握できる人だけが、「戦後」期もほとんど間違わずに把握できる人だ、というのがわたしの経験則である。

山本の時代認識と個人体験とに照らしてみれば、「戦前」あるいは「一五年戦争」という「一括・一色」の時代があったわけではない。敗戦前の「昭和期」には、はっきりそれとわかる時代変化、区分、分節があった。この分節を見逃すと、「戦前」を理解不能にするし、したがって「戦後」も理解不能になる。結果、戦前の自分史も戦後の自分史も不分明・曖昧模糊になる。これが山本の結論だ。「戦前」昭和を、山本は四分節する。（この四分節は、山本の実感とも一致する。）

1　関東大震災（昭和期への序章）〜昭和五年……不景気と軍縮の時代。

2　昭和六年〜一一年……「満洲事変で世の中が明るくなった」。一方は軍需・輸出景気（金本位離脱）、一方は東北の冷害で娘の身売。貧富の差が拡大し、陸軍が出した「国防の本義とその強化の提唱」（昭和九年）＝「国家社会主義宣言」があった。

二・二六事件（昭和一一年）＝クーデタ。政治で決定的だったのは、近衛文麿の組閣「大命拝辞」

（昭和一一年三月四日）だ。五月、大臣現役武官制復活（陸海軍が大臣就任を辞退すれば、組閣不能。）
3　昭和一二年〜一五年　近衛内閣（一二年六月四日）、北支事変↓支那事変↓日支戦争と拡大路線。
4　昭和一六年〜二〇年　仏印進駐（一六年七月二八日）、真珠湾攻撃（一二月八日）＝日米開戦。「負けるべくして負けた。」

司馬遼太郎（一九二三〜九六）の全著述は、日本の歴史の大道を示し、多くの読者にたいしてと同じように、わたし（鷲田）の歴史センスや理解に決定的ともいえる影響を与えてきた。いまも与えている。このことをいくら強調し、感謝してもしたりない。わたしは、司馬の著作が「大人の大学」である、子どもが大人になるための必読書、日本人の「教科書」なのだ、と書いてきた。

ところが、その司馬にして、「不覚」としか考えようがないが、自身が体験した「戦前」昭和期に対する明確な自己了解を示す著述を残していない。この「事実」が、端的には、日本が列強の一員となった日露戦争「勝利」以降から敗戦までを、一括りにして、日本歴史の「鬼胎」期とみなすこととなった。これは余りにも乱暴な「一括」、リンチに等しき仕儀である。

司馬は戦前昭和期を小説化することも、明確に分節化することもなかった。結果、「戦前」期が、「敗戦」＝「国亡」へと滑り落ちてゆく「地獄への一本道」であるかのように描く、「戦前＝暗黒＝軍国」主義という一元史観と同じであるかのようにみなされ、とりわけ司馬の信奉者たちに、マスコミに利用される一因となった。まったく残念だ。

たしかに、山本は司馬の『坂の上の雲』と同じように、日露戦争の「勝利」を、日本敗戦の「起点」にしていることでは一致している。だが司馬は、「現代日本」史の要ともいうべき日露戦争後の時期を、日米開戦を回避する「別な道」の可能性を作品にすることはなかった。できなかった。（なぜかは、別に検討する必要がある。事実だけを一言すれば、司馬は、日露軍が激突したノモンハン事変（一九三九年）を主題に作品化する構想と準備をもったが、実現できなかった。）

といっても、「体験」と「理解」をもとにした山本の「戦前」論を、「卓見」には違いないが、「独創」とみなす必要はない。すでに「先行者」がいたからだ。山本夏彦（一九一五〜二〇〇二）である。「『戦前』という時代」（『諸君！』一九八五年七〜九号）の冒頭で、山本夏彦はこう記す。

《「戦前」というまっ暗な時代があって、それが十五年も続いたという文化人や史家がある。十五年というのは昭和六年の満洲事変から数えて昭和二十年までのことだろうが、その間じゅうただまっ暗というのは間違いでなければうそである。》（『「戦前」という時代』一九八七）

夏彦は「食いしん坊」だった。が、「わたしはついぞ飢えたことがなかった」、「日本人の大半は食うに困っていなかった」といわんがために、『「戦前」という時代』を書いた、と記し、単行本「あとがき」で「欠落」を補っている。……だからこそ、「飢え」を凌ぐために戦争（侵略）が必要なのだ、という説を山本は批判する。

《満洲事変はこれで景気がよくなると国民の過半は歓迎したのである。

二・二六事件（昭和十一年）でさえ暗殺はよくないが政党者流はもっとよくない。青年将校の憂国の至情は諒とするという手紙の山を示したから嘆願書はいよいよ集まったのである。

血気の若者が寄ってたかって老人を殺す、しかもそれが軍人だとは——と咎める市井の声を田中美知太郎氏はその日記にとどめているが、このたぐいは新聞にはまったく出なかった。

昭和十六年になっても日本人の過半はまさかアメリカと戦争をしようとは思っていなかった（子供は然らず）。だから十二月八日には仰天した。けれどもたちまち勝報が相次いだので愁眉を開いて、戦勝気分はあくる十七年まで続いたのである。つまり十七年までまっ暗ではなかったのである。》

二人の山本の時代分節は符合する。戦後、「戦争体験を忘れるな」の声のもとで、つねに忘れ去られてきた分節化だ。

第1節　大正末期～昭和初期——「平凡」な幼・少年期

1　一族と家族——「異常な」キリスト教徒

山本七平の自伝『静かなる細き声』は、《わたしは生まれながらのクリスチャンなので、もの心ついたときすでに教会のなかにいた。》ではじまる。

山本七平の「人生」と「思想」は、〈キリスト教とともにある〉を抜きにすると、理解不能になる。こう、まずいいたい。と同時に、わたしたち日本人が、山本七平の言動につまずくのも、七平が独特・異例のクリスチャンである、という「事実」と関係する。山本七平のキリスト教徒意識は、日本の多数のキリスト教徒集団の共同意識からさえ「孤立」している、ということだ。七平とその一族は、山本の回顧と反省（自己意識）によると、「尋常」ならざるクリスチャンである。

まずこのことを心に留めてほしい。

七平が幼児期からその死まで一貫して持ち続けていたのは、

《日本の中に孤立した共同体を保持し続けることが、一つの道標として主の言葉に仕えるもっとも意義ある道だ》

という意識である。これは、両親とともに七平自身が師と仰いだ内村鑑三の意識につながる。しかもこの「孤立した共同体」意識あるいは無意識は、山本七平の「系譜」によって、決定づけられ、さらに人生のなかで過重された、といっていい。しかし、まず確認すべきことがある。

山本七平は『ある異常体験者の偏見』（一九七四）を書いて文壇デビューを果たし、日本軍（と戦争）における「異常体験」者として論壇に登場した。だが、転属命令を受け、一九四四年四月二九日、フィリピンに向けて輸送船で出発するまでは、幼童期、学童期、中・高校期、さらには招集・兵役期を通じて、日本人として「中流」の「平均的な家族」の一員であった。この点は特に強調しておく必要がある。

たしかに、その家族は、日本人のなかでわずかに数パーセントを占め、そのなかでも特殊な立場に立つ極少のキリスト教徒ではあったが、特殊特異な日本人の生活をしていたわけではない。日本軍がすでに廃滅の道を歩んでいた「戦争」体験以前は、「異常体験」の日本人、「異常体験」のキリスト教徒ではなかった、ということだ。その「異常」さは、「異端」とか「アウトサイダー」という自ら選び取ったものではなく、基本的には日本の「歴史」（「事件」）が強いたものだった。

その「歴史」とは何か。

「もし」（if）、は歴史において「禁句」である。「すでに生じたこと」を「生じなかった」とすることはできない。ただ生じた問題（難問）を解く仮説（思考実験）という限定をつけるなら、十分許される、あるいはむしろ必要な、人間特有の作業（working）である。

一つの仮説を立てよう。もし、山本七平の父、文之助の一族が、その家郷である和歌山県東牟婁郡で、「大逆事件」に連ならなければ、山本七平の「異常な体験」の「異常」さは、山本が生涯を通じて体験した「異常」さとは、まったく異なっていたのではなかろうか。答えは、端的に、「然り」である。二つある。

山本七平は、東京生まれである。学業には熱心とはいえなかったが、教会の「日曜学校」はつねに皆勤で、生まれながらのクリスチャンであり、それも「三代目のクリスチャン」である、と自ら記している。これだけ読めば、山本七平は、本人もその家系も、熱心なクリスチャンであった、という以外のことを想定する必要はない。

日本でキリスト教徒は、明治維新以前も以降も、公然とあるいは隠然と、弾圧・排除、あるいは差別・奇異の対象であった。絶対的少数派であった理由だ。しかしこれは日本のクリスチャン一般に共通な「運命」あるいは「試練」、さらにいえば「常態」であった。しかも、これは避けられるべき「運命」や「試練」としてうけとるべき類のものではなかった。《日本の中に孤立した共同体を保持し続けることが、一つの道標として主の言葉に仕えるもっとも意義ある道》であるとされたからだ。これが真のクリスチャンの生き方だ、という信念があったからだ。だが注意すべきは、幼童・少年期の七平は、まずは両親のマナーからクリスチャンとしてのあり方を自然と教わったものだということだ。

東京に生まれた七平の家郷は、和歌山県東牟婁郡三輪崎村（現新宮市）である。かつては、熊野参詣や木材運搬、さらには大坂・江戸航路中継地として栄えた新宮港の代港であっただけでなく、捕鯨や遠洋漁業の基地でもあった。かつては日本全国だけでなく、世界に開かれていた要地であった。だが現在、地図上で見ると、陸の孤島である。（実際、わたしが三重県津市の短大に勤めていた一九七〇年代でさえ、新宮には鉄道で紀伊半島をぐるっと半周しなければ到着できなかった。熊野神社の入り口といわれながら、まさに「僻地」の感をぬぐえない。）

一代目のクリスチャン、玉置酉久《とりひさ》（一八六一〜一九四九）は、東牟婁郡（新宮）の有力者、大石一門の生まれで、玉置家に養子に入り、一八七六年、家督を継いだ。玉置家は、東牟婁郡勝浦の有力な材木商で、酉久は一八八四年（明治一七）に受洗し、ただちに新宮教会設立に立ちあがっている。酉久の妻タカの母（角《すみ》いく）と、七平の父文之助の母（角のぶ）とは姉妹で、酉久と文之助は「女系」で血がつながっている。とはいえ、親子ほどの年の違いがあった。

二代目のクリスチャン、父文之助（一八八二〜一九六七）は、醤油醸造を営む西喜十郎・のぶの次男として生まれ、四歳で父喜十郎を失い、西家の家運は急激に傾いていった。文之助は、山本家に養子に入り、一八八七年（明治二〇）死跡を相続したものの、高等小学校を出るのがやっとだった。郷里での文之助の一縷の「希望」は、酉久とその弟大石誠之介（一八六七〜一九一一）につながることであった。

大石誠之介は、学業途中でしくじりを犯し、兄余平の援助で渡米し、苦学のすえオレゴン大医学部を卒業、一八九六年（明治二九）新宮で開業する。九九年シンガポールに渡ってマラリアを、ポンペイ大学でペスト等の伝染病研究に従事し、一九〇五年帰国、新宮で再開業した。内村鑑三

（一八六一〜一九三〇）と同じように、キリスト教的人道主義から日露戦争非戦論を唱え、堺利彦や幸徳秋水たちが出す『平民新聞』に時局批判を投稿し、社会主義運動の一翼に連なるようになった。これは紛れなき事実である。

しかし天皇弑逆をはかる計画、「大逆事件」には無関係であった。そもそも「大逆事件」そのものがでっち上げ《フレーム・アップ》であった。ましてや誠之介が新宮一帯の首謀者であるなどというのは、まったくの捏造であった。だが、ことは「天皇弑逆」である。しかも首謀者の一人として逮捕、家宅捜索、死刑判決、断罪が、天下に公表されたのである。日本人にとって、これ以上の「重罪」＝「国家反逆罪」はない。法に照らしても「極刑」以外にはない。しかも「真相」はまったく閉ざされたままであり、それを探ることとさえ厳禁された。「言及」することさえはばかれた、といっていい。

誠之介は、一九一〇年（明治四三）「大逆事件」（近代日本歴史の最大汚点の一つであるでっち上げ弾圧事件）に連座し、死刑になった。西久や誠之介に傾倒していた文之助にとって、これほどのショックはなかった（だろう）。それにもまして、大石一門とそれに連なる西・玉置・西村（余平の妻ふゆの実家で、山林王。余平の長男伊作が跡を継ぐ）一門を、郷里に身の置き所のない最悪事態が襲ったのだ。それでもすでに自立していた西久は、とにもかくにも「風狂」を装って生き抜くことができた。だがまだ若い山本文之助には、三輪崎を離れずに生きるすべを見いだすことはできなかった。

二代目のクリスチャン、父山本文之助は、一九一三年（大正二）東京品川教会で受洗し、翌年、同じ三輪崎村出身で、ようやく西家（養家）の「戸主」を離れることができた八重と、正式に結婚することができた。二人が三輪崎を出奔し、正式結婚するまでの簡単な経緯は、次のようである。

二人は、新宮教会を創立した玉置酉久や大石誠之介兄弟の影響を強く受けていた。その誠之介が日本人として最悪の「大罪」を犯したとして死刑となり、その「大逆罪」は否も応もなく一族・係累を巻き込んだ。将来を誓い合っていた文之助と八重は、身の置き所のなくなった故郷を捨てた。はじめ阪神間の芦屋に移り住んで所帯をもち、そこで魚田子《なだこ》(西魚田子)をもうけた。女子をもうひとりさずかったが、生後まもなく失い、八重も体調を崩し、文之助も大怪我に見舞われるという不運が重なった。

二人は、心機一転を図り、一九一二年(明治四五)、上京する。あい前後して、日本基督教会品川教会で受洗した。文之助は西喜十郎の実子、八重は西岩吉の養女(一九〇〇年養父死亡によって戸主に)で、戸籍上は従兄妹であった。二人は、生活苦にめげず、一九一四年(大正三)一二月、八重が結婚の障害となった「戸主」を離れ(隠居す)ることができたので、正式に結婚する。

家系図を実見しつつ確認しなければ、一目で、大石、西、山本、西村、それに角一門のもつれた糸(とはいえ古い田舎ではかならずしもまれなことではなかったが)をたどることは困難である。

2 「平和と民主主義」——幼・少年期

(1) 文之助・八重は、手を取りあって愛郷を出奔し、はじめ阪神間で、もうけた児を失うなどの失意に襲われながら、かろうじて生きた。「信仰」も困難を生きる支えになったと思われる。上京して、「大逆事件」の余波を正面からかぶらずに生きることができはじめた文之助夫婦に一大好機が訪れた。庇護者が現れたからだ。それも「血族」の一員である。

山本文之助は、一九一七年（大正六）ごろ、北海道の富士製紙旭川事務所に職をえることができた。三〇代の半ばで、ようやく「正業」についたといっていい。この仕事を「斡旋」したのが、当時、台湾省の土木局長だった角源泉（一八七一〜一九四二）である。同郷の三輪崎出身で、しかも文之助の母のぶとは（異母）姉弟の関係であった。この源泉が極めつけの頼りがいある人物だった。

角《すみ》家はかつて三輪崎を代表する庄屋である。だが、源泉が生まれたころはすでに没落しつつあった。向学心に燃える源泉は、上京し、司法省刑事局長（すぐのち逓信次官）の書生として住み込み、和仏法律学校（現法政大学）で学んで、苦学のすえ、一八九七年（明治三〇）判事検事登用試験、高等文官試験にパスするという逸材であった。はじめ和歌山区裁判所検事等を勤めたが、逓信省に転じ、一九一〇年（明治四三）本省の逓信管理局長まで進む。一九一一年（新渡戸稲造と同じように、おそらく後藤新平の要請で）台湾総督府に入り、土木局長を最後に一九一九年（大正八）休職（文官分限令）し、半官半民の国策会社、台湾電力創立に参画し、副社長になった。同郷親戚縁者中、異例の出世頭である。

文之助夫婦の旭川生活は三年余で終わり、一九二〇年一二月、源泉の引きで台湾電力に入社（庶務課長？）がきまり、東京に戻った。このとき夫婦には信子（一九一六年品川生まれ）と和子（一九一九年旭川生まれ）の二人の女子がいた。翌二一年、山本一家は、角源泉が新築した敷地の一角を借りて家を建て、移り住む。文字通り、山本一家は、角源泉家と「命運」をともにすることになる。

初めての山本夫婦の「持ち家《マイ・ホーム》」で、七平が生まれた。この家は、一九四二年（昭和一七）、死期を知った源泉が人生を清算（借財返済等を含め）するために売却するまで、七平の幼童・少・青年（召集されて日本を離れるまでの）期すべてを過ごすこととなる。すなわち、東京府荏原《えばら》郡駒沢村大字上馬引沢11番地（現在の東急田園都市線沿線、三軒茶屋駅と駒沢大学駅の中間地点）で、今式にいえば、3LDKの二階屋である。父母と姉二人、妹一人（一九二四年生まれ）の六人家族だが、当時としては、けっして小さい家ではなかった。

（2）その山本七平の幼・少年期（一九二一年〔大正一〇〕～一九三〇〔昭和五〕）である。この期間、日本は、政治的には「平和と民主主義」期であり、そこで生きた山本七平の幼・少年期もまた、「平和と民主主義」のなかにあったといっていい。すなわち後年『日本人とユダヤ人』（一九七〇）のなかで指摘される、「水と自由と安全はタダ」という日本人に共通な生活を生きていたということだ。「平和と民主主義」は、「戦後日本」がはじめて手にした専売特許であるかのようにいわれ、日本人大多数も、一九四五年敗戦期以降をつねに「平和と民主主義」期である、と高唱してきて、疑うことはなかった。対照的に、戦前期は、明治維新以来、「平和と民主主義」がなかったか、踏みにじられてきた、という暗黙の意識のもとにである。だが、「戦後」は「敗戦後」期ばかりではないのだ。少年山本七平（と同時代人多数）の経験知も同じである。

「平和と民主主義」を、日本国（政府）と日本国民（多数）は、欧州大戦（第一次世界大戦）後、国是（the policy of the nation）としてめざしたのである。この国民意識は、政治・経済・軍事の分野ばかりではなく、生活・文化さらには思想にまで及んだ。「大正デモクラシー」は、総じて未熟かつ半熟のデモクラシーであり、脆弱だったからこそ、ミリタリズムに対して「無力」かつ「迎合」せざるをえなかった、という意見がある。「敗戦」という「結果」から見ると、事実である。だが歴史の進行に不可避の「必然」はない。むしろ、第一次大戦「戦勝後」、山本七平が生まれ、成長した時期、近代日本とその政府は、総体として、はじめて「軍縮」、端的にいえば「軍事予算」と「師団」の削減を「自力」で達成しようとしたのであり、（一時的には）達成したたのであった。要点を列挙してみよう。

1．山本七平が生まれてすぐ、七平の「意識」（記憶）にのこる最初の「事件」となったのは関東大震災（大正一二）である。時を同じくして、角源泉が台湾電力（不況で資金獲得がままならなかった）副社長を辞職し、官僚（大阪市電気局長）に復したため、つれて父文之助も台湾電力を退社、台湾銀行の系列である台湾土地建物の子会社で、銀座松屋の裏にあった「第一土地建物」に幹部社員として移った。一九三二年（昭和七）、その第一土地建物が倒産し、従業員七〇名と幹部は退社するが、文之助は「支配人」として残り、社員三名とともに、同社のオフィス賃貸と日本国内にあった不動産の処分にあたった。七平は、父を「中小企業」の小経営者としているが、名実ともに「零細企業」のサラリーマン経営者になったのである。父五一歳のときだ。

2．山本一家に、そして時代の流れにも、多少の浮沈はあった。一九三〇年（昭和五）までは、欧州大戦後の欧米諸国とともに、日本は不景気あるいは経済不況を基調とし、失業者が巷にあふれ、「大学は出たけれど」という景観を呈していた。だが、欧州諸国の不景気（インフレ）や沈滞と比べると、はるかに微温的であった。また政治も議会・政党主導による軍縮基調の時代であり、各種「円本」や雑誌『キング』（一〇〇万部突破）に代表されるように「大衆文化」（mass[democratic] culture）全盛の時代でもあった。

「デモクラシー」とは大衆（mass = demos）支配、すなわち「多数による支配」を意味する。当時の日本人多数意識では、民主主義は「普通選挙」に、「平和」は「軍縮」に集約されていたといっていい。この点で、「平和と民主主義」の意識が、政治家、経済人のみでなく、国民多数の共通意識（無意識）になりつつあった、まがりなりにも「なった」、といっていい（だろう）。プロレタリア運動の高揚も、大衆運動の流れの一つであった。

3．ただし、敗戦＝第二次大戦後と第一次大戦後とには、画然とした違いがある。これを失念してはならない。

戦前、日本がすでに、清（中華民国）やロシア（ソ連社会主義）と戦うだけの軍備力を保持していたもとで、軍部の猛反対を「中和」して、まがりなりにも軍縮を実現したのである。有産階級と無産階級の多数派を結集した「民選」議会中心の政党政治を推進した結果である。戦前と戦後の「平和と民主主義」のいずれが、力強く、地に足がついていたかどうかというと、簡単に断を下すことはできない。だが、戦後の「平和と民主主義」は、その象徴ともいえる「日本国憲法」と一九六〇年代の「高度成長経済」を含め、「パックス・アメリカーナ」（アメリカの傘のもとでの平和・安全）（＝従属国）のもとで可能だったことは、紛れもない事実である。日本に「平和と民主主義」を侵す力があるとしたら、米国（米軍）であったというべきだ。

対して、戦前期の「平和と民主主義」は、自前の軍事力に依拠した列強国として、欧米列強との角逐あるいは協調のもとで、めざされ、実現されたのである。たしかに、「平和と民主主義」が一〇年というのは短期間に思えるかも知れない。しかし、戦前期（正確には、二つの世界大戦間期）の「平和と民主主義」が、より生動的かつ現実的だった、というのが山本の基本認識であり、わたしも同感するところだ。

この時期、七平は、抽選入学とはいえ、学業に熱心な家の子弟が集まる青山師範（先の東京高等師範、現東京学芸大学）附属小学校にかよったが、勉強のほうは熱心とはいえなかった。だが、母八重や姉たちが通っていた地元の駒沢教会の「日曜学校」には、熱心（皆勤）だった。しかし、これとて、熱心なクリスチャン家庭の子弟（姉二人、妹とともに）として、少しも特異なことではないだろう。むしろ常態といっていい。（現在から見ると）変わっているといえば、内村鑑三の「弟子」であった父が、子供たちに半ば強制的に『論語』を読ませたことだ。『聖書』とともに『論語』を読むのは、クリスチャンの内村鑑三や新渡戸稲造に特殊であっただけではない。『論語』は日本の初等、中等ひいては家庭教育、とりわけ子どもの「躾《しつけ》」(good manner）の標準教科書であったのだ。

山本文之助一家の信仰は、内村鑑三の無教会主義に連なる。遠くは、カナダ・メソジスト教会派に属する玉置酉久（「一代目クリスチャン」）やその弟大石誠之介が内村（の信仰と言説）に連なり、近くでは、文之助（「二代目クリスチャン」）が旭川赴任中、内村鑑三と「直接」の繋がりをもったのである。「無教会」主義の内村とメソジスト派「教会」との関係は、込み入っている。理由は、内村の信仰歴にある。

内村は、札幌農学校時代、W・S・クラークの影響を受け、宮部金三や新渡戸稲造等とともにプロテスタントの信者集団「札幌バンド」を結成し、一八七八年にメソジスト派の宣教師M・C・ハリスから洗礼を受け、一八八二年、メソジスト派の「札幌独立基督教会」を創設した。だが、のちにメソジスト派教会から離れ、無教会主義に立つ。日本キリスト教会とその信徒の「異端」である。

内村は、日本キリスト教とその信徒の「異端」であるだけでなく、日本国家と社会、さらには日本人の「異端」であるとして、なんども指弾された。最大のものは二つ、一八九一年に起こした一高（舎監時代）の教育勅語奉戴式での「不敬」（天皇真筆の「教育勅語」に最敬礼しなかった）事件、一九〇三年に『万朝報』紙上で論陣を張った日露戦争非戦論である。ともに、反・非国民として、政府や軍部からだけでなく、マスコミ・世論はもとより、日本人ひいてはキリスト教徒多数からも、袋だたきに遭った。

その内村が、一九一八年（大正七）、受洗四〇周年を記念して来道し、北海道各地を回った。このとき、内村と文之助の最初の出会いがあった（と思われる）。翌年、文之助は旭川豊岡教会の日曜学校を自宅で開くなど、メソジスト派との交わりを欠かしていない。

ただし帰京後の文之助は、日曜ごとに開かれる内村の「聖書研究会」に出席するのを契機に（か？）、一九二六年、駒沢教会に除籍を要求している。ちなみに、一九二一年の内村「聖書研究会」の名簿に、山本文之助の名はなく、二二（二三欠？）と二四年の名簿に、各組（長幼順）アブラハム、モーセ、ヨセフに次ぐヨハネ組に載っている。ちなみに、内村はモーセ組、塚本虎二はマタイ組である。

ところが、内村は、一九二八年（昭和三）受洗五〇周年の年の七月、札幌（息子の裕之が北大医学教授として赴任）に赴き、メソジスト派の札幌独立キリスト教会で説教し、伝道にたずさわったのであった。内村はこの教会の創立者の一人であり、愛着も深く、協会に牧師がいなくなっていたこともあって、「講義」等の形で助力しただけではない。同教会の教務顧問を引き受けたのであった。死の一年半前のことだ。

これが、無教会主義を貫いてきた内村の愛弟子の塚本虎二（助手）、矢内原忠雄（東大教授）、金沢常雄（前独立教会牧師）たち幹部の反発を招き、とりわけ内村（師）と塚本（愛弟子）とが対立を深め、翌二九年末、ついに袂を分かった。内村死の直前のことで、内村最後で最大の悲劇の一つであるといっていい。内村は、塚本を「破門」にし、「聖書研究会」を継ぐことを禁じた。結果、研究会には「老人」しか残らなかった。

もっとも、内村鑑三自身は、こんな結末を招くとは、予想していなかっただろう。札幌から、マタイ組に属し、のちに快く「退会」を許した畦上《あぜがみ》に、書いている。実に率直冷静だ。

《一九二八年九月十二日

拝啓、八日出御書面正に拝見しました。長々留守をいたし諸君に御苦労をかけて済みません。十六日までに帰れぬことはありませんが、なお少し北海道のために尽くしてやりたく思います。函館にて一度集会を開き、十七日の午後か十八日の朝、柏木に帰ります。いずれにしろ、人に棄てられ、まさに消えんとせし札幌独立教会に、少しなりと生気を吹き込むことができたと喜んでいます。その友人たるべき人たちによりてまで呪われたるこの教会は、まだ全く棄てたものではありません。その内に貴き生きた信仰のあることを認めます。また、この教会の甦ることは、お互い独立信者にとり実に重大なる問題であります。わが味方の城が一つ落つると同じでありまして、もしこれが無くなれば、お互いの立場が危うくせられます。私が全力を尽くしてこれを助けんとするは、単に友情やその他の実情に駆られてではありません。日本国と、その独立的キリスト教のために思うてであります。幸いにして前礫川《こいしかわ》教会牧師にして、われわれの教友の一人なる牧野実枝治君が今度、金沢君の後を襲うてくれることになりまして、一同大いに安心した次

第であります。この夏は小生にとりひさしぶりの一生懸命運動でありました。（後略）》（畦上賢造宛て）

内村鑑三（一八六一〜一九三〇）と塚本虎二（一八八五〜一九七三）はともに、山本七平にとってかけがいのない生涯にわたっての「師」である。信仰の主柱であった。大別すると、内村には「生き方」を塚本には「教説」を主として学んだということはできるが、この二つを分離することなく、七平は生きようとした、といっていい。

しかし、無教会主義のこの「分裂」は、その一員であった山本文之助にとって、深刻な問題であったが、塚本虎二と行をともにすることはなかった、と思える。七平少年は、ようやく幼童期を脱して、青山師範学校附属小学校に入ってまもなくの時期に当たる。どんなにシャープな子でも、およそ問題自体が生じていることも知ることはなかっただろう。駒沢教会の日曜学校に皆勤している一事からも、そう思ってまちがいない。

内村鑑三と塚本虎二問題が、山本七平の問題領域に上ってくるのは、さらにずっと後のことに属するといっていい。

（3）一九三一年（昭和六）〜一九三六年（昭和一一）、「平和と民主主義」から「戦争と国家社会主義」への過渡期である。

七平、一〇歳から一五歳の時期で、通常でいえば、いちばん「多感」な時期だ。この時期、七平は、メソジスト系の青山学院中等部に（学力不足のため、やっとのことで）入学し、角家（伯母の連れ子・永田衛吉）書斎等で、熱心にロシア文学（なかには左翼文献もあった）を中心に読んだようだ。新聞はもとよりマンガ類も家では「禁書」であった。それでというわけではないが、世論にも疎い、どちらかというと「ぼんやり」とした少年で、都会の中流家庭の子弟として、特に目立った思考や行動を七平に見いだすことはできない。

一九三一年は、「満洲事変」が起こった年である。四五年の敗戦まで続く「一五年戦争」の「発端」、日本歴史の歯車を日米開戦へと赴かせる典型的な「転機」とみなされてきた。（戦前日本は日本軍に、戦後日本は米軍に、ともに「一五年間占領」されてきた、と鶴見俊輔は書く。）

だが七平の「記憶」（『昭和東京物語』）は、「満洲事変で世の中が明るくなった」というのだ。「錯覚」か。「ぼんやり」か。そうではない、といってみたい。七平少年は、むしろ当時の平均的な「実感」で、「明るくなった」といっているのだ。

要点だけ書く。

1．日本は、三一年（昭和六）一二月、高橋是清を蔵相にすえ、同時世界恐慌を脱するために、緊縮（と軍縮）・均衡財政をやめ、金輸出再禁止を断行して、大量の国債発行による財政出動を呼び水に、景気回復を図った。いわゆる積極財政政策（ケインズ主義）の採用である。結果は、一方で軍需と輸出を中心に景気がよくなった。同時に、東北地方を中心に冷害が続いた。一九三〇年（昭和五）、農村（郡）部人口はおよそ五〇〇〇万人で、全人口の七六％を占めていた。貧富の差が拡大した。この景気回復期のまっただ中で、満洲事変が生じたのだった。

2．「満洲事変」は、一九三一年九月柳条湖事件を発端にし、関東軍が満洲全土を支配下に置いた。（日本の敗戦後、柳条湖事件は、当時喧伝されたような軍閥張学良軍の謀略ではなく、関東軍の謀略である、と判明する。事変当時これは隠蔽されていた。）日本政府は、チャイナ南京政府が国際連盟に提訴したのに対し、領土的野心をもたない、と主張し、軍事的併合を控えた。事実、三二年三月、満洲政府は建国宣言をし、清国最後の皇帝溥儀が執政に就いた。満洲国は明白に日本の傀儡政権である。だが植民地ではない。体裁は、独立国であった。（なんだ、傀儡国と植民地は同じではないか、という議論がある。だが、満洲国は、日本の植民地、朝鮮半島や台湾とは異なる。）

3．一九三三年二月、国際連盟は（リットン報告書にもとづき）、満洲の主権はチャイナに属し、日本は付属地域内へ撤退すべし、と勧告した。だが、歴史的にも事実上も、満洲は清国固有の領土（満洲族の愛郷であり、清帝国の一部）であって、いわゆるチャイナ（中華民国や中華人民共和国）の「領土」（属州）となったのは、第二次大戦後なのである。

満洲はチャイナの属州ではなかった。つまりその主権はチャイナにはないのだ。しかも満洲国は清帝国の再興という体裁をとり、すでに独立を宣言している。形は、主権国家である。

国連の勧告を忠実に履行すると、日本政府に可能なのは、事変前の「実効支配」区域まで撤退するか、満洲全土からの撤退かである。全面撤退の場合は、満洲国の全部否定である。なぜか。（敗戦後「武装解除」された日本が、米軍の力なければ、「消滅」を意味したように、）満洲国の消滅を意味するからだ。日本には乗れない相談だ。

当然、日本はこの国連勧告を拒否した。対米英協調路線が崩れる第一歩になった。ここまでは、避けられなかった。問題は、日本の撤退線をどこで引くのか、である。満洲を全面実効支配している日本政府（関東軍）とチャイナ（南京政府軍、共産軍、軍閥等の混成）との「外交」（交渉）である。簡単に決着がつかない。国連勧告は、事実上は、「玉虫色」であった、したがって、交渉次第、軍事力次第だったのだ。しかも日本は常任理事国であった。（関東軍の謀略という事実が、当時、判明していなかったもとではなおのことで、勧告が「玉虫色」になることは避けられなかった、といわなければならない。）

ところが、日本政府（全権首席松岡洋右）は、外交上、信じがたい「逸脱」、致命的な「失敗」を犯したのだ。国際連盟の勧告を受け、総会で「脱退」宣言をしたことだ。脱退の「必然」（必要）は全くなかった。日本は常任理事国である。国連総会決議があっても、満洲国問題について、日本の立場を粘り強く訴えて、たとえ欧米諸国の理解をえることが不可能であっても、問題を先送りをし、打開を図ることは、まったく可能であったからだ。だが、ナチス等が政権を握ったドイツとともに、日本は、国際連盟を脱退し、外交上の最重要な常任理事国の「席」を自ら放棄したのである。

それでも、「満洲事変」「満洲建国」は、まだ「日米開戦」へと向かう、一つの道ではあっても、「必然」コースではなかった。

3 「国家社会主義」——少年期を脱して

（1）山本七平（『昭和東京ものがたり』の作者）の時代記憶と認識には際立つ特徴がある。戦前期を、「天皇制軍国主義」、「超国家主義」などという過情緒的《エクセントリック》で無規定な呼称で呼ばず、戦前期の「本質」を「国家社会主義」だと的確につかんでいることにある。これはあまり注目されないことなので、少し詳しく引いておこう。戦前期を分節理解するための最重要ポイントでもある。

《昭和九年十月、陸軍省は『国防ノ本義ト其強化ノ提唱』というパンフレットを出した。元来この種のパンフレットは軍事的常識を国民に普及するためそれまでも出しており、これが最初ではない。そして陸軍が国民に向かってPRすることは、どの国でもやっていることで別に珍しくはない。そしてそれは余り国民の注意を引かなかったらしく、私はその存在を知らなかったし、誰も別に話題にもしなかった。しかし『国防ノ本義ト其強化ノ提唱』はそうではなく、このパンフレットはさまざまに論じられたので、今でも記憶に残っている。

どの「年表」にも昭和九年の項の十月一日に「陸軍省『国防ノ本義ト其強化ノ提唱』を配布」という一項目が入っている。ただこの項目を見ただけで、何が大きな問題であったかは明らかでないが、その内容は一言でいえば陸軍主導による社会主義国家創立の提唱であったから大きく議論を呼ぶのが当然であった。》(『昭和東京ものがたり』)

この「国家社会主義」という規定は、第二次世界大戦を、「戦争勢力対平和勢力」あるいは「ファシズム対民主主義」の戦いとして捉まえ、「平和と民主主義」勢力が「戦争とファシズム」勢力を打倒したのだ、という、戦勝国が流布した虚偽を剝ぎ取る要である。ソ連(ロシア社会主義)は、ドイツ・ナチズムより、徹底した反民主=独裁制で「革命」(解放)という名の「戦争」(聖戦)一本槍であったことは、現在では掌を指すように明らかになっている。

しかもさらに、「現人神」の「創作者」や「日本資本主義精神」の「創始者」を発見しようとする、山本らしく、この文章が陸軍から東大に委託・派遣学生となった三人の少佐の発案であったことを突き止め、この文章の「画期的な意味」を次のようにまとめている。

《このパンフレットは次の言葉ではじまる。

「たたかひは創造の父、文化の母である。試練の個人に於ける、競争の国家に於ける、斉しく夫々《それぞれ》の生成発展、文化創造の動機であり、刺激である」と。この「たたかひ」の意味はかならずしも

「戦争」ではなく、試練や競争の意味であり、したがって「国防」とは単に軍事的な意味ではなく、国際的競争に耐えるため「国家及び社会を組織し、運営する事が、国防国策の目でなければならぬ」という結論になっている。》

ではこの「たたかひ」に勝つためには、どうすべきか。

《「現機構は、国家的統制力小なるため、資源開発、産業振興、貿易促進等に全能力を動員して、一元的運用をなすに便ならず」そこで統制経済を採用すべき》である。「現在のさまざまな国際問題は「大戦（第一次）後世界各国の絶大なる努力にもかかわらず、運命的に出現した世界的非常時」いわば大きな転換点に立っている……。そして日本は総力をあげて対処しなければならない》と結論づける。（同右）

ただし、こう「提唱」する陸軍ですら、二・二六事件も日華事変も「予期」していなかったし、日米開戦、太平洋戦争などはまったく念頭になかった、と山本は断じている。

満洲事変から、一瀉千里に、日米開戦にまで進んだ、これを呼んで「一五年戦争」といい、この間は日本と日本人は軍部占領下にあったというのは、「白か黒か」の二択思考であり、時代の分節化努力を惜しむ、怠慢単純思考である。「一五年戦争」などといって憚らない、鶴見俊輔のセンスとロゴスを疑わざるをえない。こう、山本に代わっていっていいだろう。

（2）ただし山本が、「満洲建国」と「国防ノ本義……」との関連については特に触れていないので、簡単に触れておこう。

岸信介を先頭とする「革新官僚」が、国策会社「満鉄」（南満洲鉄道株式会社）を舞台に、石原莞爾や東条英機等の「軍官僚」と共同して大規模「実験」したのが、社会主義政治経済文化生活システムの創出であった。この意味で、日本の官僚・軍指導部が、満洲「経営」から手を引くことは、国策上ありえないことであった。満洲で「成功」を見た（とされた）実験の成果が、日本本土で「実施」に移される。政治に近衛、軍に東条が、経済に岸（商工省）が頭部にすわることになる、国家社会主義の出発である。目印は、一九三七年（昭和一二）六月、「国民」の輿望を担って登場した、近衛内閣の発足であった。

そして、山本が明言するように、近衛文麿こそ、「帝国憲法」の「停止」を、（ひいては軍のクーデタを）、可能にさせた張本人であった。どういうことか。

ともに軍部によるクーデタの失敗である「五・一五事件」（一九三二年）と「二・二六事件」（一九三六年）の根本的画期は何か。山本が正しくも指摘するように、貴族院議長近衛文麿に下った組閣「大命拝辞」（昭和一一年三月四日）だった。山本は記す。

「二・二六事件」は、クーデタで「戒厳令」を敷き、帝国憲法を棚上げにして、国家社会主義＝統制体制を完遂しようとした陸軍の目論見であり、失敗に帰した。結果、陸軍の「自粛」があった。国民は「雨降って地固まる」の感を抱いた。だが、

《天皇から総理を委嘱され、それを拒否するに等しい行為は、これまた当時の日本人には考えられなかった》ことで、これが《悪い先例をつくった。というのは陸軍に気に入らないものに大命が降下したら、さまざまな手段でこれを拝辞させることができる、と軍に思わせたからである。》

結果、一九一三年（大正二）に廃止された「軍部大臣現役武官制」が、三六年（昭和一一）に復活し、翌三七年に（一九二四年〔大正一三〕、陸相のとき、四個師団縮小を断行した）宇垣一成に組閣の大命が降下した時、陸軍から陸将を出さないという姿勢を貫き、これを流産させたのだった。こう

して国家社会主義政治の地固めがおこなわれた。

もちろん、当時の学生、山本が近衛の「大命拝辞」の歴史的意味を解していたかというと、そんなことはない。『一下級将校の見た帝国陸軍』の冒頭にこうある。

《思い返すと不思議なことが多いが、その原因の一つは、昭和初期の学生は今よりも非政治化・非社会化しており、よく言えば純真、悪くいえば幼稚、概していえば内向的だったことにあると思う。マスコミは今のように巨大化しておらずテレビ・民放・週刊誌・ペーパーバックの洪水もなく、情報といえばＮＨＫと新聞だけ、だが学生はそれらに左右されず勉強に専念すべきものと規定され、そのため一言でいえば今より「世間知らず」で世馴れていなかった。面白いことに当時の出版物の主力は人生論であり、また当時の思い出として、徹夜して「人生とは何か」を真剣に論じ合ったことを、一種不思議な思いで回顧している人も少なくない。時代の風潮であろうか？それを今では本人でさえ不思議に感じるのだから、当時の普通人の意識は、今の人にはなかなかつかみにくいであろうと思う。

もちろん、昭和五十年代の平均意識を、昭和十年代の青年期にすでに持ち得た人も、例外的にはいたであろう。従って私は、そうとしか思えない記述を読むとちょっと抵抗を感ずるとともに、「私はそういう先覚的例外者ではなく、きわめて平凡な平均的学生だったのだな」と思う。当時の世界では、兵役のない国はむしろ例外であったから、平凡な平均的な人間は、内心で兵役を嫌っても、それを一種、逃れえない「人類の宿命」ないしは「男に生まれた宿命」のように受けとるのが、むしろ普通であった。》

ここで、山本は自分自身を、当時の学生に「平均」な、非政治的非社会的で、内向的な「学生」

の一人であった、と率直に回顧している。その通りではなかったか、とわたしには思える。その山本が、近衛の「大命拝辞」の件を記憶している、というのだ。

（3）開戦への道

一九三七年（昭和一二）六月四日、再び、近衛に組閣の大命が下った。このたびは「拝辞」せず、国民の輿望を担っての登場である。山本の『昭和東京ものがたり』の叙述は、近衛の「大命拝辞」で終わっている。

それで、わたし（鷲田）が作成した「年表」で補っておこう。（＊は諸外国の動向）

1　国家社会主義の断行と日米開戦への道

■一九三七年（昭和一二）　六・四近衛内閣成立（第一次）　七・七盧溝橋事件（北支事変→支那事変へと拡大路線）　九臨時資金調達法等公布（統制経済開始）　一〇企画院設置　一一日独伊防共協定成立　＊九国共合作

■一九三八年（昭和一三）　一「国民政府を対手にせず」声明（全支那へ戦局拡大）　四・一国家総動員法公布　四・二農地調整法公布　四・六電力国家管理法公布　一一・三「東亜新秩序」の建設声明　＊三独、オーストリア併合　九・三〇ミュンヘン協定調印

■一九三九年（昭和一四）　一・四近衛内閣総辞職　五・一一ノモンハン事件　七・二六米、日米通商航海条約破棄通告　米穀配給をはじめとする一連の統制令　一一野村・グルー、日米国交調整問題交渉開始　＊八・二三独ソ不可侵条約　九・一独軍、ポーランド侵攻　九・三英仏、独に宣戦布告（第二次世界大戦開始）

■一九四〇年（昭和一五）七・二二第二次近衛内閣発足　七・二七南進政策策定　九・二三日軍、北部仏印進駐開始　九・二七日独伊三国同盟調印　一〇・一二大政翼賛会発会　一一・二三大日本産業報国会創立　＊六・一四パリ陥落　一一・五ルーズベルト大統領三選

■一九四一年（昭和一六）四・一三日ソ中立条約調印　七〜八米、対日経済制裁　一〇・一八東条内閣成立　一一・五「帝国国策遂行要領」決定（対米交渉不成立の時、一二月はじめ武力発動）一一・二六米国務長官ハル、覚え書き提出　一二・一対米英蘭、開戦決定　一二・八真珠湾攻撃・日米開戦　＊六・二二独軍、ソ連侵攻　一二・八独軍、モスクワ攻略挫折　一二・八米英、対日宣戦布告　一二・一一独伊、対米宣戦布告

2　敗戦への道

■一九四二年（昭和一七）二・一五シンガポール占領　六・五ミッドウェー海戦（敗北）

■一九四三年（昭和一八）二・一ガダルカナル島撤退　五・一二米軍、アッツ島上陸　一一・五大東亜会議開催

■一九四四年（昭和一九）［七平　五・二九フィリピンへ出発］七・一八東条内閣総辞職　一一・二四B29、東京初空爆　＊六・六連合国軍、ノルマンディ上陸　八・二五連合国軍、パリ解放

■一九四五年（昭和二〇）一・九米軍、ルソン島上陸　四・一米軍、沖縄上陸　七・二八ポツダム宣言黙殺　八・六広島に原爆投下　八・八ソ、対日宣戦布告　八・九長崎に原爆投下　八・一四ポツダム宣言受諾　八・一五終戦の詔書（玉音放送）

［七平　八・二七降伏命令くる　九・一二武装解除・収容所へ　マニラへ移動＝捕虜収容所　四六

年一二・二三帰還の途　一二・三一佐世保着　四七年一・一上陸」

第2節　少年期の信仰と読書

1　生涯の「主題」

(1)誰であれ、意識するしないにかかわらず、「人生」に「主題」を見いだした、といえるのは「幸運」の類である。とくに若き日に出会うなどということは、「奇跡」に近いのではあるまいか。

山本七平は、小学校は(官立)青山師範付属に入学したが、学校嫌いというわけではなかったが、学業に熱が入らず、「成績」はパッとしなかった。だから、中学は(私立)青山学院にようやく滑り込むことができた。高校はエスカレーターである。山本がいわゆる正規の「学校」から学んだものは、ほとんどない、正確にはほとんど残らなかった、といっていい(だろう)。

普通、両親がともに初等教育で終えざるをえなかったら、「教育熱心」になるものだ。わけても、仕事(job)をもつことにさえ苦労を強いられた両親であった。ところが山本一家は、勉学のほうは子どもの自主性に任せたらしい。一方で、昭和初期は「大学は出たけれど」の時代だったが、学歴は「上昇志向」の人間にとっては、やはり重要な要素だった。七平には「末は博士か大臣か」式の上昇志向はなかった。

しかし「学校」嫌い、「勉学」嫌いではなかった。地域の駒沢教会、つづいて中学時代は青山学院教会の「日曜学校」には熱心に通っただけでなく、「皆勤」を通し、格別熱心に学んだ。そのご褒美というわけではないが、夏期「日曜学校講師講習会」への参加を勧められ、参加する。中学生が、教師用の「講習会」に参加するのは、けっしてまれなことではないだろうが、山本少年には、最初で唯一の経験であった。

《私はこの講習会で、生涯忘れ得ない三つの講義を聞いた。

一つは片桐先生の「ギルガメッシュ叙事詩と聖書との関係」、一つは西阪先生の「聖書の地理と歴史」、もう一つが比屋根先生の「比較宗教学」主として日本の伝統的宗教とキリスト教の対比、また平田篤胤におけるキリスト教の影響である。

いま思うと、この三つが結局、私の生涯の主題になっている。》（『静かなる細き声』）

山本は《「日曜学校」へ行きつづけるという「行い」、すなわち一種の日常性への組み込み》が、生涯の主題発見につながった、と回顧している。これは山本のケースであって、一般化はできない。むしろ、「日常性の組み込み」は「惰性」あるいは「エートス」となってしまうケースがほとんどだろう。

この三つの主題は、作家山本の主題になっただけではなく、暗黙のうちに、最初の生業《なりわい》山本書店の出版主題になるはずのものだった。

（2）山本七平が旧約聖書をより多く参照（reference）し引証（quotation）しているのをさして、キリスト教徒なのに、なぜ新約中心ではないのか、と疑問を呈している、アホな論者がいる。

山本にとって、聖書は「教義」（doctrine）、信仰の書である。その最初の正典が旧約だ。（ちなみにイエスはキリスト教徒ではない。ユダヤ教徒、旧約の信徒である。）だがそれだけではない。旧約は最古の歴史書でもある。のちに山本は『旧約聖書物語』（一九八四）の「序」に書く。

《イスラエルという一民族の、生成・発展・興隆・衰亡・亡国・再生という劇的な歴史と、その歴史のなかで生きた人びとのさまざまな生きざまとそこに生じた諸思想が演ずる一大ドラマ、人類史のなかで最も古い古典、しかもそれが二十世紀まで読みつがれ、さまざまな影響を与え続けてきたという事実、いわば「古典中の古典」ともいうべき一面である。》

もちろん山本は新約を軽視していい、などと論じているのではない。「歴史」とはまずもって「書かれたもの」である。聖書＝バイブルとは、Biblio＝Book のことである。たんに書かれたもの、書物《ザ・ブック》だ。新約聖書も、『日本書紀』や『古事記』と同じように、歴史なのである。

山本が「日曜学校」でまじめにはげんだのが、この聖書（文語聖書）の「暗記」であった。棒暗記、「門前の小僧……」よろしくである。これが山本の「異常」な記憶力の源泉である（と思える）。同時に、自分の棒暗記の経験を踏まえ、勉強・教育における「暗記」の重要さを強調している。戦後教育から姿を消したものだ。

《教育とは「覚える」こと、旧約聖書の末尾（マラキ書四章四節）に記されているように「彼（モーセ）に命じたさだめとおきてとを覚えよ」であり、おそらくそれだけであろう。

「三歳から子供に英語教育をやるくらいなら、ヨハネ福音書をマル暗記させた方がよっぽど効果がありますよ」私《山本》は少し皮肉な調子でいう。「どんな国語であっても、読み方さえわかれば書いてある内容は全部わかるんですから。In the beginning was the word……、〔仏訳〕、〔ラテン語訳〕、みな「はじめに言葉あり」です。……」

聖書を覚えよ。それはどの面から見ても最高の教育である。》

これは山本の「日曜学校」体験から出た言葉だ。さらに、内村鑑三が提唱し、山本家でも励行していた『論語』を学ぶ（真似ぶ＝暗記する）重要さを、山本は挙げている。聖書と論語をまねぶ《コピイする》、これが七平少年の「学業」の中心であった、と断じていい。

それに両親の方針によって、山本家には、キリスト関係の雑誌類を除いて、新聞雑誌はなかった。「新聞は俗人の聖書」であるとして、子どもたちに読むことが禁じられた。これも内村式教育法の励行だった。偏りと思えるだろうが、戦後教育が「むりやりにでも子供に教え込む」＝「詰め込み教育」という重要な側面を薄めた弱点を、的確に衝いている。「暗記」と「詰め込み」は教育（教える）がもつ「強制」の両輪である。七平少年は、学校の「詰め込み」教育には拒否反応を示したが、「日曜学校」でおこなわれる聖書の「棒暗記」を励行した。山本が、人生に三つの「主題」を見いだす素地になったといっていい。（「三つの主題」については、後述する。）

2　本の虫

山本少年は、聖書（と論語）を「棒暗記」するほどに馴染んだ。「家訓」（rule of the home）であった。では棒暗記ではない「読書」のほうはどうだったか。「読書」こそ、両親をはじめとする「家族」（家訓）とは異なる世界への扉を開く鍵になることは、戦前も戦後も変わらない。

《そんな世の中に背を向けるように、七平はますます本の虫になっていった。愛読したのは文学ではドストエフスキーを中心とするロシア文学であり、哲学はカントに行きつく系列だった。山本はすでに中学五年生の頃、カントの『純粋理性批判』を読了している。》（稲垣武『怒りを抑えし者』PHP研究所　一九九七）

「本の虫」というのは、どの程度をさしていうのだろうか。

わたし（鷲田）は、田舎の商家に生まれた。家には「読書」用の本など一冊もなかった。読書習慣など全くなく、中学校の「図書室」は、授業用の教室の「本棚」であった。「本の虫」になれる土壌はどこにもなかった。そんな私でも、一二歳のとき、ドストエフスキー『罪と罰』を読んでしまった。（たぶん学校の貧弱な本棚の中の一冊だったのだろう。）しかもこの本で熱にうなされた。なんども深い底なしの闇に落ちてゆく夢を見ることとなった。この「悪夢」から完全に覚めるまでは、二〇代全部を費やさなければならなくなった。二つだけいいたい。

1　ドストエフスキーを中心とするロシア文学の「読書」は、多少とも本好きな少年、学生にとっては「普通」のことだ。

2　カントの『純粋理性批判』を一七歳前後で「読了」したというのは、多少とも「理解」した、ということを含むのなら、すごい「読解力」だ。たしかに、七平の一七歳前後までに、天野貞祐訳『純粋理性批判』の「全訳」は刊行し終わっていた。「読了」の機会がなかったわけではない。だがたとえそうだったとしても「訳本」で、この本の含意を読み取ることは、奇跡に近い。（わたしは一九六四〜五年に、哲学科の卒論で『純粋理性批判』〔原書〕を読み、克明にノートを取ったが、五里霧中であった。当時出版されたばかりの手引〔岩崎武雄『カント「純粋理性批判」の研究』一九六五〕によって、ようやくいちおう「理解」に筋が通ったかな、と思えた。二三歳のときだ。）

3　ドストエフスキーの「罪と罰」とカントの「罪と罰」は、けっして交わることのない「結構」（structure）である。『罪と罰』の主人公には、刑罰の恐怖とその恐怖に打ちのめされた「空虚」はあるが、「良心の痛み」＝「原罪の意識」はない。いってみれば「病気」なのである。この主人公とカントの理性の道徳（＝良心の呵責＝原罪）、つまりは「正気」をつなぐことは不可能だ。

ここでなにごとか（something）をいいたいのではない。七平少年の読書力は、当然ながら、まだ「若い」（green）ということだ。ドストエフスキーの「狂気」やカントの「正気」（理性）に達する道を見いだしえていない（と思える）。

古本屋での「立ち読み」、アルバイトをして買った本、主としては、角家に同居していた叔父の永田衡吉（一八九三〜一九九〇　角源泉の妻の連れ子　早稲田英文、東大美学を出て、一九二〇年警視庁警部（脚本検閲官）になるも、演劇界のリーダー役を演じる。）の書斎で出会った左翼関係等々の本を含めて、七平はかなりの量の本を読んだ（らしい）。それでも、七平が「本の虫」であった、というわけにはいかないだろう。なによりも「家訓」で禁じられた「世態風俗」を知らせる「雑書」の類が欠けていた。「人間通」に通じる「読書」で、「俗書」にはいる『南総里見八犬伝』や近代日本の歴史・政治講談小説『伊藤痴遊全集』（全30巻）はもとより、『源氏』、『徒然草』、幸田露伴の著述、等を通さなければ、窺い知ることのできない世界である。

「七平は本の虫」である説は、大きく差し引いて考えなければならないだろう。姉や妹にとっては「本の虫」であっただろう。だが同年代で、小なりとはいえ本物の「図書館」に立てこもり、その所蔵本を「平らげた」少年司馬遼太郎や、一世代後の渡部昇一や谷沢永一と比べると、まるで問題にならない「量」や「幅」であった。「家訓」のせいでもあるが、いわゆる「本の虫」ではなかったことによる、といえよう。自分の「関心」領域には厚いが、そうでない分野には薄い、というか馴染もうとしない「意識」が、山本にはある。

3　戦時における「救世軍」——スパイ

少年期を終えた七平は、一九四〇年（昭和一五）、戦時へと急転換しだした時局と、それとは全く対照的に、皇紀二千六百年の奉祝に酔いしれる日本と日本人とを、クールに対比している。国民が三七年（昭和一二）の日華事変以来の戦局（非常時の中の常時）に「不感症」になっているのだ、と記す。

このとき、「奉祝」のニュース映画と二重写しになる「写真」が思い起こされた。父の説明によると、この写真に大山元帥とともに写っているのが救世軍（軍隊組織をまねた人道援助事業団体）のブース大将（ウィリアム・ブース　イギリスのメソジスト説教者、一八六五年ロンドンに救世軍を創立、一八七八〜一九一二在任）で、写真は一九〇七年（明治四〇）、大将が明治天皇に謁見した後に撮されたものだ。大将は、そのご日本国中をまわり、「愛の行為をする軍隊」として大歓迎を受けたそうだ。なぜそんな写真がフラッシュバックしたのか。

七平は、「奉祝」ニュースを見る半年前に、渋谷駅頭で、「救世軍の仮面をはぐ」「愛の名で行われるスパイ行為」という激烈な言葉と罵詈雑言が並べられた、奇妙なパンフレットを渡された。「写真」と「パンフレット」は、ポジとネガそのままである。一九四〇年の日華事変から全チャイナへの戦火拡大と、皇紀二千六百年の「奉祝」ニュースとが奇妙であれば、救世軍＝スパイとするパンフレットと一九〇七年（明治四〇）の「愛の軍隊」ブース大将歓迎の写真も奇妙である。さらに山本七平が述懐するように、オリンピック「祭典」で沸く一九六四年、奥まった狭い小路にある山本書店事務所付近で見かけた救世軍「士官」の「姿《ユニフォーム》」は、日露戦争後や日中戦争時と、少しも変わっていない。日本人の服装も街のたたずまいも人の心も大きく変わっていたのにだ。

明治四〇年（愛の軍隊の使者）と昭和一五年（愛の名によるスパイ）で輪切りにし、「救世軍」の世評変化をその「極点」でつかみだし、「対比」すれば、時局に「鈍」な目にも、時代の「変化」を見いだすことができる。（ちなみに、この対比法は、このときだけではなく、山本七平の終生のやり方だ。）

同時に、救世軍のことは他人事ではない。一九四〇年当時の日本で、キリスト教徒も、「愛の名で行われるスパイ」と同類の潜在的「スパイ」（敵性国民）とみなされた。キリスト教徒には、かえって顕在的に「愛国的な行為」を示すことが暗黙のうちに要求されたのであった。七平にかんしていえば、「卑劣な策術を使った徴兵逃れはしない」、だから先輩に勧められた「衛生兵志願」もしなかったのであって、逆に「幹部候補生」を「志願」せずにはいられない状況に立たされ、そうした。

それに「徴兵検査」を受けた時、父は、はじめて大逆事件と血族との関連を七平に語っている。「国家反逆罪」の血を受けたという「事実」が、七平の心にどのような変化を生み出したのかは、明らかではない。しかし、自分を「三代目のクリスチャン」と規定したのである。一代目のクリスチャン、玉置酉久は弟の「大罪」のために「風狂」を生きたし、愛郷を出奔しついに生涯にわたって愛郷に足を踏み入れることのなかったが、苦境のなかで定職をえ、信仰心をかため、家族を守った文之助、その二代の「血」を引いた七平に新たに生まれたのは、キリスト者として生き抜こうというますますの堅い念いであった（と思われる）。日本人の「異例」であり、キリスト者の「異例」として生きるという思念だ。

問題は、七平がめざす「キリスト教とは何か」であり、「キリスト教徒とは何か」であった。「戦争」が七平を「試す」ことになる。

第3節　山本七平の「戦争」

このテーマに関連して、山本七平は「処女作」とでもいうべき詳細な「体験」記を残こした。のちに、その三部作『ある異常体験者の偏見』『一下級将校の見た帝国陸軍』『私のなかの日本軍』を中心に詳しく述べることにする。

ここでは、「戦争」に関係する七平自身のもっとも印象的な「体験」（記憶）を三つだけ拾い集めてみよう。三つとも自伝『静かな……』からのものだ。この自伝、月刊『信徒の友』に「私の歩んだ道」という通し名で連載されたものである。「信仰の道」が本筋になっている。もっとも、キリスト教徒山本七平の、日本教キリスト教批判の「論理《コトバ》」が内在していることに、止目されたい。

1　昭和一五年——日米「開戦」序曲

《昭和十五年ごろから、世の中は急速に変わりはじめた。といっても、十二年の日華事変勃発以来、ある種の変化が、浸透するように徐々に人々の生活を蝕み続けていたので、多くの人は変化への不感症にかかっており、そのことに全く気づかなかったかもしれない。

否むしろこの年は、皇紀二千六百年で、日本中が奉祝一色で包まれた年、ある種の華やかさをもった年であった。

十一月十日の大式典の模様を写した宮益坂のニュース映画館でそれを見たのもこの年であった。それまで天皇は「雲上の人」で、このときのように、はっきり間近に映っているということはなかったからである。ニュース解説者が、感激にふるえる声で「咫尺《しせき》の間に拝す現人神……」というようなことを言ったのが、印象的だった。》

国民多数は、日米「開戦」序曲が響きはじめたのに、むしろその轟きに「不感症」になり、いわば「非常時の中の平時」（三宅雄二郎『初台雑記』一九三六）に慣れて、皇紀二千六百年（昭和一五）の奉祝に湧いていたのであった。一九四〇年というと、日米開戦まで一年半あまりを残すだけだ。七平はまだ徴兵検査を受けていない。兵役に就くかどうかも未然である。ただし、七平は時代の変化を、不可避に感じざるをえなかった。「社会」と「家族」をつなぐ「学校」の急変に接せざるをえなかったからだ。

戦時体制は、まず青山学院の存続自体を脅かした。「青山学院ニュース」（Ｖｏｌ．21）にこうある。笹森順造のプロフィール紹介だ。

〈一九〇一（明治三四）年、弘前教会［メソジスト派］で受洗。早稲田大学卒業後、米国デンバー大学に留学し、同大学大学院を修了。帰国後にＰｈ．Ｄの学位を授与されました。一九二二（大正一一）年、かつて本多庸一第二代院長も塾長を務めた東奥義塾を再興。再興初代塾長として、その基礎を築きました。一九三九（昭和一四）年、第七代青山学院院長として迎えられましたが、その在任期間は戦時下という、キリスト教主義学校にとってきわめて過酷な状況にありました。日米間の緊張が高まる一九四一（昭和一六）年二月、米国のメソジスト教会より青山学院の宣教師に帰還命令が出され、同年一二月八日に開戦。伝統ある神学部の閉鎖など青山学院は苦難の時代に突入します。学院内が大きく動揺するなか、笹森院長もさまざまな圧力を受け、志半ばで退任せざるを得ませんでした。その後任を任された國澤新兵衛〔美會神学校（後の青山学院）卒で一九一七〜一九年まで満鉄理事長〕院長代行の尽力により、廃校の危機こそ逃れましたが、終戦に至るまで暗い谷間の時代が続きます。戦後は衆議院議員、参議院議員を歴任し、一九四七（昭和二二）年には片山哲内閣の国務大臣に就任。また、小野派一刀流宗家を継ぐ、一流の剣道家としても知られています。〉（AGUニューズ〔二〇〇四年三月〜四月号〕）

もちろん、この文は、現在（平和時）のものであり、笹森に対する批判点のまったくない「広告」である。だが、それを加味しても、つぎのように論評するのは、酷ではないだろうか。

「評伝・山本七平」の稲垣武『怒りを抑えし者』（PHP研究所　一九九七）は記す。「青山学院に全く関係がなく、校友でもなかった」笹森院長の登場は、「時節柄」の「時局協力」であり、学院内からも「キリスト教か、軍か」の選択を迫られるなどした、と。

だが、笹森院長は、事実として、まったくの「外部」（圧力）人事ではない。なによりも「二代目院長」本多庸一の意を体した人物であった。稲垣が、笹森が「剣道達人」であることと「軍事教練」の強化とを短絡に結びつけるのは、あまりにも乱暴だろう。もちろん、時局に「逆らう」人事ではなかったという意味でなら、「対応」した人事であることはまちがいない。ただし「迎合」ではない。この時代、「キリスト教か、軍か」などという選択は、暴論である。むしろ、笹森やその退任後を受け継いだ国澤院長代行の「尽力」が、「キリスト教か、軍か」などという一部教師（や学生）の跳ねっ返りを抑え、ときに暴論に走る教師等を処断することが出来たからこそ、青山学院を廃校から免れさせた、というのが本筋だろう。

七平自身は、戦時体制の変化のなかで学院の「変化」を感じとるというよりも、学院の「変化」を通して時代の変化を感じとった、というべきではないだろうか。

2「沈黙」――批判と伝道

《私は軍隊時代、何一つ語らなかった。「引っ込み思案」というならまさにそれで、ただ黙って、一種の驚きをもってその世界をながめていた。

そしてその不思議な世界は、消すことのできない強い印象となって、私の脳裏に焼きついた。その世界を批判することはやさしい。だがその世界に伝道するとなると、手がかりは全くないように思えた。そしてこの手がかりがないということが悲しかった。それはその世界と私との間に、何のコミュニケーションも成り立たないということだったからである。

戦争が終わった。言論の自由が来た。

堰を切ったように軍部への批判がはじまった。しかし軍部への伝道ははじまらなかった。おそらく蓄積された「内心の伝道」がなかったのであろう。

だがそれは他人事ではなく、わたし自身もその一人であった。批判の時代、一億総評論家といわれる時代が来た。

教会もその一員となり、内部批判も外部への批判も盛んになった。だがそういった批判は伝道ではない。

批判とは外部から行うことであり、伝道とはその中に入って、その中の人のわかる言葉で語ることである。》

山本七平は、軍隊時代、「キリスト教徒」であることを「封印」した。もちろん、軍隊内で伝道することなど論外であると考えた。その背後には、自分が「大逆事件」の血族に連なる、という意識もあったに違いない。だがなによりも、軍隊内で「伝道」しうる言葉をもたなかった（と思えた）。じゃあ、山本少尉は、軍隊内で、捕虜時代を含めて、「キリスト者」として生きることを封印したのか。そんなことはできない相談だった。「伝道」を封印したが、ことあるごとに、じぶんの立ち居振る舞い、言動が「キリスト者」としてふさわしいかどうか、少なくとも、キリスト教に反していないかどうか、を問わなければすまなかった。

その上でいいたい。だが「批判」と「伝道」を、ただちに山本のように対置するのは、誤謬の源である、と。二つだけ指摘しておこう。

第一に、他者批判には、（自己批判とともに、）それが正当であるかどうかを判定するための、批判の「原則」（基準《はかり》＝根拠）が必要だ。これがなければ、山本がまさに批判する「批判のための批判」になる。戦後は（戦前も）、この批判の「根拠」を欠く「批判」が横行した。

第二に、「伝道」には、他者（もちろん自分）のなかに入って、他者（自分）にわかる言葉で語ることが不可欠だ。ただし、まず重要なのは、「伝道」の内容と形式（やり方）が正当におこなわれることである。伝道相手にわかる言葉で語りながら、全く不当な誤謬に満ちた内容を、それも不当な方法で伝えるケースが数多くある。まさに、戦前も戦後も、マスコミ・ミニコミに横溢しているだけではない。日常生活の言説の大部分を占めている。軽信や狂信を生む原因である。

（わたしも、それを免れえなかった一人である。今も、ある。）

この「批判」と「伝道」の無邪気な対比は、中学時代に、すでに多少ともカント『純粋理性批判』を読んだことのある人間（山本）としては、心許ない、といわなければならない。だが、山本の「批判」と「伝道」の対比は、哲学認識の水準でいわれているのではない。

学院側は、戦時体制下のなかで、クラブ名を日本名にかぎるとし、あるいは銃撃・剣術部を創設するが、日米開戦後は、神学部廃止を受け入れた。七平は商学部だったが、この変化の流れに、時代の大変化を感じとらざるをえなかっただろう。だがもちろん批判的に言及も論及もしてはいない。山本は、学業時代も、兵役時代も、「なるほど、批判とか批評とかはだれでもできるが、伝道となると手も足も出ないものだ」に納得し、沈黙を貫くことになる。

山本のいうような「批判」なら誰にでもできる。（山本はそれをしなかったことに、むしろ注目すべきだろう。）だが、カントのいう「批判」とは、「伝道」に対する「批判」とはまるで異なる。「はたして人間は正しく認識する能力をもっているのか」、「その能力をもっているとして、その能力とはどのようなものか」、「その能力を正しく用いる方法はどのようなものか」をまずを明らかにすることを意味するからだ。「批判」とは「正しい認識」に到達するための「方法」なのである。

そのうえでいえば「伝道」は、「相手の心をとらえる言葉で語れば」、たとえ「毛沢東語録」の（ような「批判」を許さない独断的な）伝道がそうであるように、意想外に簡単である。（事実、毛語録は「実践は理論に優る」をなによりも高く掲げる。）

それに、戦時日本人の心をとらえた「鬼畜米英」というスローガンは、「内心」からのものではなかった、国家からむりやり注入された、だから全く理解も納得もしていないもので、タクト通りに唱わされた「合唱」(「洗脳」)にすぎなかった、などといえるのか。事実として、いえない(だろう)。「毛語録」や「鬼畜米英」の内実がどんなに根拠のない、一時的な「熱風」であっても、それが圧倒的大多数(大衆)をとらえたのである。「内心」をさえ深くとらえた、といえるのだ。ただし、熱の源が冷めると、きれいさっぱりかき消えている体のものであった。「厄介さ」の原因だ。まさに、のちに山本が批判主題とする「空気」である。

3「平和ならしむる者」

昭和二〇年八月二七日、敗走する軍と山本七平(少尉)は、ルソン島北端から五〇キロ、東岸の断崖絶壁近くのジャングルにいた。付近は腐乱死体の山で、山本(小隊長)の部下は全員死亡、敗残兵は三二人という惨状に陥っていた。そんななかで、米軍旅団副官が前哨までやって来て、停戦命令が出たから、所在のアメリカ軍に連絡し指示を受けよ、と伝えた。多少とも英語ができるのは、山本だけだったので、一キロほど離れた所定の場所まで出向いた。

《ジャングルの前端からこの部落までは一千メートルぐらいである。私は自分の生涯において、この一千メートルを歩いたときくらい、強い恐怖を感じたことはない。》村についても緊張は去らなかった。

《やがてアメリカ軍の将校が来た。彼は完全な丸腰で、たった一人で、フィリピン人からもらった水牛の角笛を楽しそうに吹きながらやってきた。……

彼はつかつかと入ってきた。二人は向き合った。彼は私の方をまっすぐ見て、きわめて簡単に言った。

「私は軍医だ。歩けない重病人は何人いるか。それを無事に収容するには、われわれはどうすればよいか」

その瞬間、全身の力が抜けた。一瞬にしてすべてが平和になった。二人はきわめて事務的に……［打ち合わせを終え、彼は去った。］だがこの短い時間に、私の方に大きな心的展開があった。すべてが平和になったのである。


イエスは「幸いなるかな、平和ならしむる者。その人は神の子と称えられん」といわれた。この言葉はこの言葉とおりに受け取るべきであろう。

イエスは「平和ならしむる者」といわれたのであって、「平和、平和と大声で叫ぶ者」といわれたのではない。》

もちろん、山本少尉の「戦争」はここで終わったわけではない。「戦闘」とは異なる新たな「戦時」がはじまった。一年四カ月ほどあと、二二年一二月三一日、復員するまで、「捕虜」生活が続く。「戦犯」容疑で逮捕され、処断される恐怖がつねにあった。（復員してからもあった。）

山本は、このとき軍医から「平和」が与えられた、と特筆大書している。山本は「神慮」による、と感じることができた（とわたしには思える）。

『夜と霧』のフランクルは、ナチの強制収容所で、〈神がかくも過酷な運命をわたしに与えるのなら、この運命を耐え抜き、生き抜いてやろうじゃないか〉と心決めし、餓死寸前＝骨と皮になりながらも、正確には「餓死」さえも運命＝「神意」であるとして甘受し、必死にだが絶望せずに生き抜くことができた。対して山本は、「軍医」を神の使者＝「神慮」として感受する。いうまでもないが、「意」も「慮」も「意志」（Will）である。二人が「体験」した難事に優劣をつけることはできない（だろう）。

しかし、フランクルと山本の場合は、受け取り方が違う。フランクルには「神意」と一体化しようとする「自分の意志」が強くでており、主体性が際立っている。山本は、ごくすなおに「神に感謝」（ヘブライ語の「シャローム」＝平和で、「ありがとう！」）で、受動的なものだ。（思うに、親鸞の「南無阿弥陀仏《ありがとうございます》」にほぼ近いだろう。）山本が「戦争」を辛くも生き抜くことができたのは、自分の運命に「神慮」（恩寵）を、感じとることができたからだろう、と思われる。

ちなみに、山本の「戦時」の「略歴」を切り取っておこう。

(1)四二年六　徴兵検査「第二乙種合格」　＊父から「大逆事件」についてはじめて聞かされる。
二二歳

(2)四二年一〇・一　入隊　東部一二部隊近衛野砲三聯隊に入営。肋膜炎の既往症があるため、保護兵を集めた「特別訓練班」に入る。

(3)四三年　幹部候補生試験で「甲種幹部候補生」に。二・一五　豊橋第一予備士官学校砲兵生徒隊十榴中隊第一区隊に入学　暮れごろ、見習士官で原隊復帰　（＊「十榴」とは１０５㎜榴弾砲のことで、「榴」とは「ザクロ」を意味し、〈中に炸薬《サクヤク》を詰めて、命中と同時にさけ散らせるもの。破壊力が強い。〉（新明解国語辞典））

(4)四四年四　転属命令を受ける（第一〇三師団の本部要員）　五・二　帰省
四四年五・二九　フィリピンへ　六・一〇マニラ上陸

（5）四五年八・二七　降伏命令　捕囚
（6）四六年一二・二三　最後の帰還船でマニラ出航
（7）四七年一・一　佐世保港近辺に上陸（復員）　四七年一　帰宅　二七歳

第2章　山本七平の戦後

第1節「平和と民主主義」に抗して――「占領と復興」期

1　二七歳の帰国

二七歳、山本は身も心もぼろぼろの状態で帰国したわけではなかった。たしかにマラリアに苦しめられていた。が、経堂の実家は焼失を免れていた。父の会社も残務整理状態だったが、食うに困るというものではなかった。むしろ、一見すれば、山本の精神状態は「ハイテンション」であった。

だが日本は、一見、「平和と民主」の国にかわっていたが、故国とその国人は、最初に踏んだ佐世保と同じように、暗く、薄汚かった。そこに、山本が「求めるもの」は見いだすことができなかった。

それでも、山本は「茫然自失」にも、「弛緩」にも陥ることはなかった。敗戦日本に見たものは、明＝戦後、暗＝戦前に分かれているように見えるが、かつて見た光景と似ていたからだ。
（1）《日本は戦争に敗れ、戦前の日本を意識的に否定した。……だが、アメリカに住む二世ですら不可能だった伝統の拘束の排除が、日本に住む日本人の、単純な意識的否定でできうるはずはなかった。
常識で考えても、たんなる戦前否定で、日本が白紙になったなどということはありえない。戦後の日本はもちろん、その白紙の上にアメリカ民主主義を描いたわけではない。だが人びとは大正型二世のように、「内なる伝統」を否定して「民主主義人」になろうとしていた。

だが当時すでにキリスト教徒三世であった私には、否定されたはずなのに厳然と残っているものが逆に目についたから……》（『静かなる…』）

戦後日本は、戦前日本を「意識的」に否定した。しかし、そんなことは不可能だ。なぜか。「伝統の拘束」の存在だ。「伝統」は、日本に住む日本人はもとより、アメリカに住む日本人をさえ「無意識」に拘束しているからだ。こう山本はいう。肯綮《こうけい》に当たっている（to hit the mark）。見事だ。

ただし、ここで山本の「意識的」という言葉《ターム》の使い方が通常と異なることに留意してほしい。「伝統」を意識的に（解明し、それを）取り除くことは、不可能だ（ないしは難事だ）と、山本は述べているからだ。

もっとも、山本は、単に（単純に）、「意識的」を「単純な意識的」の意味で使っているのだ、ということもできる。「たんに口先で」という意味にだ。そうだろうか。

「意識」／「無意識」の関係である。「無意識を意識的に除去できない」というフロイトの「無意識*」論を、山本は援用しているかに見える。もちろん〈意識して〉ではないだろう。

＊無意識［the Unconscious］「無意識」を発見したのは、フロイトである。彼は、心的過程に、意識的なものと無意識的なものがあるとした上で、無意識的な心的過程を、容易に意識化される「前意識」と、抑圧に服している「力動的に無意識的」（dynamically unconscious）なものとに区別する。精神分析で「the Unconscious 」というのは、後者である。フロイトは、後に、「無意識を」「イド」（ID〔ラテン語、英IT、独ES〕）、「意識」を「自我」とよびかえた。無意識とは、自己に影響を及ぼしながら、自己自身にはそれと知られることの最も少ない実在をさす。

しかし、心的過程に、意識的・前意識的過程とは異なるメカニズムがあることを認めた思考者は、フロイトが最初ではない。フロイトよりも、もっと広く深い意味で、無意識の一般論を展開したのは、スピノザである。彼は、十全な観念にもとづく認識＝「理性知」と区別して、非十全な観念にもとづく認識を「想像知」であるとする。そして、人間の理性知の世界は、膨大な想像知の世界の表層部分にすぎないことを明らかにする。スピノザの議論は、想像知に達するための努力であった、といってよい。

あるいは、マルクスである。マルクスは、資本主義的経済構造が、「自然史的過程」であり、人間の理性的統制に服さない衝動に満ちていることを明らかにしようとした。しかし、マルクスは、スピノザと異なって、この衝動を、「ありうべからざる疎外物」とみなし、廃棄しなければならない、と考え、理性のコントロールに服する社会＝共産制社会を構想する。

マルクスは資本制社会の経済構造を、フロイトは「夢」を通じで、無意識の構造を解明しようとした。レヴィ＝ストロースは、「未開社会」の神話や親族構造を、現代社会の無意識として解明して見せた。吉本隆明は、人間の共同幻想の世界を、無意識を基底とする過程として展開する。

「伝統」とは、「共同の無意識」のことで、共同体である民族や国家が「消滅」「変質」しなければ、意識的・計画的に「否定」しようとしても、否定できないという意味である。戦後日本が、「軍国主義」を否定し、アメリカ「民主主義」を導入したといっても、「白紙」に戻ることはできない。日本の歴史伝統（民族意識）に拘束されたままなのであって、「大正民主主義」と同じような「轍」を踏んでいるのだ、と山本は敗戦直後に実感する。

だが同時に確認すべきは、山本が「戦後民主主義」を「擬制《フィクション》」（吉本隆明）とするのは、敗戦期から当分の間は、「実感」にしたがってであり、「常識」（経験知）のもとにおいてだ。そして、この地点から、山本の歴史認識の旅がはじまるといっていい。一九七〇年代の山本を準備した等のものだ。幸運であった。

2　反時代「意識」

《戦後に私が読み続けていたのは、聖書と徳川時代の文書と、それに関連した本だけであった。徳川時代という、明治維新以来ずっと抹殺されていた世界に興味をもった動機の一つには、いうまでもなく戦争体験と軍隊での経験があった。

私は一下級将校として軍隊の実務を行い、実際に戦闘を指揮して、日本人は絶対に天皇に忠誠でもなければ軍国主義者でもなく、その権威のもとに運営されている組織に服従しているものでもないと思わざるをえなかった。従ってあの一見強大な帝国陸軍が、ポツダム宣言という一片の宣言で雲散霧消し、跡形もなく消えてしまっても少しも不思議ではなかった。》（同前）

聖書と徳川時代の文書（と関連本）、これが山本の戦後「読書」の出発であった。とはいえ、聖書は、戦前「読書」の継続、再出発であった。では「徳川時代の文書」とはどういうものか。鈴木正三、石田梅岩、梅岩の弟子、手島堵庵その他の著作である。なぜにかれらの著作か。

1　敗戦日本は、戦前日本をまるごと否定した。これが帰還後に山本が目にした「現実」であった。同時に、「明治維新以来ずっと抹消されていた世界」、とりわけ江戸時代の本が、敗戦によって、ふたたび否定されるのを目にしたのである。江戸期の古書や全集が、タダ同然で売却され、古書店にあふれていた。それらのなかに、鈴木正三や石田梅岩の本があった。そしてこの二人が、後で詳しく述べるように、山本の主著の一つ『日本資本主義の精神』（一九七九）のキイ・パースンになるのだった。なんという「勘」（先見力）のよさだろうか。

2　山本が、聖書とともに愛読していたのが、『論語』である。これには内村鑑三とその「弟子」父の厳命もあったが、すでに戦前から親しんでいたテキストである。しかも福沢諭吉によって批判された「腐儒」ではない。

正三は、キリシタンを弾劾する禅宗を提唱し、梅岩は『論語』にもとづく「庶民」（農工商大衆）の生き方を説いた。ともに「日用」と「勤労」の哲学である。

3　山本の「生涯の三主題」につながる。

聖書を「詩」（「ギルガメッシュ叙事詩と聖書との関係」）や「地理と歴史」として読解するとともに、「比較宗教学」（主として日本の伝統的宗教とキリスト教の対比、また平田篤胤におけるキリスト教の影響）として「読解」しよう、というのが山本の主題である。日本の伝統的宗教、神道・仏教・儒教を知ること抜きに、比較宗教学は成り立たない。

敗戦によって、江戸期の文書が、タダ同然で手に入った。仕事のなかった山本七平にとって、これほどの幸運はなかっただろう。

ここで、もう一つつけ加えておきたいことがある。あらかじめ、私見と断っておこう。二つある。

1．山本は作家になる前に、翻訳家でもあった。多くの訳書を残している。また長いあいだ、出版事業に携わってきた。編集者として「生原稿」を読み、「ゲラ」を校正してきた。以上だけでも、尋常な数の読書ではない、と思われるかも知れない。だが、である。戦前期の「本の虫」のところで述べたように、「雑書」（専門・趣好以外の本）繙読の幅も量も「多い」とは感じられないのだ。司馬遼太郎のような、「自在」なところが感じられない。

2．もう少し端的にいえば、山本は読んだ本のほとんどを自分の著作に編み込むという性癖（傾向）が感じられる。「読書の経済学」の実践者に感じられてしかたがない。「一冊」を読んで、それから（のみ）「思考者」（思想家）を分析する、という行き方をとっているのではないか、と感じられるのだ。

ただし、この二点が評論家山本の「欠点」であるとただちにいいたいのではない。「一巻」の人がいる。名著を読みに読み抜いて、その真髄をとりだす行き方である。山本はこういう行き方とは異なる。ま、いってみれば、多少は読んで、たくさん書く、こういうタイプと思えばいいだろう。半ば非難であり、半ば羨望である。真似できない。

3 「正業」を見いだす

山本は、敗戦後、占領軍が差配する「平和と戦後民主主義」のもとで、ながいあいだ居場所（生業 job）を見いだすことができなかった。

（1）「高揚」していたとはいえ、やはり「戦病兵」さながらに帰国したのである。一九四二年、青山学院高商を卒業し入社したが、わずか一週間の社内講習で入営のため休職した三井商船は、敗戦で持船をほとんど失い、まさに人員削減で大なたを振るっていて、山本を受け入れる余地はなかった。もし余地があっても、自分をねじ込むようなことは、山本の仕儀ではなかった。

父文之助が差配してくれた愛郷山奥での木材事業は、戦後復興期の木材特需で「盛業」だったが、四九年一月、妹の余命いくらもないという知らせで帰宅し、妹の死後、再び木材業に戻ることはなかった。妹の死のショックと肺疾患再発を契機に、高揚した山本の気分が、一挙に「失速」する。というか、材木事業は長期に山本七平をつなぎ止める力がなかった、と見るべきだろう。（ただし、熊野山中での事業には、もう一つの隠された理由があった。「戦犯」逮捕を恐れての「逃避行」でもあったということだ。）

（2）だが、山本七平は、父と同じように、いつまでも手ぶらで生きることができない質、仕事人間だった。やがて、病気がぶりかえさないていどの「仕事」、それも好きな本と結びついた仕事を見つけ出そうとする。とっかかりは二山会（小版元と小売書店を会員）であり、岩崎書店（社長岩崎徹太　児童書中心）の校正アルバイトであり、岩崎の口利きで、二山会の版元会員で構成される梓会の機関紙『出版ダイジェスト』（月3回発行　10〜57号）の編集・発行人を続けた。（この出版媒体紙〔タブロイド判〕は、二〇一六年現在も健在である。）一時（五一年三月〜五三年一月）福村出版で総務・営業を勤めるが、その間も、フリーの仕事に携わり、時間の合間を縫って、「翻訳」

（三冊）を続けた。

（3）この期間、山本に去来し、ますます強まったのは、自分の人生の「主題」に合うキリスト教関係の書物の出版社を創立することだった。一九五六年（昭和三一）に念願の山本書店が発足し、二月二五日、N・J・ベリール著・山本七平訳『生物の生態』が出版された。

帰国から九年、山本ははじめて「正業」（calling）をえたのである。三六歳になっていた。しかし、出版事業のほとんどは小零細事業で、はじめるのは従業員一人で簡単だが、事業を成り立たせ、本の売り上げだけで食っていくのは、困難である。しかし山本は「幸運」であった。主として三つの理由を挙げることができる。

第一。出版仕事は、山本が最初予想したのとは違って、けっして「軽い」ものではなかった。それも、悪性マラリアの頻発、結核の再発、原因不明の胃痙攣（胃の切除手術三度、最後は五五年中頃に全摘出）で、常人ならとうてい翻訳はおろか、不規則な出版活動に携わることなどとても無理であった。それをおして創業にたどりつけたのである。大げさにいえば、死を賭してのものだったといっていい。

第二。一九五五年一一月、山本と同じ無教会派の信徒、寶田れい子を妻にすることが出来たことだ。しかも、山本の「立志」（キリスト教関連本を出版する！）に賛同しての、結婚承諾であった。この二人の立志は、生涯変わらず、七平の死後も続いた。

第三。とはいえ「立志」と「経営」は異なる。むしろ反比例する。山本は「無借金」でゆくという経営方針を崩さなかった。どんなに出版すべきだと思える「原稿」であっても、出版資金ができて、はじめて「本」にするという営業方針である。しかし、出版社は「本」が出なければ維持不能になる。七平は、翻訳、アルバイト等で「資金」を調達しながら、出版を続けざるをえなかった。だが幸運がやってきた。最初の出版からおよそ二年半後、初めてのロングセラー、ウェルネル・ケラー著・山本七平訳『歴史としての聖書』（一九五八・一一・二〇）が生まれた。山本書店の独り立ちである。（とはいえ、山本書店は『日本人とユダヤ人』（一九七〇）のベストセラーまで、「経営」は息つぐ暇がないという状態だった。）

第2節　高成長期期――なぜベンダサンは生まれしか？

1　一九五五年（昭和三〇）、日本の国民所得は戦前の最高期を超えた。「もはや戦後ではない」といわれ、たしかに「失業が餓死につながる」という恐怖は一九五〇年代に消えていたが、日本も日本人も、まだ十分に貧しかった。

2　変化は政治が先行していた。五六年サンフランシスコ講和条約・日米安全保障条約が調印された。占領は終わったが、アメリカへの完全軍事従属は続いた。このとき、「非武装中立」の可能性はなくなった。だが社会主義は、「平和」勢力で、「民主主義」の理想である「平等社会」をめざすという「幻想」は消えていなかった。否、むしろ現実味が増しているようにさえ「報道」されていた。

3　政権を担当してきた自民党は、「党綱領」に憲法改正を掲げながら、政府は「軽武装」を選択した。吉田茂が、残存する軍部勢力の復活を懸念したからだ。もちろん、現実的な懸念である。こういう時代推移のなかを、山本七平は「反時代意識」を抱き、生き抜いたのだった。

1　六〇年安保とはなんだったか

（1）《二大陣営に挟まれて苦悩しつつ滅びていったイスラエルの歴史は、現代の日本を連想させるものもあろう。しかし日本には「日本人が神の前に悪を行ったので、主は米ソを起こして日本を敗戦に導いた」とか、「日本を覚醒し警告するため水爆を打ちあげられた」とかいった考え方はない。だが、前六世紀に祖国が滅亡しながら、「時満れば主は必ずわれらを約束の地に帰される」と、二六〇〇年間信じつづけて、それをついに成就した「イスラエルの子ら」なるものを、その「健全な常識」で、どうやったら理解しかつ評価しうるのだろう。彼らが、その思想を頭の中で弄んだのではなく、身をもってその思想を生き抜いてきたことを思い、さらにこの思想が西欧の骨格をなしていることをも思う時、われわれに何か大きな欠けたものがありはしないか、と思うのは私だけであろうか。

一九五八年十一月一日　　　　訳者〔山本七平〕》

『歴史としての聖書』の訳者「あとがき」である。

日本人は、自国を敗北に導いた、アメリカ（軍）やソ連（軍）を、戦前、「鬼畜」と呼ぶことをためらわなかった。だが戦後は、「民主と平和」勢力、「解放軍」と呼ぶ。反して、イスラエルを滅ぼしたアッシリアを、聖書は「鬼畜」と呼ばない。なぜか。アッシリアは、主（ヤーウェ）の手にある「鞭」にすぎないからだ。愛するイスラエルを覚醒させるための鞭である。日本人は「敗戦」を鞭とみなしていない、と山本は断じる。半分は正しい。

（2）戦後日本は、露中二大社会主義国、侵略国に近接している。日本も韓国も、米軍が撤退すれば、露・中軍が侵攻してくる。資本主義日本を社会主義へと「解放」するという旗印を掲げてだ。実際、米軍が韓国駐留をやめた瞬間、露中に支援された北朝鮮軍が韓国に侵攻し、あっというまに席巻した。朝鮮戦争だ。日本人はこの現実を目の当たりにしても、覚醒しなかった。こう、山本はいっているかに見える。しかし日本（政府）は、眠りこけていたわけではない。年表から抜き出してみよう。

一九五〇　六・二五朝鮮戦争勃発（〜五三・七・二七）＊警察予備隊創設
一九五一　九・八対日平和条約、日米安全保障条約調印
一九五二　＊八・一保安庁発足
一九五四　三・八日米相互防衛援助協定（MSA協定）調印　＊七・一防衛庁・自衛隊発足
一九五五　社会党合同、自由民主党結成（保守合同）
一九五六　経済企画庁白書「もはや戦後ではない」
一九五七　二・二五岸内閣成立（＊日米安保条約改定をめざす）
一九五九　三・二八日米安保条約改定阻止国民会議結成　一一・一〇三池無期限スト闘争開始（〜六〇・一一・一）
一九六〇　一・一九日米安保条約等調印　六・一六アイゼンハワー大統領、訪日延期決定
　＊六・二三新安保条約発効
　七・一九池田内閣成立　一一・二〇総選挙、自民党圧勝　一二・二七国民所得倍増計画決定

山本が「あとがき」を書いたころには、「非武装中立」を完全に無効にする、対米従属という基

本性格は変わらないが、日本政府（岸内閣）は日米軍事協定の「質的」転換を意味する「安保改定」交渉に入っている。ここに露中の「日本解放」（社会主義革命）という名の侵略の芽が「完全」に摘まれた。

（3）では六〇年日米安保改定反対闘争はなんだったのか。言葉の本当の意味で、「後の祭り」である。

一つは「非武装中立」路線の完全な破綻である。

二つは、戦勝・占領国アメリカに対する、劣性・従属の民族意識（反米国民感情）の「解消」である。

結果、空理空論となった「非武装中立」派は、中ソの侵略を全く考慮することなく、「憲法九条」を後ろ盾に「平和と民主主義」を唱えることができるようになった。

2　時代意識の転換

《十四版〔刷〕を世に送ることになった。思えば一九五八年の初版以来、ほぼ一年一版の割で、本書は着実に読者を獲得していった。古典を別にすれば、このように生命の長い啓蒙書・解説書は真に珍しいといわねばならない。これはもちろん、世界的に定評のある本書の内容によるのであろうが、一方、時代の動きも反映しているであろう。

聖書の真価と、西欧文明ひいては世界文明に占めるその位置が、日本でも正しく認識され評価される時代が来たとともに、本書の著者がいわゆる宗教家ではなく、その内容はあくまでも客観的で資料に忠実である点にもあるのであろう。》（一九七二年一月）

『歴史としての聖書』の冒頭に付加された、訳者山本の「十四版に当たって」である。
問題は、一九五八年から七二年までの「時代の動き」である。

（1）所得倍増計画

安保改定後、自民党池田内閣は、経済重視の「所得倍増計画」を打ち出した。社会主義ソ連の誇大アドバルーンにすぎない「一〇年計画」も真っ青の内容であった。

昭和三五年～四五年までの一〇年間で、実質国民総生産二・七倍増、工業生産三・八倍増、輸出二・六倍増、農業就業人口六割削減等を実現しようという破天荒な長期計画である。

案の定、一〇年間に国民所得を倍増するという計画は、日本の経済構造の脆弱さを過小評価した超楽観論の類にすぎない、遠からず、現実によって手ひどいシッぺがえしを喰う、と社会党はおろか、自民党反主流派からも、高みの見物をきめこむ勢力が過半を占めたといっていい。この立案は、超楽観論であり、矛盾点を多数含みながらも、とにもかくにも、歴史事実として、計画値を上まわる数値を実現したのであった。（ただし農業就業人口六割削減だけは、ズレこんで実現した。）

ここに、欧米に追いつくという、日本近代が一枚看板にかかげてきた「成長」の夢が実現していった。この高度成長経済の結果、日本はその政治・経済・文化構造、生活様式を根本的に変化させた。

（2）「一億総中流」意識

「黄金の六〇年代」などと口ずさむものがいる。しかしその頃サラリーマン夫婦の「夢」とみなされていた「マンション」とは、大阪市内で、2DK（2＝6帖4・5帖、6帖＝DK、風呂は自設）が標準タイプだった。わたしの下宿部屋は2帖であり、二六歳のとき4帖半のアパートに移ることができた。サラリーマンも学生も、十分に貧しかったのだ。ただ五〇年代の貧しさからはほぼ完全に脱却していた。

のちにフランスの閣僚から、日本のサラリーマンは「ウサギ小屋」のような狭小空間で暮らしている、と指摘された。猛反発したが、大都会のサラリーマンの常態であった。そんな日本人が、七〇年代にはいると、「一億総中流」意識をもっている、といわれた。嘘ではなかった。

わたしのごときでさえ、高等教育の拡張期の波に乗り、公立短大に定職をえることができた。超低収入ではあったが、アルバイトをすれば、田舎で一戸建の持家に住み、中古の自家用車を運転することができるようになったのである。こんなことを、六〇年代には夢想だにできなかった。

七〇年代に生まれた「一億総中流意識」は、幻想だといわれる。しかしたんなる「幻想」ではない。六〇年代の高度成長経済計画の「成功」が生み出した「大衆意識」であった。まず、国民大衆に賃金の上昇と雇用の創出（ほぼ完全雇用）をもたらした。また労働力不足が賃金の平準化と農村と都市の経済格差を縮小させた。したがって、日本は先進国のなかで最も「格差」の小さい社会になった、といっていい。「兎小屋」でなぜ悪い。日本は、フランスのような格差社会ではない。という「総中流」意識が反発したのだ。

山本書店も、相も変わらず、社長と従業員を兼ねる山本七平の一人社員の会社のままだったが、イザヤ・ベンダサン『日本人とユダヤ人』の成功によって、出したい本を出すだけの資力のある出版社になっていた。「時代の動き」の結果でもある。

（3）農村革命——民族の大移動

高度成長計画には、農業人口の六割減プランが入っていた。たんに農業人口を減らす、という消極政策ではない。成長経済の機関車となる工業・製造業人口やサービス労働者の需要増に応えるための積極策、「農村から都市へ」の人口大移動である。ここに、敗戦後、農村に滞留していた人口（潜在的失業者）は、一気に都会に流出しだしたのであった。

故郷を棄てた人間を、「デラシネ」（仏語　根無し草、故郷喪失者）という。柳田国男は「郷里殺し」といった。しかし高度成長期に郷里を離れた青少年たちは、都会に職をえて根づき、家族を作り、都会生活者（大衆）の中核を形成していった。

他方、人口の大量流出によって多くの働き手を失った農村は、疲弊したか？　農業生産は停滞したか？　そんなことはない。

極論すれば、一九五〇年代までの日本農村、とりわけ水稲業は、基本的には人口集約型農法で小規模かつ泥田耕作のため、北海道を除いて機械を導入するのは困難だといわれてきた。少年期、一九四〇年代の生まれのわたしたちが見た農村は、江戸期に出版された宮崎安貞『農業全書』（一六九七）と地続きの景観であった。水田地域には、農繁期（田植えと稲刈り）に小中学校は「休校」になった。生徒の「猫の手」を借りなければ追いつかないほど、北海道でさえ水稲は人畜中心の農法であった。

つまりは高度経済成長計画が推進した農業人口の削減策は、農村に人口減（過疎化）と衰退（減産）をもたらした元凶のようにいわれた。しかし厚い保護政策のもとにあったとはいえ、農業生産（農民所得）は減少していない。むしろ、高度経済成長期の人口移動が、農業人口削減策が、水稲生産における技術革新を、農業全般の機械化を促進したのである。

第3節　一九七〇年――高度経済成長の結果

一九七〇年は、イザヤ・ベンダサン『日本人とユダヤ人』が現れた年だ。ひるがえって考えれば、まさにグッド・タイミングであった。まずそれを検証しよう。

1「日本沈没」

「日本沈没」は、SF作家小松左京の同名の小説（一九七三）からとったものだが、この時代の、日本と世界の大転換期の「動転《ショック》」ぶりを如実に表現したものだといっていい。しかし、今日から眺めてみれば、「警句」の役割を果たしたといえても、やはり大げさで的はずれなものだった、SF調だった、といわざるをえない。三つに絞って、その理由をいおう。

（1）「日本沈没」の第一撃破は、一九七一年（昭和四六）八月一五日、アメリカがドル・金の交換制を離脱したときで、変動相場制への移行の開始である。

一ドル三六〇円で固定していた円の平価が、日本政府がドル買いで買い支えたにもかかわらず、年末には三〇八円になった。貿易立国という名の輸出主導経済を志向してきた日本経済にとっては、一見して、死活にかかわる大打撃であった。

日本の輸出産業は、鉄鋼、造船、家電から、オモチャや食器まで、過半は淘汰される、失業者が町にあふれる、と喧伝された。

当時、わたしは大阪にいた。そのわたしの唯一の親戚が、上本町で石型でアンチモニーを流してできるオモチャをつくる零細家内業をやっていた。幸い潰れることは免れたが、抱えていた職人に仕事がまったく回らなくなり、おそらく、一年ほど、仕事取引量が三分の一になったと推察できた。急激な円高はショックだ。輸出に直結するビジネスにとって大打撃である。

だがその経済的意味は、別物だ。日本経済の実力は、一ドル三六〇円ではない、三〇〇円程度でもなく、二〇〇円でももちこたえることができる、したがって、ようやく日本が欧米並みの経済競争力をつけたことが認められた、ということを意味したのだった。

円が切り上がった、輸出は半減し、不況が到来する。デフレ対策が必至だ。こういわれたが、間違っていた。事実は逆で、インフレが持続しただけではない。一九七四年七五年は、ともに消費者物価が三〇パーセント前後値上がる狂乱物価高で、超インフレだった。賃上げも、両年とも、二〇〜三〇パーセントがざらで、二年でほぼ倍増したところも少なくなかった。

また、変動相場制である。一ドルが二〇〇円を切ったとき、一五〇円を切ったとき、一〇〇円を切ったとき、そのときどきで日本経済の「破綻」が叫ばれた。だが、もちろん一時的リセッション(景気後退)はあったが、日本の経済力は、その変動に耐えただけでなく、変動を日本経済の浮上力に転化してきたといっていい。

(2)ドル・ショックを、オイル・ショックが追撃した。一九七三年(昭和四八)一〇月、第四次中東戦争が始まった。原油産出国は、原油価格の値上げと、原油生産の削減、ならびに非友好国への輸出禁止を通告し、価格は、一挙に三倍になった。

日本は石油の上に浮かんだ国だ。エネルギー源ならびに材料源として、石油がなければ一日たりともやってゆけない。電気がつかない。工場が動かない。生産がストップする。車が、飛行機が動かない。移動ができない。ものが届かない。なにもかもストップする。こんどこそ「日本沈没」が現実のものとなる。こう叫ばれた。

一九七〇年大阪万博のコーディネーターの一人だった、通産官僚を退職した堺屋太一（一九三五〜）が『油断！』（一九七五）でデビューした。まさにどんぴしゃりだった。

石油があっての日本の繁栄であった。いつまでもある、と思っていた石油が断たれる。それに気がつかず、対策を怠ってきた。心と物の「油断」であった。こういわれた。

だが「油断」で最も怖いのは、「隙をつかれて」、まともな思考が停止し、間違った方向に走ることだ。事実、日本国民多数は、正気を失って、「風が吹けば桶屋が儲かる」式の思考と行動に翻弄された。

石油がストップする。〈原料の古紙を回収する業者が車で回れない。原料がなくては再製紙工場がストップする。〉トイレットペーパーがなくなる。〈尻を何で吹いたらいいのか。水に溶けないもので拭くと、水洗便所が詰まり、家中、糞でまみれになる。それを考えると眠れない。〉買えるだけ買い占めなくてはだめだ。どこもかしこも、トイレットペーパー売り場に客が殺到する。〈しかし、並んだが、買い占めはおろか、まったく買えなかった。〉職場の、デパートのトイレのペーパーが狙われる。2DKの四畳半の一室が、トイレットペーパーでいっぱい、という家庭まで現れた。四〇年たったいまでは、「あれって何だったの？」ですむ。だが「虚」を衝かれて、日本人の絶対多数が浮き足立ったのだ。

この両年、狂乱物価《ハイパーインフレ》だった。石油製品の売り惜しみと、総値上げが最大因であった。輸入元の総合商社だけでなく、小売業まで、石油産出国と同じことをやったのだった。

オイル・ショックは、経済的にいえば、原油の「値上げ」であった。戦争、資源枯渇等々を理由に、品薄を理由にして、値を上げる。これが売り手・石油産出国の戦略である。だが値上げに耐えることができる国に、石油が届かないことはない。日本がそうだった。

一九七八年、第二次オイルショックのときだ。このあまりにも当たり前の経済常識に基づいて、石油はサウジからつぎつぎと積み出され、日本へ向けて輸送されている、という事実を、誰の目にもわかる実証例で示し、二度目の「狂乱」を防いだのが、無名のアナリスト長谷川慶太郎だった。

小松左京や堺屋太一は、作家だ。それもフィクション（虚構）作家だった。石油に火をつけた。長谷川は、捏造の火の元を、ぴしゃりと断った。論壇に長谷川慶太郎が颯爽《さっそう》と登場した日であった。

（3）公害列島──「鯨の死滅する日」

小松も堺屋も一種の「オオカミ少年」である。しかし、ここにいつまでも飽きずに「オオカミ少年」をやっている男がいる。大江健三郎（一九三五～）で、まさに「怨み節」の極を歌い続けている。大江は、戦後二五年を振り返って、「停滞」の時期だった、と怨み節をさんざんうなった後、さらにこういう。

《次の二十五年がたったとき、世界がなお実在し続けているとしても、かつての山村のガキ、今日の公害都市の中年男は、自動車事故をさいわいまぬがれても、癌か内臓汚染によって確実に個人の死をむかえていることだろう。その死のいたる日、最後の呼吸をするとき、僕は核兵器の恐怖による停滞から、自由になった人間たりうるだろうか？　それがむずかしいとして、科学信仰の公害社会から drop out するくらいのことはなしとげえた、遅すぎる孤独な抵抗者たりえている

だろうか?》（『鯨の死滅する日』一九七二）

わたしの住んでいた大阪の河川という河川は、ヘドロで埋まり、悪臭を立てていた。自殺覚悟で堂島川に飛び込んだ男が、汚泥で窒息死したほどのひどさだった。生まれ故郷の北海道の苫小牧から伊達紋別までの海が、製紙工場の流す廃液で白く濁って長大な帯をなし、鈍い不気味な光を放っていた。その幅数キロに達していて、漁業どころの騒ぎではない。噴火湾のホタテ漁は全滅する。こういわれた。

日本列島は、空も海も、河川も山も、農地も住宅地も、「公害」によって汚染され、疲弊し、死に至っている。それを産み出したのは、科学を信奉する資本主義にもとづく産業社会である。それが続くかぎり、退路はない。大江は、あいまいなかつセンチメンタルな「言葉」であおりながら、公害を呪い、科学を呪い、産業を呪い、日本を呪ったのだ。

ただし、公害は「死に至る病」であるという認識は、一九七〇年代の共通認識になりはじめていた。一九七二年、経営者が主体となった民間団体「ローマクラブ」が、学者に委託して、『『人類の危機』レポート」という副題をもつ『成長の限界』をだした。だがこのレポートは、危機を乗りこえる突破口を見いだすためには、どう問題設定したらいいのか、を問いかつ答えることであった。大江の怨み節とは、およそ逆だ。

現在でも公害はなくなっていない。だが日本列島は、空も海も、山も川も、都市も農村も、はっきりと「回復」した。およそ大江が「想像」（捏造）したのとは逆で、もちろん、大江もぴんぴんしている。二五年後はおろか、八〇歳になった四〇年後の今日もだ。

「公害」、正確には、自然破壊、環境破壊はこの地上から絶滅はできない。（たとえ人類が死滅してもだ。）しかし、自然の「回復」は可能なのだ。その基本方向を、日本が、日本の政府と企業が率先して実現して見せたといっていい。

2「スプリング・ボード」

高度経済成長の達成は、「日本沈没！」の序曲ではなく、「日本飛躍」の跳躍台《スプリングボード》であった、とまずいいたい。ここでも、三つだけに絞っていおう。

（1）日米安保　片務関係から双務関係への転換点

一つは、日米戦後処理の最後の「領土問題」、米軍占領地＝アメリカの極東軍事基地のキーストン、沖縄の返還であり、片務軍事同盟日米安保条約の「双務」協定（パートナーシップ）への転換であった。この二つは、メダルの裏表である。

たしかに一九七〇年に改定された協定で、日本の軍事力（military force）の出動は、自国防衛の範囲に限られていた。しかし軍事同盟である。日本の自衛のため米軍は出動の「義務」を負うが、アメリカの「自衛」に日本軍は出動の義務を負わないというのは、摩訶不思議な協定である。こういう同盟関係は、ざっくりいえば、日本が軍事従属（半占領あるいは保護）下にあるか、米軍は日本の傭兵（hired [mercenary] troops）であるか、のいずれかを意味する。もちろん後者ではない。日本の現状は独立国として、通常ならざる状態である。

七〇年「パートナーシップ」を唱った安保改定は、この通常ならざる状態を、遅かれ早かれ、可能な限り常態にしてゆく努力を、日米双方に強いる協定内容を内包していた。改定の実質化は、

1．PKO（{United Nations [UN]} Peacekeeping Operations　国連平和維持活動）法（一九九二）、

2. 湾岸戦争連合軍への資金拠出（一〇〇億ドル　一九九一）、

3. イラクへ自衛隊派遣（「イラクにおける人道復興支援活動及び安全確保支援活動の実施に関する特別措置法」二〇〇三）等をへて、

4. 集団的自衛権の行使を最小限度求める「安全保障関連法」（二〇一五）に至った。亀の歩みのように遅かったが、「双務」条約の最小限度の地点にようやく達したといっていい。

（2）一九七〇年、日本は「消費資本主義」に入った。

一九六〇年代、アメリカはすでに「情報産業社会」に突入していた。とはいえ、農業社会→工業社会→情報社会への転換を、最初に理論化したのは、わが梅棹忠夫（「情報産業論」）で、ダニエル・ベルやアルビン・トフラーに先立っている。しかし、これらの「脱産業社会論」は文明論という枠内にあった。これを簡明に（clear and distinct）概念化したのが、吉本隆明である。

資本主義も社会主義も、生産＝労働中心主義である点で変わりがない。社会主義には「消費」の概念さえない。「消費」は生産的消費にかぎって、経済学的意味をもつとされた。ともに、「生産と労働と節約」は美徳で、「消費と怠惰（非労働）と浪費」は悪徳とみなされた。

ところが吉本隆明が見事に要約したように、資本主義が新しい段階に到達した。高度資本主義《ポスト》というような曖昧な概念でつかまえることはできない、明示的な概念を要求する段階である。

《「現代」と「現在」を区別してみることは、ぼくのかんがえ方ではたいへん重要だとおもいます。まず第一に、消費社会といわれるばあいの「消費」でそれを区別してみたいとおもいます。消費社会と呼ぶにはふたつの条件がいります。この条件が充たされていたら「現在」と呼んだらいいとおもいます。

いちばんわかりやすいので個人をとってくると、平均的な個人の所得のうちで50％以上を消費に充てていることが、「現在」のひとつの条件です。

それからもうひとつ条件があります。

消費はおおきく分けてふたつ、必需消費と選択消費があります、「現在」のもうひとつの条件は、消費のうち選択的な消費が50％を超えていることです。このふたつの条件をそなえている社会は「現在」に入っているとするのが、いちばん普遍的でわかりやすいとおもいます。いまの世界でこの条件を充たしている社会はアメリカ・日本、それからかろうじて西欧社会です。》（「現代を読む」一九九一『大情況論』所収）

吉本は「現在」を「消費資本主義」と概念化する《つかまえる》。片稼ぎの夫婦で必需消費（生存するに必須な消費）を選択消費が上回ったのは、一九八八年（昭和六三）で、ちょうどバブルの絶頂期だ。そして消費資本主義に入る兆候が現れたのは、高度成長期が終わった一九七二（昭和四七）であった、とする。

このとき以降、資本主義は、日常生活にかならずしも必要のないものを生産し、その一五年後には、選択消費＝浪費対象をより多く生産する段階に入った。つまりは、消費資本主義は、選択消費対象を恒常的かつ過剰に生産しなければ、同じことだが、消費者が選択消費対象を恒常的に消費＝浪費してゆかなければ、「正常」に存続できない。たとえば、（日米のように）個人消費が六〇％を超す場合、もし選択消費を五％節約したら、ＧＤＰ（国内総生産＝消費）が三％程度低下してしまう。こういう社会に入ったということだ。「もったいない」といって、財布のヒモをちょっと強く結んだら、ただちに「不況《リセッション》」がやってくる時代に入ったのだ。しかも重要なのは、吉本がいうように、消費資本主義は避けることも、逆戻りすることもできない過程であるということだ。

したがって、消費資本主義では「浪費」が、「遊び」の生産と消費が特別で貴重な「価値」を帯びてくる。少なくとも「悪徳」という非難を浴びなくなる。それが特殊少数者の「特権」や「逸脱」ではなく、大衆（多数者）の享受の対象になるからである。浪費や遊びは生産や労働の「残余」ではなく、それ自体が人間にとって不可避な「自立」した活動とみなされるようになる。浪費と遊びの時間、施設、サービスそれに学習が企業や個人の重要な活動部門となる。

人間と人間社会にとって必需でないものを生産し消費する社会なんて、そういう社会に生きなければならない人間なんて、なんと下らなく（worthless）腐った（spoil）、真（truth）と実（reality）の欠落した、偽（falsehood）と虚（fiction）に満ちた社会であり人間であることか、というかもしれない。しかしである。

人間は自然（の欲望）を超えた存在である。なぜか？　人間は言葉をもったからだ。言葉とは、いまここにないもの・いまだかつてどこにもなかったものを喚起することができる、正真正銘の創造する力の根源である。人間が実現不能な夢をもち、それに向かって邁進するのは、あるいは悪夢に促されて大惨事を招くのも、過剰な欲望を発動させる言葉の力である。言葉とは人間の第二の本性であり、人間は過剰な欲望を無制限に発動させる存在であるというのが、人間本性論の基本原理なのだ。

しかも、生産は何のためにあるのか？　生産は手段であり、その目的は消費なのだ。拡大再生産は拡大消費のためにある。消費が、過剰な消費＝選択消費＝浪費が、生産の目的である。この事情は利潤をめざす資本主義であろうと、利潤を目ざさない社会主義であろうと、変わらない。消費資本主義は、過剰な消費＝選択消費＝浪費に適合した生産を実現できないと、痙攣し、停滞し、衰退する。消費者という国民大衆に捨てられる。

もちろん、消費資本主義で、生産や労働や節約が、投棄され、価値ないものとされるわけではない。逆である。生産では、より高度で効率な、したがってエコノミカルな生産と労働が要求される。高質で・個性的で・気まぐれに変化する消費者の選好に適ったものが要求される。消費資本主義の前段階である高度成長期のような、大量生産、大量消費が基本ではない。したがって消費資本主義の一般的傾向は、「ハイクオリティ・ロープライス」である。価格破壊だ。同時にハイクオリティ・ハイプライスが求められる。稀少性である。特権的な少数者が求めるのではない。大衆が求めるのである。したがって、生産には省力と省エネを可能にする技術革新とともにデザイン性に優れた個性的な創造力が過剰に要求される。そのための過剰な投資とクリエイティブな人材が要求される。消費資本主義の生産は、この意味で、一方では本来の意味の「節約《エコノミー》」を強いる性向をもつのだ。

以上を要約すれば、消費資本主義こそ人間の本性により適った社会ということではないか？消費資本主義の出現によって、「消費」を人間の本源的＝本性的活動とみなさない社会主義が最終的に振り捨てられた理由も判然とする。社会主義がどんなに美しい理想を掲げても、過剰な欲望を大文字で肯定しない社会に、人間はすみたくないし、すめないのである。社会主義の完成体には人間がいない。こう思って間違いない。ユートピア（u-topia　どこにもない・誰もすめない場所）であるというゆえんだ。

消費資本主義の登場が社会主義の衰退を必然とした理由を、確認すべきである。少し言葉を浪費したが、このように考えてまちがいない。

3 司馬遼太郎の時代小説

（1）一九六〇年から七〇年代、司馬遼太郎の時代小説が、静かにしかししっかりした足取りで日本の戦後意識を大きく変えていった。しかも「平和と民主主義」を無条件に掲げる進歩的文化人の意識を従えてであった。

司馬が処女作『梟の城』（一九五九）以降に描く、変わることのない時代小説のメインテーマは、なぜ戦後日本は急速に復興しえたか、高度成長を達成しえたか、そしてこの達成はどのような道を歩むのか、という現代史の最もポジティブでホットな問いに答えることである。この意味で、司馬は昭和日本社会と日本人をめぐる発想と考察に標準を措いていたのだ。

司馬の歴史小説を概観すれば、かの「一五年戦争」をよびおこした歴史時期、「鬼胎」期こそ、日本歴史において避けなければならなかった特異例外的な時期に当たる、ということになる。これは、徳川期を「封建」の名のもとに「暗黒」で塗りつぶし、維新以降の近代日本を「西欧化」に失敗した軍国日本である、と（占領軍）に斬罪され、自らも「清算」しなければならないと考えた、戦後日本人をたいそう勇気づける記述だ。少なくとも、西欧の政治・経済・文化の達成をモデルとみなしてきた明治期以来の価値観を転倒させるに足るものだからだ。

（2）その本格的な歴史小説の第一作『国盗り物語』（一九六三～六六）は、行商人から身をおこして天下を狙った斎藤道三とその志をついだ二人の弟子、「娘婿」織田信長と「妻の甥」明智光秀との連携と相克の物語である。われわれは、この歴史舞台——戦国動乱期をへて復興を加速化する近代（資本家）社会の勃興期——と戦後復興期から高度成長期へと突入した戦後社会の展開とを、掌を指すようにピッタリと重ね合わせることが可能になる。極論すれば、一切を、思想でさえも、テクノロジーとしてつかまえて押し切ろうとする社会相と人間群像とに焦点があてられている、その代表に信長がいる、といってよい。

叡山延暦寺焼き討ちである。光秀は言葉を尽くして焼き討ちをおしとどめようとする。信長はいう。仏とは木とかねで造ったものだ。それを「仏なりと世をうそぶきだましたやつがまず第一等の悪人よ。つぎにその仏をかつぎまわって世々の天子以下をだましつづけてきたやつらが第二の悪人じゃ」「古きばけものどもを叩きこわし摺り潰して新しい世を招きよせることこそ、この弾正忠（信長）の大仕事である。そのためには仏も死ね」。

司馬は信長を日本最初の無神論者として位置づける。それだけではない。

《「何某は当代きっての学匠でありますゆえ、助け置きの段、嘆願つかまつりまする」

と光秀が懇願しても、信長は顔色も変えず、

「玉石ともに砕く」

といい放つ。むしろ信長にいわせれば、この悪徳の府を助長してきたのは、そういう道心堅固な名僧、高僧のたぐいであった。かれらの名声が、腐敗者流の不評判を防衛してきたともいえるのである。》

ここに、われわれは企業家の合理主義的革新精神を読みとるだけでなく、戦後民主主義の木鐸であり、進歩主義の旗手然としてきた丸山真男をはじめとする進歩派知識人（教授）を砕く、全

共闘学生の批判精神を重ね合わせてみることもできるだろう。

（3）しかし、司馬遼太郎が一九七〇年以後の大衆意識の代弁者たりえていることは、これに尽きない。むしろ次の点にあるとしたほうが至当だ。

『国盗り物語』の信長にしても『花神』（一九六九～七二）の日本国軍の創成者村田蔵六（大村益次郎）にしても、その徹底した合理主義的技術思考にもとづく行動は、「他人の尊ぶものは尊べ」（光秀）という共同幻想によって、打ち負かされるか包摂されていく、と司馬は語るのだ。つまりは、人間関係論、組織論がその焦点におかれるわけだ。この点で、人心収攬術（経営論）を物語の骨子におく作風は、『梟の城』（原題『梟のいる都城』）以来変わっていない。日本型経営組織が非合理的・非近代的したがって非効率的であると喧伝されていた時代に、司馬は歴史の諸事実を収集して、日本型経営の卓越性と革新性を説きおこし続けてきた。六〇年代中頃から、日本的経営理念が注目されだした時、すでに司馬はそのための受け皿を準備完了していたわけだ。

「怪力乱神」を語らないことをモットーとする司馬の小説世界は、七〇年代以降の時代意識を準備し、定着化させ、さらに自覚的に主体意識へと転化する大衆的媒剤となったのである。

（4）さらに注目しておいてよいのは、戦後の「反体制」左翼は常に「保守主義」（現状維持派）にとどまり、革新は「体制」内にこそある（あった）という歴史事実を、司馬は日本歴史全体を対象に照射したことである。ここでも体制―反体制を保守―革新でつかむ図式は破れている。司馬の説くところ、伝統と革新は十分に共存できうるのだ。だがこれを説く司馬の真意は何か？「体制に転化しない反体制は存在しない」という点にとどまらず、私生活上の営為――経済活動といってよい――が、体制を破り、体制を形成してゆく推進力にほかならないという、イデオロギー（「この国かたち」）である。司馬はどこまでも、国家ならびに国家意識をポジティブな価値として位置づけようとする。この点でも、日本の国家はまるで存在していないかのように存在している時代意識に、司馬の小説世界が適合的なのである。国家のことを忘れて、私的利益を追求し続けることこそが、国家利益それ自体にとって最も好都合である、と思える時代意識に、われわれが取り囲まれているということを押し出している。

（5）それで特記したい。ながながと以上を述べてきた理由だ。

『日本人とユダヤ人』が登場する「一九七〇年」、日本の戦後意識が転換する「画期」の諸特徴を概観するためである。「沈没！」や「油断！」あるいは「鬼胎」という「造語」にかわって、「安全と自由と水はただ（ではない）」という、そのものずばりの日常意識（語）、「常識」をひっさげて登場したイザヤ・ベンダサン、あるいは山本七平を思想家として論及する地点に達したのだ。

第3章　はじめに『日本人とユダヤ人』があった

わたくしごとを一つ。

二〇世紀から二一世紀をまたぐ年まで、わたしは『日本人とユダヤ人』を読むことはなかった。一九七〇年に単行本として出版され、七一年には文庫本化されてミリオンセラーになったこと、著者はベンダサン（山本七平）「である」ということはもちろん知っていた。だがこの本をはじめて手にしたのは、聖地巡礼旅行に参加してイスラエルを三度めぐってからだ。この私的なイスラエル体験を経て、はじめて手にした『日本人とユダヤ人』は、わたしの歴史認識を変えるほどの「衝撃」はもたなかった。だが、ことのほか「新鮮」だった。はなはだ衝撃的だったが「異境」をさまようの感があったイスラエル体験を、山本の他の著作を含めて、じっくり追思考《ナッハデンケン》することが出来たからだ。

事実、拙著『昭和思想史60年』（一九八六）には、山本七平の名はおろか、その影もない。その改訂版『昭和の思想家67人』（二〇〇七）ではじめて、『日本人の哲学』（二〇一二〜一六　全五巻）では二度、メインキャストとして登場を願うこととなった。そしていま、山本七平の評伝に挑んでいる。

0節　イザヤ・ベンダサンは山本七平ではない

最初に『日本人とユダヤ人』の著者、イザヤ・ベンダサンについて、一言しておこう。

ベンダサンはユダヤ人である。ただし、

《アメリカのように、その国で生まれた人間はすべてアメリカ人だと規定するなら、私は日本人である。すなわち、神戸市の山本通で、木綿針を中国に輸出していたユダヤ人小貿易者の家に生まれたユダヤ系日本人というわけだが、ユダヤ系日本人という概念自体がありえないから、私は、日本で生まれ育ったユダヤ人であっても日本人ではないことになる。》（「日本教徒・ユダヤ教徒」）

（1）ベンダサンは山本七平が創作した作者である。だが、ベンダサン名義の作品は、山本から「独立」している。たしかに山本七平名義の諸作品も、山本から「独立」している。しかし「独立」の意味が異なる。

作者にとって「作品」は作者の「表現」（expression　外化）、「分身」である。同時に、表現（外化）されたものは、それを生んだ作者から自立し、作品（独立体）となる。この意味では、ベンダサン『日本人とユダヤ人』も山本『「空気」の研究』も、山本七平の「表現」（外化）だが、表現者の「立場」（パラダイム）が明確に異なる。ベンダサンは「日本で生まれ育ったユダヤ人」なのだ。創作者山本とは異なる「人格」（a personality）をもった思想家である。たとえてみれば、ベンダサンは万有引力を、山本七平は相対性原理を立脚点としている、といっていい。

（2）ベンダサンは、日本教徒ではない。アメリカ的率直さ＝「理解していません」、西欧的傲慢さ＝「理解する気は毛頭ありません」、ゲルマン人の言葉＝「礼儀より真理」などとは無縁な、

「さとき人は知恵を隠す、しかし愚かなるものは（自分で）自分の愚かさを表す」という古きユダヤの賢者の言葉を正しい思う、と書く（「はじめに」）。ただし、その言葉が正しいかどうかは、当然、論述に即して検証する必要がある。

（3）さらにいえば、山本七平は、「匿名」によって、闇から人を撃つ、いかなる「反論」も拒む、という手法を採らない。逆である。これは、一九七〇年代後半から八〇年代前半を、一世風靡した辛口書評子「風」（週刊文春「ブックエンド」）の行き方とも異なる。「風」は、一本にまとめた『風の書評』（一九八〇）の短い「あとがき」に記す。三点にまとめることができる。

1.「匿名は、……この世ならぬ人格を創出するための仮面なのである。匿名子は、世俗のかかわりを切り捨てた一個の人格なのである。固有の人格をもつ点で署名子と変わるところはない。」

2.「ただその語が、真実を伝えようとするために、やや激越になるだけである。」

3.「世に匿名批評を卑劣よばわりする人は多い。……いいたいことがいえなくて何の批評であろうか。人情、利害にしばられてほめることしかできなくなった批評は、批評の機能を喪失しているのである。一人匿名批評のみが、それから自由であり得るがゆえに、公正な批評を保ち得ている」。

山本七平の「匿名」、ベンダサンは、1.のみにかかわる。

ベンダサンは「真実」を伝えることをめざすが、その語は「激越」ではない。フェアーでありたいと望むが、「公正」をめざしていない。したがって、人情、利害から自由になるために「匿名」を選んだのでもない。

ベンダサンは、「架空」ではあるが、「世俗とのかかわり」をもち、「人情や利害」から自由ではありえない、日本育ちのユダヤ人という「人格」をもっている。だから、2.と3.を「風」と共有しえない。

著者ベンダサンは、著者山本から「独立」した作家であったし、いまなおそうである。

第1節　比較・対象の妙

独立自存の「実体」は存在しない。すべてのものは、他から孤立無縁・隔絶して存在することはできず、関係性のなかにある。したがって、あるものとは、自他との関係（relation）でつかむ他ないのだ。しかし、人が嫌うのもまた、他との比較である。その人自体、あるいは、そのもの自体としてつかむことを要求する。

だがそのもの自体（独自性あるいは個性）もまた、他との比較を通してつかむ他ない。「比較」が、ものを理解《つかむ》する場合の鉄則である。比較を含まない「つかみ」は、恣意的、独善的なつかみに陥る。比較を誤った「つかみ」は、「つかみそこね」（錯誤や誤謬）にしかすぎない。

ベンダサンの日本と日本人理解が独特かつ絶妙なのは、比較する相手（対象）の選び方が独特かつ絶妙なことだ。たとえば、フランスも日本も、「平等教育」を掲げている。じゃあ同じ教育方針かというと、「比較」するとまったく正反対なのだ。フランスは、全員が一番《オンリ・ワン》をめざす。数学はゼロでも、ラテン語が一番なら、いいのだ。日本は、全員全教科の平均値を底上げしようとする。数学がゼロだと、ダメなのだ。日本とフランスの教育を比較すると、同じ平等教育だといえない理由だ。

1 「対極」の特性比較

（1）明治維新以来、大小、数え切れないほどの日本人論が書かれた。多くは、「日本人」と「欧米人」、欧米人のなかでも、イギリス人、アメリカ人、ドイツ人、フランス人、等々との比較対照であった。もちろん「日本人」と「東洋人」、とりわけ、チャイナ人、コリア人、インド人、等々の比較対照もある。（ちなみにベンダサンにも『日本人と中国人』『日本人とアメリカ人』がある。）しかし、「日本人」と「ユダヤ人」との比較対照は、ベンダサンが登場するまで、ほとんどなかった、といっていい（のではないだろうか）。そして、この比較が「衝撃」だった。

ベンダサンは、大量の日本人論に対抗するに、類例なき稀少価値で勝負しようとするのか。読者はその稀少（「世にも不思議」）物語に注目し、熱心に買い求め読んだのか。

たしかに、この無名作家による小出版社の本が、外務省地階の売店で売れはじめて火が点き、経産省地階の店に飛び火した。つまり、第三次中東戦争（一九六七〜七〇　第一次オイルショック）で、「石油」輸入が停滞し、中東さらにはスエズ運河を通じた西欧諸国との「通商」に大打撃が生じた。外務省や通産省の官僚たち、さらには商社マンたちが血眼になって中東地域の紛争の起因を求め、その解決のヒントを得るために探しだして、ベストセラーへの点火役になった理由はある。

しかし一年六〇万部のベストセラーである。ベストセラーの熱風は、通常、三月ともたない。ほとんどは一過性で終わる。だが『日本人とユダヤ人』は超ロングセラーとなった。外務・通産省関連で売れた、はベスト・ロングセラーになった発端の理由にすぎないのだ。

この本を、架空著者による稀少物語とみなした奇特な人が、「ユダヤ（教）」を知らない「にせ

「ユダヤ人」が頓痴気《トンチキ》をほざくことまかりならん、とベンダサン討伐に躍り出た。だが、とんだ方向ちがいであった。

(2)ではなぜ、ベンダサンは、日本人とユダヤ人を比較対照するのか。日本人の特性と、その「対極」にある(と思われる)ユダヤ人の特性を比較することによって、日本人が、無意識に、あたりまえと思っている「常識」を、否も応もなく、「審理」(trial)にかける、これだ。

ただし見当ちがいをしてもらって困るのは、ベンダサンは、この審理で明らかになる「結論」(judgment)の是非を、短絡的に、断じようとしているのではない、ということだ。本書の一批判者のように、「水がただ」などというのは、雨の多い日本でも「干魃も水争いも古来絶えることはなかった。」のだから、嘘だ、等ですますわけにはゆかないということだ。ベンダサンの「判断」(judgment)はこうだ。

(3)日本人とユダヤ人の、いわば対極的な特性典型〈モデル=理念型*〉——たとえば「城壁」、たとえば「水」——は、ともに歴史的に形成され、「常識」化された共同の無意識(民族意識)である。問題は、ユダヤ人の常識と日本人の常識のいずれが、「世界の常識」として通用するのか、ということにつながってゆく。ただし、「日本の常識は世界の非常識」などという命題に帰一化することはできない。ベンダサンも、そうは結論づけない。

それに世界の常識も単一ではない。「所変われば」である。大別すれば、おのが世界を「中心」とみなす、西欧型とチャイナ型がある。ただしそれら「世界」典型(標準)も、時代や時局によって変化する。

「理念型」はワンパターンではないということだ。このことは、ベンダサンの行論をたどると、おのずと明かになる。しかも、ベンダサンは、日本人の特性典型を知るためにこそ、この書を書いたこと、明白である。あくまでも「日本人論」なのだ。それも、従来の日本人論に見いだすことができない「日本人論」である。

＊「理念型」(Idealtypus)といっても、ベンダサンは、マックス・ウェーバーのような哲学専門用語《ターム》を用いない。「水」であり、「空気」である。日常語がもつ実感とともに、「定義」(限定)不能と思える広大な意味内容をもっている。ただし、曖昧模糊としたものではない。「水はただ」は、誰にでも、理解可能だ。この『日本人とユダヤ人』から四五年、二〇一五年夏、麻布十番の小さなレストランに集まって、イタリア料理を食した。「水！」といったら、店員に「出せません！」と応じられた。もちろん「水道の水でいい！」などとはいわなかった。フランスのレストランと同じように、「この店では、水は有料！」と店員がいったのだ。誰も取り違えることはなかった。

(4)そして指摘しなければならない。ベンダサンは、一九七〇年の時点に、この日本という場を特定して、論を立てているのである。この日本で、「安全と自由と水はただ」という「常識」が、否も応もなく通用しなくなる、「安全と自由と水にはコストがかかる」という意識転換が必要になった、という洞察のもとでだ。これは、最初の「読者」、外務・通産官僚や商社マンの意識を超えた識見だ。「ただ」から「有料」に必然(必要)的に転化する「時点」をとらえた革命意識こそ、ベンダサンの思考なのだ。

この点を欠落すると、森を見て木を見ない、もう一つの謬見に落ち込む。

(5)そして最後に指摘しなければならない。ベンダサンはユダヤ教徒であるということだ。たしかに、ベンダサンは山本七平の「匿名」である（だろう）。しかしベンダサンの論を立てる位置は、ユダヤ教徒であって、作家として独立した人格の持ち主なのである。日本教徒キリスト派の作家山本七平ではない。この前提に立たないかぎり、ベンダサンの言説も、山本七平の言説も、明確に理解しがたい。これは、当たり前のようだが、なかなかに理解されがたい点で、多くの人が躓く点でもある。

わたしはベンダサン作をベンダサンの言説として、ただし、山本七平が創り出した言説として理解しようとする。『日本人とユダヤ人』の成功も、ユダヤ教徒の日本教理解によるものと考える。

では、本書の重要「論点」のいくつかについて、少し詳しく検討しよう。

2 「安全」と「自由」と「水」のコスト

(1)「安全」

日本人は「安全はただ」が当然だと思っている。なるほど日本にも「戦国時代」があったし、太平洋戦争で悲惨をなめた、と反論されるかも知れない。だがそれさえ、ベンダサンが指摘するように、《中東では、実に三千年も続いた状態のうち、比較的平穏だった時代の様相にすぎない。……。当時日本に来ていたイエズス会宣教師の手紙〔と〕……、パレスチナ周辺の農民とを比べてみれば、……、戦国時代の日本は、当時の世界で、最も平和で安全な国の一つであった》という。

《日本人が、日本人の基準で、戦前、「わが国未曾有の国難」といった蒙古襲来も、ユーラシア大陸の国々の基準では、当然のことながら記録にも残らない小事件なのである。……一言にしていえば、この事件は、敵が国境地域に押しよせ、国土のほんの一部を一時占拠したが撃退され、その兵力・装備・補給能力から見れば、全土制圧ははじめから不可能だったという状態である。この程度ならユーラシア大陸では、文字通り年中行事であった。戦前の軍部や青年将校の言動を思い起こしてみると、……、世間知らず（というより戦争知らず）のお坊ちゃんが、日清・日露の勝利で頭にきてしまった、という感がする。そして太平洋戦争の敗北になったわけだが、このときも沖縄などを除いて国土が戦場になることは免れた。生活の場が戦場になるとはどういうことなのか、おそらく日本人は永久に知ることがないであろう。》

極論だろうか。そうではない。

でも敗戦直後は「非武装」だったではないか、といわれるかも知れない。敗戦で武装解除《まるはだか》されたからだ。解除したのは、占領軍である。日本は占領下で「重装備」のままだったのだ。日本の国家主権は、したがって国民生活の基本部分も、占領軍（米軍）の支配下《コントロール》にあった。これは戦前、国家も国民も「軍・官僚」の支配下にあったのと同じである。

「独立」後も、日本は「軽武装」の道を選んだ。ただし米軍の駐留なしに、国家の「安全」も、国民の「安全」も確保できない、（日本国家と国民の意思で）しないという道である。一九六〇年、日米安全保障条約が改定され、「片務」協定ながら、日米軍事「同盟」が結ばれた。

一九七〇年、軍事同盟は「双務」協定の道を歩み出した。日本は「自前」で自国と自国民の「安全」を確保する、という行程に入ったことを意味する。それはいまも続いている。二〇一五年、「集団自衛」権の行使を一部法制化したのも、この行程の一環である。

日本は「独立国」であり、そのように振る舞っているが、占領軍を「解放軍」と呼び、占領下を「非武装中立」と「想定」（仮想）したように、現在もなお、米軍に「安全」の基本部分を依存しているのである。アメリカの国家意識は、潜在的には、いまなお日本を五一番目の「州」（属州）とみなしている理由だ。

日米戦に敗北するまで、およそ一二五〇年余、日本国はいちども外国軍によって「占領」されたことがなかった。国家と国民の安全は保たれた。幕末から明治期にかけて、日本は国家主権の一部を侵害されたが、英米仏蘭独ならびに清露からかろうじて「自衛」することが出来た。

ベンダサンの「戦国時代」の記述は基本的に間違っていない。ただし、当時日本は、最強期、総計一〇〇万の常備軍と三〇万丁の鉄砲を擁していたのである。世界最大級の軍事国だったことを忘れてはならない。葡萄牙《ポルトガル》・西班牙《スペイン》の侵略を許さなかった理由だ。

（2）「自由」

《隠れキリシタンをのぞけば、日本に「内なるゲットー、外なるゲットー」などなかった。》日本人はつねに自由であった。戦後急に「自由」を与えられたから、日本人には自由の有難みがわからないなどというのは誤った俗説であろう。私は戦前の日本に生まれ育った人間だが、戦前でも、どこを探しても内なるゲットーも外なるゲットーもなかった。もちろん何事にも例外はあろう。しかしほとんどすべての日本人は、この島のなかで、何の内的拘束も外的束縛もなく、自由自在に生きていた。たしかに、ハワイやアメリカやブラジルに移住した日本人も多い。しかしその中に、内的ゲットーや外的ゲットーから逃れるため、一団となって移住した人びとを私は知らない。皆、大いに海外に雄飛すべく、また故郷に錦を飾るべく出て行ったのである。自由は、日本にはあり余るほどあった。ましてや、生命の安全を求めて海外に出て行った日本人など、私は

全く知らない。もちろん例外はある。だが、一部の人がその例外を強調すればするほど、私は羨望の溜息が出るだけなのである。》

極論だろうか。そんなことはない。

まず「ゲットー」（伊 ghetto）だ。ユダヤ人の強制居住地域のことで、一六世紀初め、ベネチアにもうけられたのが最初で、のちヨーロッパの諸都市に波及したが消滅。ナチスドイツ（国家社会主義）がユダヤ人絶滅のためにもうけた強制収容所もこの名で呼ばれた。そしてアメリカの都市で、黒人やプエルトリコ人などの小数民族が居住した区域を指してこう言われた。またソ連（国家社会主義）に「強制収容所」があった。日本にも「穢多非人」の居住地域をさして「ゲットー」と同列に論じられることがある。しかしこれは「身分」制度上（あるいはその残存形式）の主として職業的階層であって、国家によって「自由」を奪われる「強制収容」の対象ではなかった。「隠れキリシタン」、海外移民団の実情もベンダサンが述べるとおりである。

さらにいえば、たしかに日本に、言論出版等の表現の自由、学問・宗教等の自由を制限する法も、検閲も、罰則もあった。しかし、どんな国であれ、共同体であれ、無制限な表現や学問・宗教を許す「自由」はない。なかった。比較していえば、戦前も戦後も、日本ほど「自由」を制限する「力」が弱い国はなかった、といっていいだろう。

えっ、戦前には検閲があったじゃないか、というなかれ。戦後は、占領軍の強力な検閲があった。言論出版界は、まるでこの検閲がなかったかのように、自由な表現媒体であるかのように振る舞ってきた。戦前よりも巧妙にである。占領軍の検閲がなくなっても、マスコミ等をはじめとする言論出版界は、政府の規制を嫌悪しつつ、自主規制を維持し、言論人国民大衆にその規制を強要し、今日に及んでいる。

（3）「水」と「城壁」

「水」（飲料水）は、日本の外に一歩出れば、先進国、英米、チャイナ・インドはもとより、世界中で「無料」ではない。「無料」の水はある。ただしそれを飲めば、腹の具合は自己責任である。くわえて、ベンダサンが述べるように、

《ユーラシア大陸の都市には、もう一つの殻が必要であった。水を守る殻である。エルサレムや、メギドの地下水道は余りにも有名である。これを造り、水を確保するのは、城壁を造るのと同じぐらい大変なことであった。さらに、伝染病、とくにペストを防ぐための構築物、すなわち下水道も絶対に必要なことであった。だがこの二つも日本では必要でなかった。都市の無秩序、下水道の不備、公徳心の欠如などが新聞で盛んに論じられるが、こういったことはすべて、一都市を内から全滅させる恐るべき伝染病、ペストやコレラから身を守る構築物だったわけで、日本にはその必要がなかったから、現状は当然の帰結といえる。周囲には海という巨大な天然の浄化槽があり、しかも、流れの速い短い川という天然の清浄装置があった。何故に巨大な下水道網などという無用な長物を造る必要があったであろう。すべては「水に流せ」ば、それでよかったのだから。》

極論だろうか。余りに「大雑把《ラフ》」すぎる、といわざるをえないだろう。

日本で「水」はけっして無料ではない。「ただ」に思えるのは、「水を一杯ください」といえば、ほとんただで飲むことができる、という意味での「水」だ。だが、いうまでもないが、田畑の給水期に、河川の水はただではすまなかった。飲み水も、河川に「糞尿」を垂れ流さない「習慣《ルール》」

と「機構《システム》」を造ってきた結果である。こう反論するのはまったく可能だ。しかし、トータルでつかめば（＝大雑把には）、ベンダサンの「比較」は正当（right）である。それにだ。

日本には、「安全」のためばかりでなく、「水」を確保するための「城壁」もない。日本でも多くの読者をもったアルベール・カミュ『ペスト』（一九四七）を一読すれば、この「城壁」の意味をたちどころに理解するだろう。

日本にはユーラシア大陸のどこにでもみられた都市国家はなかった。「都市」（city）とは、難攻難落の「城壁」で囲まれている。その城壁内に住み、城主（軍事力）によって、生命と財産を守られ、したがって税を払う人を、市民（citizen）という。ただし日本の都市も、強固な城壁で囲まれていなくとも、住民の生命と財産を保護する軍事的構造の都市づくりをし、住民に税を課したのであった。税収がなければ藩（state　国）は存続不能になった。「城壁」都市ではなかったが、「城郭」、「環濠」都市はあった。北条の小田原、豊臣の大坂等がその典型である。

3　政治「天才」

日本占領軍の総司令官マッカーサーは、アングロサクソンやドイツ人が四五歳の成熟した大人であるのに対し、日本人は一二歳の少年である、と連邦議会（米上院軍事外交委員会　一九五一年五月）で述べた。また、外国人ばかりでなく、日本人のなかにも、日本人を称して「経済一流、政治は三流」という人がいる。いっそう強くいう人がいるといっていい。日本の政治、とりわけ外交は無能の極みであるかのように、得々と語る学者や評論家、ジャーナリストがほとんどだ。まるで自分が日本人であることを忘れたかのような発言さえする。

ところが日本育ちのユダヤ人、ベンダサンは、こともあろうに、本書で、日本人は「政治天才」だというのだ。仰天ではないか。しかもその「天才」を発揮したのは、清盛、頼朝、信長、秀吉、家康、大久保利通、原敬というような周知の政治家ではなく、ひどく地味な北条義時（鎌倉幕府執権）であり、松代藩の末席家老、恩田木工（『日暮硯《ひぐらしすずり》』）をモデルにしていうのである。恩田になると、歴史上、まったくの無名人物だ。敗戦後にかぎっていえば、吉田茂ならあるいは納得できる。池田勇人や佐藤栄作という戦後の歴代首相の政治能力を高く買うことも可能だ。

対して、ベンダサンは、ユダヤ人が政治無能の歴史を延々と続けてきた、と断じる。『日本人とユダヤ人』の白眉である。なぜに無名の政治家木工が天才で、数々の分野で英傑を生んだユダヤ人が政治無能なのか？　一つは政治「制度」の問題であり、もう一つは政治「技術」の問題だ。そして、その二つの根柢にあるのは「宗教」の違いである。

（1）二権分立

「政教分離」が「近代」政治の根本原則のように語られる。しかし、ベンダサンのみるところ、政教分離を確立したのは、西欧諸国ではない。鎌倉幕府の執権政治（北条義時）で、祭儀は天皇が、政治は幕府が専決するという原則を確立した。これは、西欧的政治理念を尺度とすれば、日本では一三世紀初頭に、すでに「近代」がはじまった、ということだ。

しかし「政教分離」とは、政治システムでは何を意味するのか。他でもない「朝廷・幕府併存」である。すなわち、朝廷＝祭儀・律令権と幕府＝行政・司法権の二権分立だ。

ベンダサンのいうように、近代的な三権分立の前に、祭儀権と行政権を分立しなければならない。この二つが混合した政府は、「政府」などといえるものではなかった。

たしかにユダヤ人の予言者ゼカリヤ（紀元前六世紀）は二機関を分立し、平和裏に併存させるのがいい、と考えた。またかのダンテ（一二六五〜一三二一『神曲』）は教権（法王）と帝権（皇帝）の併存を主張した。だが、ともに「夢」で終わった。ところが、ダンテと同じ時代に、義時・泰時が二権を分立し、それが七〇〇年間も続いたのだ。しかしである。この貴重な歴史実績、世界に稀な政治到達である二権分立を、戦後日本は、「封建的」の一言で、抹殺したのである。

さらにベンダサンの尻馬に乗っていえば、日本国は、事実上《デファクト》、天皇（祭儀権）と藤原氏（政権八世紀以降）の二頭立てで進んできたのである。二権分立は、藤原氏→平氏→源氏へと政権の座が変化した結果である。これこそ、貴重な日本の政治遺産といわなければならない。さらにいえば、司馬遼太郎が、歴史小説という形で伝えてきた日本政治の本流でもある。

（2）「理外の理」（reason transcending reason）

ベンダサンは、「理外の理」の「実例」典型を、恩田木工（『日暮硯』）に求める。これも意想外な、しかしベンダサンらしい、実に効果的な説明方法だ。

つい最近のことだ。こんな記述にぶつかった。四〇年以上前の文で、仰天した。読んでいたはずなのに、すっかり忘れていた。わたしの知的怠慢にちがいない。

《近頃これくらい知的スリルをおぼえた作品はない。一気通貫で読めた。観察眼の鋭利、指摘の微妙、文体の一貫した明晰、文脈の背後にある心憎い気魄のリズム、恐るべき学殖、どこをとっても、いうことない。ことに平坦俗語から淡々と説き起こして筆を進め、いつのまにやら大変な高地へ連れ込んでいくあたりの呼吸は、気がついてみると、舌を巻きたくなる。

これくらい堂々とした正統の異才を発見できないでいたとはわがマスコミも大穴だらけとさとらされる。全編集者は頭を剃らねばなりますまい。これから編集会議をするときは、終始薄氷を踏む想いがつきまとうことだろう。

西欧の一神教がわが国に深く根を張れない現象について、探求のペンを進めた人はこれまでにたくさんあるが、もうろうとながらもそれらの人が鋭く提示し、しかしそのままで踏みとどまってしまったところを、〝神学なき宗教〟日本教があるためだと喝破し、その内容と規範について明晰に解剖のペンを進めたあたり、絶妙であった。また日本人の政治思想について「日暮硯」などという不思議な記述を引用してズバリとえぐった点も、虚をつかれること、けれどうなずかされること、したたかなものがあった。

どれだけ理解されるかはさておいて、これが正確に英訳され、日本と日本人に興味を抱く外国人に広く読まれることをねがいたい。それから、日本人に対する警告は、よく銘記しておきたい。》

（第2回大宅壮一賞選評　『文藝春秋』一九七一・五）

開高健の文章である。第1回大宅壮一賞をとった石牟礼道子『苦海浄土』の開高選評を読んで、すぐ買ったのに、第2回受賞作『日本人とユダヤ人』の選評を読まなかった（正確には、おぼえていない）。結果、買わず、読まず、論じることなくきた。二重、三重の自己損失であった。読んで「解剖」していれば、わたしのぼやぼや期もずいぶん早く終えることができただろう。（そうは問屋が卸さなかっただろうが。）

ベンダサンは、『日暮硯』を《宗教・祭儀・行政・軍事・内廷・後宮生活というカオスのなかから、政治すなわち行政・司法を独立させた日本人が、その後どのような政治思想を基にして、現実の政治を運営していったか。その特徴をもっともよく表している》著述としてとりあげる。この思想発見方法は、〈義務教育を終えた日本人の九割九分が読んだこともない（自慢にならないが私も読んでいない）本を持ち出して「日本人一般を論じる、その方法論の愚かさだけを指摘しておこう。〉（浅見定雄『にせユダヤ人と日本人』一九八三〈朝日文庫　一九八六〉）と、自分の「無知」を誇り、「批判」をいっさい放擲した「方法論」の愚かしさと好対照をなす。

ベンダサンは、『日暮硯』が「日本人的政治哲学研究」の最もよいテキストだとして、その理由を述べる。

1.「非常に短く、少し日本語ができれば短期間に通読出来る」。

2.「ヨーロッパ式政治学の影響を受けていないから、……きてれつなレトリックがない」。

3.「松代藩という非常に狭い地区だけのことであるから、まるで試験管内の実験のように明白」だ。

4.「ひぐらしすずりに向ひて」（徒然草）一気に書き上げたもので、しかも筆者がいわゆる文人でないから、直截に理解出来る。

5.「財政立て直しの記録であるから、その方法、過程、成果がはっきり現れ、どこの国の人にも理解出来る」。

6.「ユダヤ人やヨーロッパ人には夢想もできないような行き方で、一見すべてが不合理・不公平でありながら、すべては『まるくおさまって』おり、あらゆる人がその『仁政』を謳歌している」。

以上六点は『日暮硯』の特徴である。これだけでも素晴らしい。1.～5.までは、『日暮硯』から離れても、まったくかくありたいと思えるすぐれた政治テキスト（表現法も含める）の特長である。

だがこの六点が該当するから、財政改革プランの素晴らしさが、その進行、成果が約束されるわけではない。重要なのは、改革とその実施の内実である。ベンダサンの論及は、用意周到だ。

恩田の財政改革は、大石慎三郎『田沼意次の時代』（一九九二）を援用していえば、一八世紀半ば、九代将軍家重の時代である。いわゆる吉宗の「享保の改革」が「失敗」し、田沼政治がはじまるまでの「幕間」（混乱期）だ。同時期（一七五三）、美濃郡上藩で大規模な一揆が起こり、足かけ五年、決着がつかず（百姓層の勝利）、ついに藩（金森氏）は改易処分になった。それればかりではない。この一揆を賄賂等をうけて処理不能にした老中以下の幕閣が処分された。若年寄の本多忠央は最も重く、相良一万五千石を没収されている。このとき家重の側用申次役だったのが田沼で、彼はこの事件の審理に関与し、本多の所領を受け継ぎ、幕政参画の地歩を築いたのだ。

ベンダサンが指摘するように、信州真田＝松代藩は（他藩同様）財政困難に陥り、百姓一揆はもとより、足軽のストライキまで起こった。猶予ならない事態である。このとき、一六歳の藩主（幸豊）が末席家老恩田木工《もく》（三九歳）を抜擢し、財政再建を託した。（これは特に異例なことではない。）

1.木工は、強く辞退したが、許されず、「全権委任」の書付けと任期五年、それに失政あればどんな処分も受ける、を条件に引き受ける。ここまでは西欧と変わりはない。

帰宅し、今後、一汁一菜（質素倹約）を通す、いっさい「虚言」をしない、ために、妻は離縁、子は勘当、親類は義絶、雇人は解雇すると申し渡す。一同、虚言せず、と起請したので、もとのままを許す。自他共に、「虚言」せずを起点に「信頼感の獲得」を第一にした。——これは、やり方が日本的だが、「信頼関係」を築く第一歩で、珍しいことではない。

2. 諸役人に対しては、「半知御借」などはやめ、給与全額支給を約束するが、信賞必罰で臨む、と言明する。

——ここまでは、木工でなくとも、可能だ。とにもかくにも「身内」である。利害・励行の一致は可能だ。だが、年貢でまかなう武家と年貢を払う百姓（百姓内に上中下がある）は、「利害の一致」はもとより、「信頼の回復」さえ簡単ではない。だが、ここからが木工の「独壇場《どくせんじょう》」である。庄屋、百姓、町方等の「利害の一致」と「信頼」を勝ち取る独特の方法をとるからだ。ベンダサンは「原文」を引いて詳しく論述するが、ここでは要点を記す。

3. 木工の核心の論点はこうだ。

家老以下役人列席の中、木工は次の二基本点を百姓たちの代表に質し、それぞれ持って帰って相談の上、賛同をえて、神仏に誓って違わないという「護符」を与える。さらに一点を、いいおく。当然「虚言」せずを前提にしてだ。

1) 年貢を先納、先先納した者も、未進の者も、既納・未納分を問わず白紙《チャラ》にする。だが本年分からは年貢（月割）を納めてほしい。どうか。

2) 過去の役人への賄賂、藩への御用金等は、白紙にしてほしい。今後一切、御用金はもとより、役人への賄賂や接待を禁ずる。どうか。

3) 家業出精し、年貢を納める。これは義務だ。「倹約」は当然だが、余力分を相応に楽しむのはよい。博打は御法度だが、慰み程度は苦しからず。
1)と2)は、一見、不正と不公平の黙殺措置である。許せないか？　だが、過去のことだ。これからはない。それに、公正・公平にこだわると、藩の財政改革は、そもそも財源確保は不能だ。現在までの悪弊が続く。
当今からは、不正を許さず、公平でゆく。木工はこう政治誓約する。未納のものに異存はない。御用金を用立て、先納、先先納している者にとって、はどうか。賄賂も接待もなくなる。御用金も無用だ。先々、もちろん有利だ。二倍納だって可能だ。

一つ一つは、それだけをとれば、えらく「理」に反している。だが総体では「理外の理」で、すべての人にとって有利である。安んじることができる。とくに「賄賂」に憂き身をやつした上役は、悪行免除なのだ。ホット胸をなでおろす。
（3）ベンダサンは、一人の恩田木工ももたなかったユダヤ人を「政治低能」と規定する。《もし日本人なら、本能的に、トルコ、イギリス、フランスの三勢力を巧みにあやつり「漁夫の利」でございとばかりに、パレスチナにトルコ連邦内の自治共和国を作り、名目的宗主国はトルコで、実質的にはイギリスと結ぶ独立国を作り上げるくらいは朝飯前であったろう。》だが《ユダヤ人は、契約が最初に来るから、まず既得権を作り上げるという離れ業ができない。》
対して日本人（佐藤栄作）の沖縄返還は、《米中ソを巧みにあやつり、なんと見事な政治的勝利よ！　一滴の血も流さず失われた国土を取り返すとは！》とベンダサンは溜息をつく。
（4）ただし言い添えておかなければならない。『日暮硯』は、恩田木工（民親）の藩政改革を記録するが、過大評価にすぎる。なによりも改革の基本である「半知借上」廃止を実行してはいない。その改革の全体は、他藩と比較して、むしろ微温的だ。田沼の政・財改革の方向とも乖離している。むしろ後ろ向きだ。『日暮硯』を文献批判し、読解するだけでなく、当の読解を時代の推移のなかで検証する視点が欠落している。これが木工の財政改革をその実績で評価する基本を誤った理由だ。

4 「ジャッジ」——全員一致は無効

(3)で、「全員一致」をベースに「理外の理」を実現する日本人の政治論理をみた。だからかなのか、ユダヤ人のテーゼ「全員一致の審決は無効」を突きつけられると、ほとんどの日本人は面食らう。なぜか。

もしこのテーゼが「真」ならば、日本人のジャッジメント方式とユダヤ人の審決方式は、正反対だからだ。日本人は「全員一致の審決はベスト」とする。だがこのテーゼを突きつけられて日本人が面食らうのは、これだけではない。

「一神教」(のユダヤ人)が「全員一致」を拒否し、「多神教」(の日本人)が「全員一致はベスト」という、一見して、「教義」に反する審決観をもつことを知るからだ。

このテーゼに関するかぎり、ベンダサンの主張を引き延ばしていえば、ユダヤ人社会には個人の自由(民主主義)が存在するのに対し、日本人社会には個人の自由(民主主義)は形だけというこことになる。エッ、「あのイスラエルに思想信条の自由があって、日本に思想信条の自由がないって?」と自問自答してみるがいい。ベンダサンの答えは、イエスである。(わたしのイスラエル経験でも、おおむね、イエスである。)

それはともかく、ベンダサンの説明を追ってみよう。

紀元前七〇一年、ユダの国の田舎に、ミカという百姓がいた。彼は次のような驚くべき進歩的な意見を口にした。

《(1) 富者（地主・資本家）が貧者（労働者・農民）を搾取するのは罪である。(2) ゆえに、この搾取した富によって築かれたエルサレムの神殿は罪の成果であるから、ヤハウェ（神）自身がこれを打ち壊すであろう、と。………だが、ミカの言った意味はそれだけではない。神殿を増築し、美しく飾るということは、いうまでもなく一心に神を拝し、神を賛美し、神に仕える行為である。そして、この行為を一心に、全く私心なく、心をこめてすればするほど、それが神の意志に反してくるということである。一種の弁証法といえよう。》

《ミカの弁証法の最も奥底にあるものは、人間には真の義すなわち絶対的な無謬はありえないことであろう。これはただ神にのみあるのであって、人間はたとえ一心不乱に神を讃え、神の戒命を守り、神に従っていても、そうする行為自体のなかに誤りを含む、という考え方である。したがって、全員一致して正しいとすることは、全員が一致して誤っていることになるはずで、たとえわずかでも異論を称える者があるなら、その異論との対比の上で、比較的、絶対的正義に近いこと（すなわち無謬に近いこと）が証明されるわけで、従って、少数の異論もある多数者の意見は比較的正しいと信じてよい、ということなのである。全員が一致してしまえば、その正当性を検証する方法がない。絶対的無謬はないのだから全員が誤っているのだろうが、それもわからない。従って誤りでないことを証明する方法がないから、無効なのである。》

このベンダサンの議論に異論を差し挟む余地はあるだろうか。ない。重要なのは、一神教では、神（無謬）の法と人間（有謬）の法とが断絶するということだ。

唯一神だけが無謬だとするユダヤ人は、無意識のうちにミカの弁証法を使う。対して、日本人は「人間的弁証法」を、「決議は百パーセントは人を拘束せず」とでもいうべき「法外の法」（＝「不文律」）を原則とする。

日本では、満場一致の決議を（ベストと）しながら、その決議は決議者自身をも（完全に）拘束するわけではない。国権の最高機関と定められた国会の法律さえ、百パーセント国民に施行されるわけではない。厳守すればかならず餓死する、人間性に反する法律（「ヤミ米を食うべからず」）ができても、別にだれも異論はとなえない。こんな法律でも、「人間性を無視しない範囲」を逸脱すれば、犯せば、罰せられる、当然だ、となる。

こういう日本人は無宗教なのか。そうではない、日本人は、「人間性」を基準とする宗教（日本教）である。「人間学はあるが神学はない一つの宗教」である。

ここまではベンダサンの議論に、わたしも基本同意出来る。

では、ベンダサンのいうように、諸外国には日本のような「法外の法」などというものはないのか。そうではない。

日本人とユダヤ人の違いは、「法外の法」の有無にあるのではない。諸外国にだって、「法外の法」（タブーをはじめとする共同体の規範、日常ルール等、共同の無意識）はある。あるいは、カソリックのように、「神との契約」は「死守」するが、実生活で契約外に属する（と思われる）ことでは、「大雑把」というか、「いい加減」で「いい」という言動をとる。

問題は、「法」を第一義としつつ、「法外の法」を可能なかぎり斟酌（allowance）するか、可能なかぎり斟酌しないか、の違いである。宗教にかぎっていえば、神の法（宗規）と人間の法（人間性）との区別と順位が重要なのだ。だから、無神論者のルソーやヒュームは、前者は理性を、後者は感性を根本原理にする違いはあれ、「人間本性」にもとづく「人間学」を展開した。ルソーやスペンサー（ヒュームの感情論に学んだ）が、明治期に、輸入され、大々的に読者を獲得したのは、偶然ではない。

そして、二一世紀、グローバル化した日本では、「人間性」などを度外視する、あるいは論外とする、「法律＝契約万能主義」とでもいうべき人間・社会関係論が大手を振ってまかり通りつつある。ベンダサンがいうように、「人間とはかくあるべきものだ」という「人間」規定が、古い野蛮な共同体意識として、意識の外に追い出されつつある。

では日本教は消滅しつつあるのか？　そんなことはない。まるでない。

5　日本教とは

7節以降は、著者（ベンダサン）＝日本生まれのユダヤ人ユダヤ教徒がする、「日本教」についてのさまざまなアプローチを変えての説明だ。

（1）日本人は日本教徒だ。

アメリカ人とは「アメリカ国籍」をもつ人のことだ。もちろん、そこにさまざまな教徒（宗派）がいる。

だが、日本人とは、日本の「国籍」をもつ人間のことではない。日本教徒のことだ。

日本は「一民族・一国家・一宗教団」である。なるほど日本には、キリスト教徒もいれば、仏教徒も、ユダヤ教徒もいる。しかし、日本人の宗教は、唯一無二、「世界で最も強固」な宗教、日本教である。だから日本人の、仏教徒は日本教仏教派（の日蓮宗創価学会派）であり、キリスト教徒は、日本教キリスト派（の、たとえばプロテスタント・メソジスト派）である。これは「国家」をもたないユダヤ教徒と、外形的にはよく似ている。

（2）日本教の根本理念は「人間性」である。

しかしその理念は「法外の法」、「言外の言」であって、いっさいの異邦人には近寄ることを許されない「聖域」であり、総じて理解しがたい。したがって、日本教を体現している人の言行と生涯を考察することによって、かろうじて窺い知ることができるだけだ。

日本教の聖者《セイント》は誰か。西郷隆盛である。西郷を知るためには、勝海舟の『氷川清話』を読むにしくはない。ちなみにベンダサンによれば、勝と比べれば、「同時代のナポレオン三世などは紙屑のごとく貧弱である。」となる。（ただし、ベンダサンが「巧みにイギリスを動かして対馬からロシアを撤退させた、ある意味では実に狡知にたけた外交官勝海舟」などと書くが、この外交官は勝ではない。勝の好敵手、外国奉行であった小栗忠順である。）

一世紀に一人出るか出ないかの政治天才、「超人」勝が無条件に認めるのが、西郷だ。この二人が「腹芸」〈3 ことばや行為に出さないで、腹の底で企むこと。直接的な言動によらず度胸や経験で物事を処理すること。〉日本国語大辞典）で江戸城の無血開城を、誓約し、実現したのだ。「俗人」勝も、「聖人」西郷もおたがいの「人間性（「腹の底」）」を信じてのことだ。この「腹芸」が「明治維新」（＝「無血」革命）をこじ開けた。のち西郷は、革命のために戦って樹立した明治政府を下野し、革命と政府に反逆する分子の首魁に祭り上げられ、最後の武装反乱（西南戦争＝明治一〇年）に敗れ、文字通り、殉教者《セイント》となった。

（3）日本のキリスト教徒は、日本教徒だ。

日本でキリスト教徒数が一パーセントを超えない理由は、いろいろ語られる。根本は、キリスト教（一神教）では、血族・肉親・家族の契約の前に、「神との契約」があるからだ。ユダヤ教もキリスト教も、人間と人間との契約に先立って、神と人間との契約が厳然とあるからだ、と。

神との契約は、血族・肉親・家族の契約（関係）に優先する、「養子化」（養子関係）である。どういうことか。「神との契約」とは「神が定めた律法」に従うことである。この律法を破れば、「きょう限り父（養父母）でもなければ子（養子）でもない」ということになる。日本教は「人間性」を根幹におく。「実父母」を棄てて「養父母」に従うことは、人間性（human nature 人間の自然）に反することだ。神との契約が、人間性、とりわけ家族関係と相反するときは、家族関係（家族愛）を無化できない。おのずと（無意識に）神との契約を無視してしまう。

《日本人のキリスト教徒は、たとえ「契約神」という言葉は口にしても、自らが「養子化」しているわけではない。逆に、それを「血縁化」して理解しようとしている。というより、そういう関係以外の人格的関係を考えることが不可能なのである」。》

日本人ベンダサン（国籍日本で、日本育ちのユダヤ人）の「説明」は「やさしく」（容易で）ない。簡単にいってしまえば、日本人キリスト教徒は、神が定めた律法が肉親関係を無視ないし破壊する場合があっても、ほとんど最初から、神との関係を血縁関係のように理解＝改釈している。だから日本教を脱することは不可能だ。ベンダサンが、日本教キリスト派という理由である。

ただし、一神教とはいえ、西欧にも、中東にも、「神の律法」と「世俗法」との亀裂は生じる。

生じて当然だ。「神の律法」を厳格に遵守しようとすれば、世俗法を破壊することが生じる。稀ではない。しばしばだ。時と所を選ばずにだ。したがって、「世人」（people）キリスト教徒はこの二つに折り合いをつけて生きなければならない。日本教キリスト派と同じようにだ。

（4）日本教は「宗教」である。

ベンダサンは、「処女降誕」を例にあげて、ユダヤ教（キリスト教・イスラム教）は牧畜社会＝「召命の国」に、日本教は非牧畜社会＝「血縁の国」に生まれたとする。

日本人には、神の「召命」（vocation）による「処女降誕」がない。なぜか。

《この、神話時代から連綿とつづいた万世一系の国では、一つには氏素性が何よりも大切であったことと、もう一つには性と生殖に関する考え方が牧畜民とは全然違っていたためであろう。ただに政治経済だけでなく、芸術・技芸・宗教に至るまで現在もなお一種の相伝である。……いかに枝葉が出ようとまさに万世一系であって、系統を逆にたどればどこかに行きつく。これを象徴的にいえば、歴代の天皇のなかに処女降誕者はありえない。》

牧畜＝遊牧社会で、「利殖」は「生殖」であり「製造」である。非牧畜社会であった日本人にとっては、「性」は「生殖」＝「利殖」ではなく、「情緒」の対象であった。

ここから第一に、日本では「神」は人間から生まれる、つまり「被造物」だという、無神論が生まれる。日本教は「神」を信じる宗教だが、「神」＝創造神を信じない無神論だということになる。

だがこのベンダサンの主張は、（今西・梅棹流の）生態学的視点からは、基本的に認めることができるが、生殖と利殖の関係は、大雑把すぎ、正確とはいえない。端的にいえば、動物と植物の比較論的区別である。動物も植物も同じ生物で、もちろん「生殖」で増え、利をもたらすだけではない。食物連鎖の関係にある。問題は、人間にとってだ。

性は、人間にとって生殖（生産・再生産）であり、利殖であり、情緒の対象（性愛）であることは、牧畜民であろうと農耕民であろうと、変わらない。問題は、牧畜にとって「生殖」なしの利殖はありえない、ということだ。農耕にとっても、稲は「種」を生産して、種の保存をしつつ、「利殖」を生む。――交配であり、遺伝子交換であることに変わりはない。

新嘗祭は、天皇が新米の収穫を祝ってとりおこなう伝統的神事である。（現在日本では、労働〔＝生産〕記念日になっている。）同時に、この神事には、新たな生命の誕生を象徴する「性事」（生殖）が仮託されている、聖〔＝性〕なる儀式だ。

日本人は無宗教だといわれる。だが無宗教と無神論は同じではない。仏教も儒教もキリスト教も、日本に入ってくると、地縁・血縁に根をもつ「神道」に組み込まれてしまう。ギリシア的観念でいえば、日本の宗教（＝神道）は、「万物に神が宿る」というアニミズムであり多神教なのだ。その特徴は、経典がなく、戒律がない。檀家（信者）がいない。これはたしかに、「宗教」（religionの原義は「バンド」）、強い「絆」で結ばれた信仰団といわれるものとは違う。しかし、すべてのものを結びつけ、受け入れる力をもつ。（逆にいえば、「日本人はすべて信者である。」ということを意味する。）

融通無碍で正体不明の「人間性」を「神」とする宗教で、ベンダサンがいうように、日本教あるいは万世一系教＝天皇教といわれるゆえんだ。

だがはたして「人間性」とは、ベンダサンがいうように、正体不明のものなのか。これが課題として残される。

第2節『日本教について』

「処女作」にすべてがある、という言われ方は、誇張表現だが、「事実」当てはまる場合がある。多く、作家は「処女作」に向かって後退する、ともいわれる。処女作以上のものを書くことができないケースが多いのだ。

ただし、「処女作」というが、文字通り最初に書いた作品という意味でではない。「論壇」あるいは「文壇」に、さらにいえば「学界」に登場した最初の「作品」である。そこには、評論・文学・学界の評価・評判が入る。

谷崎潤一郎の「処女作」は、永井荷風に激賞された「刺青」(一九一一)である。司馬遼太郎は、『梟の城』(一九六〇)で直木賞を受賞し、文壇にデビューした。村上春樹の処女作は、文字通り最初の小説、「群像新人賞」をとった「風の歌を聴け」(一九七九)だ。いずれも、のちの作家成熟をはたす因子が(その否定面をも含めてほぼ)全部含まれている。

1 ベンダサンの「勝利」

山本七平がベンダサン名義で処女作『日本人とユダヤ人』を出版したのは五〇歳のときだ。すでに若くないが、その後の作家としての発展因子が、その否定面を含めて、全部含まれている、といっていい。それほどに内容豊かな、衝撃的なデビューであった。

ベストセラー・ロングセラーは、けっしてフロックではなかった。時代の風向きが確実に変わり始めていた。ジャーナリズムも、それに帆を立てて進む論者が現れるのを待ち構えていたのだ。何よりも「新しい」言説の人を望んでいた。そのときに、ベンダサンの登場があった。しかも、テーマが、日本の歴史全般に通じる、ジャーナリスティックで、かつ、原理的な内容のものであった。ドンピシャリであった。

この作品の後、二〇年間、山本七平は書きまくった。しかし忘れてならないのは、山本は、ベンダサン名義で生前五冊、死後二冊を出していることだ。ベンダサンは山本の「匿名」にちがいない。だが、再度いうが、ベンダサンはあくまでもユダヤ人でありユダヤ教徒なのだ。くれぐれもこのことを忘れてはならない。

ベンダサン著のなかで重要なのが、『日本人とユダヤ人』（一九七〇・五・一〇）に続いて書かれた、『諸君』連載（七一・五～七二・一〇）の評論集『日本教について』（『文藝春秋』一九七二・一一・二五）である。なぜか？　『日本人とユダヤ人』の言説を、さらにビビッドなテーマに即して論じ、山本七平の評価を決定的にした「日本軍」三部作（ないし四部作）の導火線になっているからだ。

端的にいえば、イザヤ・ベンダサン著に、反感と反発以外のなにものも感じなくとも、この導火線によって書かれた四部作を手にとって読めば、そのリアリティに圧倒され、説得されてしまいかねない燃焼力をもっていたからだ。いくつかのテーマを取りあげて、論評してみよう。（ここでも、作者ベンダサンと作者山本七平を同一視してはならない、と付言しておこう。）

2　日本教の「定義」

第一章「言葉の踏み絵と条理の世界」で、ベンダサンは、日本教を単純明快に述べる。いわく、《①日本人には、人間（という概念）があり、これから万人共通（と日本人が考える）の一つの基本的な教義を引き出し、その教義にもとづいて相手を説得するわけで、何かを論証するのではない。また相手がその教義を認めていないかも知れぬ、などということは、全く考慮さえしえないほど、この教義が固く人びとに信仰され、棒持されていること。》
《②日本語そのものが、いわば日本教の宗教用語であって、その基礎は教義であって論理でないこと。従って、この教義を離れると日本語は全く意味をなさない言葉になってしまうので「（教義を援用して）情理を尽くして諄々と説く」以外に、言葉を使う方法がない。
以上二つは、明らかなことと私は考えます。私が日本教と申しますのは、この教義を支えている一つの宗教です。》

（1）「神」の教義《ドクトリン》を信奉するユダヤ人ベンダサンにとって、「人間」の教義を信奉する日本教の定義は、このとおりだろう。しかも、ユダヤ教の神の教義は、きちんと言葉《ロゴス》で書かれている。『聖書』（BIBLE＝Book=word）だ。神との「契約」（Testament）である。

対して、日本教の教義は、「言葉」で明示され（書かれ）ていない。時と場所と相手次第で融通無礙に変化する、無規定で曖昧模糊たる「人間」の教義にすぎない。

たしかに、ベンダサンのいう通りだ。（ただし、チャイナに『論語』と『史記』があり、日本に伝来の『論語』と『日本書紀』がある、と反論も可能だ。言葉で書かれた歴史と人間論＝人間本性論である。）

だが、神の言葉（を基準とすること）が論理的で、人間の言葉（を基準とする）が非論理的だ、といえるのか？「然り」といえるのは、「神」の言葉（神との契約＝Testament）を受け入れ、その言葉（法）に殉じる、ユダヤ教の立場に立つからである。

では、「人間」の言葉とは、非ユダヤ教徒にとって、それほど無規定なのか？　無規定だとして、それは「空語体」なのか？　否だ。

言葉とは、各国語としてあるが、たんに「国語」（ヘブライ語、中国語、日本語等）にとどまるのではない。国語をより一般化すれば、「民族（共同）の無意識」＝制度＝独断（はじめに国語がある）である。共同体の無意識を、一方で「神」といい、一方で「人間性」（人間本性 human nature）というのは、人間を超越した「ロゴス」（言葉）をもつ民と、人間を超越しない「ロゴス」（言葉）をもつ民との違いからくる。ともにロゴス（言葉）をもつことに変わりはないのだ。日本語に「論理」がないというのは、ユダヤ人ベンダサンの独断（恣意）に過ぎない。

ユダヤ教徒ベンダサンは、ここではひとまず、ヘブライ（旧約）語やギリシア語（新約）の「ロゴス」に焦点を当て、日本教徒との違いを述べているにすぎないのだ。ただし、ドグマ（独断 dogma）から出発し、それを自覚しようとするユダヤ教徒と、ドグマ（独断）から出発しているのにそれを自覚しようとしない日本教徒との違いを主張しているのだ。

（2）ベンダサンは、「言葉」（ロゴス＝論理）に無自覚な日本人（教徒）を批判する。

日本人（教徒）は、「自衛隊は必要である」という「実体語」で語らない。「自衛隊は憲法違反であるという状態も必要である」という「空体語」で語る。しかも、重要なのは、実体語と空体

語の関係を、西洋の「理想」と「現実」の関係と同じと思い込んでいる。だが、西洋では、原則として、

《「現実」という言葉で規定されているものを自分が現在立っているスタートラインとすれば、「理想」は、そのゴールを規定した言葉であります。従って、議論は常に、言葉によって現実をどう規定するか、また言葉によって理想をどう規定するか、まずこの二つを規定してから、この「言葉によって規定された現実」から同じく「言葉によって規定された理想」までをつなぐ道を、また言葉によって規定し、それをどう歩むのかを「方法論という言葉」で規定するという形になります。》

まさにこれがベンダサンが主張する「論理」である。同じように、プラトンの「イデア」（理想）も「現実」から出発する。だが、日本人は「安保条約は必要だ。だがしかし、安保反対を叫びうる状態も必要だ」という。

たとえば、幕末の攘夷論者は、「開港は必要である。だが攘夷を叫びうる状態も必要である」と叫んだ。まさにベンダサンのいうように、「空体語」で、非論理だ、ということになる。だが、だ。「開港は必要だ。」だが「即時開港すると、日本は欧米大国の属領になる。」（これは実体語だ。）したがって、「自衛力をもつまでは、開国しない。」（これも実体語だ。）その弥縫《びほう》策（a half-measure）として、「攘夷を叫ぼう。」（叫ぶほかない。これも実体語）で、これこそ「バランス」論だろう。

ところが「自衛力」が未熟なまま、「攘夷」（開国）派が「権力」を握ってしまった。外交（国家間の交渉）の当事者であった幕府＝開国派にかわって、新政府＝「攘夷」（＝開国）派が、幕府が諸外国と結んだ「開国」条約を継続・履行せざるをえなくなった。もはやバランス論ではゆ

けない。「開国」に転じた。一見して、まさに「権力」を握るための、あるいは開国するための「ハーフ・メジャー」（バランス）論に思える。しかしだ。たんに「非」論理なのか？　論理矛盾なのか？　そうではなく、「矛盾」論理なのだ。「実体」が「矛盾」しているからだ。ヘーゲルに倣って、あらゆる実体は「矛盾」している。こういってもいい。

（3）だが、「弥縫策」は、ユダヤ教徒（ベンダサン）には許されざる、「条理をつくして諄々と説く」説得術（＝非論理）にすぎない。ベンダサンは、こうダメをおす。

《将来も同じことが起こるでしょう。軍備撤廃を主張している政党もありますが、もしこの政党が政権を取ったらどうなるか。議論の余地はありません。攘夷論者が政権をとったときと同じことが起こります。もちろん一時的混乱はあります。（明治維新であれ、第二次世界大戦の終戦時であれ、それはありましたから）。が、それはすぐにおさまります。「戦力なき軍隊」がすでにあるのですから、……》

まさにご明察だ。といっても、ベンダサンに「脱帽」してのことではない。ベンダサンと同じように、「現実」から出発しない「軍備撤廃」（「非武装中立」あるいは「戦力の不保持」）は「純」空語というほかないからだ。「憲法違反！」というが、憲法が何のためにあるのか、を失念したものだからだ。

日本教徒だって「現実」のなかで生きている。ロシアであれチャイナであれ、他のどの国であれ、日本の領海を、あるいは国境を越えて侵攻してきたら、日本国民の大多数は、なぜ憲法九条改正に躊躇してきたのか、自衛力の万全な整備を怠ってきたのか、と政権党を猛烈批判するだろう。（現に領海侵犯、不法入国は頻繁にある。だが政府はなにをしているのだ、自衛隊は無力なのか、と批判しないのは、自衛力の発動につながるからだ。これこそ「空語体」である。)

リアリストといわれるイギリス人(教徒)でさえ、第二次大戦で、ナチスドイツの猛攻を前に(驚愕し)、敗戦必至と推断し、軍備力不備のまま、なぜに開戦に及んだのか、と猛烈にチャーチル(最大リアリスト)を批判した。「チャーチルこそ、イギリスとその国民をナチスドイツに売り渡した張本人だ!」と。これははたして「論理」的だろうか?「論外」だろう。だが「論理」である。というのも、自衛力の整備は、「万一」の場合を想定している。必要だが、発動しないことが最大必要だからだ。

チャーチルは、第二次大戦が起こることを予想し、軍事力の整備を強く訴えた。だが、「戦争屋」であると「平和屋」の国民からも政府からも、排撃されたのだ。ところが一転、ドイツとのあいだに戦端が開かれると、イギリス国民は、チャーチルを歓呼の声で迎えた。戦争の準備不足を、あたかもチャーチルのせいであるかのように、批判した。鶴見俊輔のように、ナチスを万歳で迎えようという平和派も現れた。だが戦争が終結すると、チャーチルはふたたび、みたび、お払い箱になる。これは論外だが、現実の論理である。

3　三島由紀夫と司馬遼太郎

本書におけるベンダサンの「時局」論で、最も興味深いのは、三島由紀夫の切腹事件を扱った、『檄文』は狂人の文章ではない」だ。付随する形で、司馬遼太郎の「異常な三島事件に接して」(「毎日新聞」)批判も入っている。いっそう興味深い。ただし、これはベンダサン(=山本ではない)の論評だということをお忘れなく。

（1）三島の「檄文」の抜粋（ベンダサン）の要約（鷲田）である。
1．戦後の日本は、経済的繁栄にうつつを抜かし、国の大本を忘れ、自国の歴史と伝統を汚してきた。われわれは自衛隊だけに真の日本人の魂が残されているのを夢見た。だが、法理論的には、自衛隊は違憲である。この法解釈のごまかしが日本人の魂の腐敗の根本原因であるとみる。
2．したがって、われわれの責務は、憲法改正によって自衛隊が真の国軍となるために、微力の限りを尽くことだ、と信じ、盾の会を結成した。だが、憲法改正は議会制度下で困難だ。治安出動こそ建軍の本義を回復する唯一の好機である。われわれは治安出動の前衛たるべき使命を果たすため、挺身してきた。
3．だが、佐藤首相訪米反対のデモ（六九年一一月）が、憲法に抵触しない警察力によってのみ鎮圧され、治安出動は不要になった。政府は、国の根本問題に頬被りをしても、政体維持出来るという自信を得たのだ。憲法改正は政治プログラムから除外された。違憲＝非合法の武装集団が、「護憲の軍隊」として認知されたのだ。これ以上の論理的矛盾《パラドックス》はない。もはや自力を自覚し、国の論理のゆがみを正すほかない。
4．（結論）諸君のなかに、「憲法に体をぶつけて死ぬ奴はいないのか！」
（2）ベンダサンは論評する。
三島は、1)戦後日本の根本的歪曲と偽善を正し、「日本の真姿」に戻すことが第一だと述べる。これは論理としては正しいが、西洋の論理だ。2)しかも「真姿」などというものは、日本人の論理（バランス論）のなかにはない。だから「真姿」をもたなかったのは、戦前も同じだった、と。

わたし（鷲田）が、三島の「檄文」を読んだとき、マルクス・エンゲルスの「共産主義者宣言」

を読んだときと同じ論理を感じた。もちろん三島の論理は、ユダヤ教徒ベンダサンの論理とは同居できるが、日本教の論理、自衛隊の「論理」と相容れない。(これは、防衛庁が防衛省に格上げされたのちも、変わっていない。変わったのは、あいかわらず、「違憲」「違憲」といいながら、その大本である自衛隊を、自社連立政権(村山〔社会党委員長〕内閣)の誕生以降、「違憲」の存在だと正面から批判する議会政党がなくなったことだ。)

(3)その上で、ベンダサンは「論理的狂人と非論理的正常人」という節を立て、司馬遼太郎「異常な三島事件に接して」(毎日新聞東京版朝刊　七〇・一一・二六)を論評する。

「思想というものは、本来、大虚構であることをわれわれは知るべきである。思想は思想自体として存在し、思想自体として高度の論理的結晶化を遂げるところに思想の栄光があり、現実とはなんのかかわりもなく、現実と関わりがないというところにくり返していう思想の栄光がある。

ところが、思想は現実と結合すべきだという不思議な考え方が常にあり、とくに政治思想においてそれが濃厚であり、たとえば吉田松陰がそれであった。」(司馬遼太郎)

ベンダサンはこれを引き、これこそ、ソクラテス(プラトン)の「ロゴス＝言葉＝論理＝思想」とはまったく逆の論だとする。したがって、司馬が「虚構を現実化する方法はただ一つしかない。狂気を発することであり、狂気を触媒する以外にない。……当然この狂気のあげくのはてには死があり、松陰の場合には刑死があった。」ソクラテスも「刑死」だったし、三島も「自死」だった。とするのを取りあげ、司馬が三島を「論理的狂人」と評したが、司馬こそ「非論理的常識人」＝日本教徒だ、確固たる支点をもたない論、バランス論、であると評する。

じゃあ、司馬は、三島や、ひいては松陰やソクラテスの論理(ロゴス)を、否定し、省みないのか。まったくそんなことはない。司馬は、明治維新の「革命」を誘発したのは、およそ一握りの「志士たち」の「狂気」であったという。狂気（論理＝思想）が革命（現実＝スタートの理念＝ゴール）を起こすことを否定しているのではないのだ。松陰（政治思想家）のあとに、村田蔵六（軍事技術者）が、そのあとに大久保利通や伊藤博文（政治家）が登場しえて、はじめて革命が実現《ゴール》するにいたる、と述べる。これははたして「非論理的常識人」の論だろうか。まったく、そんなことはない。

それに司馬は、思想は「大虚構」というが、虚構（言葉）＝イデアが「虚無」だというのではない。虚構（思想＝言葉＝イデア）が創造を喚起することを否定はしない。だが、その場合も、虚構が「現実」に基盤をもたなければ、たんなる（大）「虚」に終わる。三島の「檄文」のようにだ、というのだ。

しかし、何度もいうが、以上はベンダサンの三島論であり、司馬論であるということを、お忘れなく。

4「まず、人間であれ！」——日本教の第一条

ベンダサンは、「五・一五事件」（三二・五・一五）をもって「人類史上最も卑劣な事件」と評する。なぜか。（満洲独立を主張する）海軍軍人が、軍装のまま、犬養首相に「公用」と偽り、面談に応じた首相を、「話せばわかる」に対して「問答無用」と射殺した。これほどの非礼、卑怯、法外な犯罪はない、と。

ところが、彼らを非難した新聞はあったが、「卑劣だ」と公に非難した日本人は、（ベンダサン

の知るかぎり）一人もいなかった。彼らはたしかに「反逆罪」で起訴された。しかし彼らにはその自覚がない。検察官に、裁判官に、一般庶民にも皆無だった。「反逆罪」はただちに「死刑」を意味した。情状酌量の余地などない。たとえ軍の上層部が軽減しようと動いても、世論が許すわけがない。これが常識のはずだ。ところが、判決は重い（禁固一五～四年）ようで、服役（禁固刑）といいながら、実質無罪に等しい、ということになった。しかも、裁判中、三五万通もの減刑嘆願書が裁判長の下に送られてきたのだ。なぜこんなことになるのか。

日本人は、日本教の教義が存在するという自覚さえ持ちえないまでに、したがって無意識に、その教義が徹底的に浸透している民族なのだ。だから法の前に「教義」、「まず、人間であれ！」、がある。裁判官は「裁判官（法律）である前に、人間（日本教徒）であれ！」であり、検事も、弁護人も被告も一般大衆もすべてそうだ。「まず、人間であれ！」が日本教の教義第一条だ。したがって「人間は法の前に平等で、その行為のみが裁かれる。」などということはあるべきではない。天皇が選んだ首相謀殺は、国法では、天皇への反逆であり、その反逆行為のみが裁かれるべきだ、などという主張は、日本教の教義に反した「屁理屈」になる。

ベンダサンのいうとおり、「まず、人間であれ！」が、ほとんどの日本人の口をつく言葉だ。（あるとき、小説家で泉鏡花賞を受賞した中堅作家に、「教育は何のためにあるのだ？」と聞かれた。あまりに真剣だったので、「知育、徳育、体育を教えるためにある。」というごく一般的な答えをした。ところがその小説家、「違う。人間を育てるためにあるのだ！」と大声を上げた。たしかに「人間」それが問題なのだろう。だがこれではベンダサンの断じるごとく、「人間＝無規定」教である。）

ベンダサンは、「まず、人間であれ!」が日本教の第一条だという。ではユダヤ教の第一条は何か。「神との契約に従え!」だろう。

たしかに「人間であれ」は、一見して、無規定な言葉だ。たとえば、「刑事である前に、人間であれ!」というセリフが、日常茶飯事に、TVドラマに登場する。「人間と人間とのつきあい、裸のつきあいをすべきだ!」、「刑事である前に、夫・父親でしょう。」などなどだ。

だがTV刑事ドラマ「相棒」の杉下警部は、そんなセリフを常に一蹴する、一見、「非」日本人として登場する。だが、杉下は非人間なのか、非日本人なのか、あるいはユダヤ人なのか? まったくそんなことはない。杉下は刑事であり、東大法学部卒のエリートで、離婚経験者であり、日本国民であり、国際人であり、人間だ。刑事は、杉下の欠かしえない関係性であるが、彼の関係性総体の一つである。だから杉下は刑事を辞めない。刑事であるかぎり刑事をまっとうする。これを裁判官に適用すれば、裁判官は、まずもって「法律」に忠実でなければならない。「法律」を超えて「まず、人間であれ!」を拒否すべき存在なのだ。

「まず、人間であれ!」は、杉下警部とは違った意味で、日本人のわたし(鷲田)とは違う。「純粋な(裸の)人間」などというものは存在不能だ。人間とは関係性の総体である。「人間」が「無規定性」とみえるのは、「人間総体」が「関係性の総体」、つまりはその網の目(関係性)をどこまでもたどってもたどりきることができないという意味で、「重層的非決定」(吉本隆明)だからだ。もちろん、その一つ一つの関係が無規定=「曖昧模糊」なのではない。わたしは大学人としては元教師であり、書くことに関していえば細々とではあれ現役の作家であり、妻にとっては夫であり、子どもにとっては父親であり、両親にとっては子どもであり姉妹にとっては弟兄だった。

しかもどの「規定」にも、無数の独特な関係性があった。わたしは、その関係性の総体のいくつか（肉親関係や仕事関係）を出来うる限り簡単明瞭に生き抜こうとしたが、乱暴かつ独断に見えることを避けえなかった。「関係」次第で、「人間」味の稀薄な奴、あるいは逆に、濃すぎる奴だ、と思われた（かも知れない）。わたしは、当然、その関係性の大部分を、可能な限り無視し、曖昧模糊に通り過ごしてきた。重要な点を重視するあまり、過ごさざるをえなかった。わたしの当て推論では、「どんなに困難に思えても、時がたてば、雲散霧消する類のものがほとんどだ。ここは目をつむるようにしてやりすごそう。」であった。

日本人に対して、ユダヤ人には、「神との契約」という確定的な関係がある。だが「神との契約」の範囲外の、「人間」や「民族」、あるいは「歴史」や「習俗」というような、「無意識の関係性」はないのだろうか？　「ない」などとは、とうてい考えられない。もちろん古い「神との契約」を、モダーンに読みかえることは可能だろう。それで収まりがつくのか？　つく、としたら、神が規定した「人間」は非常に単純無垢《ナイーフ》な、裸の関係に近い。その関係は、日本教の裸の人間と、基本的には違わないのではないだろうか。人肉食・近親相姦・殺人を厳禁し、それを犯すのは「人間」に反する行為（「現在」）だ、とする「禁忌《タブー》」と同類、すなわち「共同の無意識」である。

5　ベンダサンの「遺産」と「負債」

ベンダサン著は既刊で七冊だ。『日本人とユダヤ人』以下、『日本人と中国人』（『文藝春秋』　一九七二・一二～七四・四）、

『にっぽんの商人』（『日本流通新聞』　一九七三・五・一六～九・二六〔文藝春秋　一九七五・三・一〕）、『日本教徒』（『野生時代』原題「日本学入門」一九七四・五～七五・二〔角川書店　一九七六・八・二五〕）、『日本人とアメリカ人』（『週刊朝日』　一九七五・一〇・二四号、七五・一・二～一・二〇号〔ＰＨＰ研究所　一九九三・一一〕）が、

著作集『山本七平ライブラリー』（全16）に収録された。

（1）論理と歴史

だが『日本教について』（一九八二）と同じように、著作集に未収録で、生前未刊だった「ベンダサン氏の日本歴史」（『諸君！』一九七三年一～一二回〔『山本七平の日本の歴史』ビジネス社　上下　二〇〇五〕）がある。

のちに述べるように、山本七平の著述は、それぞれ深く重なり合っているものの、大雑把にいえば、すべて「人間」論とりわけ「日本と日本人論」に結実する、「日本軍」研究、「日本人」論、「日本歴史」論に分けることができる。

だが「日本歴史」がテーマであると銘打たれたこの連載は、のちの歴史論と重なるにもかかわらず、長く、単行本化されなかっただけでなく、「ライブラリー」にも入れられなかった。なぜか？

たんに、後の作品との重複を避けるためか？　それとも重大な瑕疵が存在したからなのか？どちらでもあるとともに、どちらでもないように思える。なぜか？

この「日本の歴史」が、山本七平の歴史論の「欠陥」につながる「問題点」を、もろに露呈させている、と思えるからだ。問題の所在は、『山本七平の日本の歴史』（ビジネス社）と銘打たれた

（ベンダサン著の「日本の歴史」）「解説」ですでに谷沢永一が指摘している。（ただし谷沢が「山本」と記すところを「ベンダサン」と読みかえてほしい。）

こうだ。

山本七平の最高傑作はおそらく『「空気」の研究』である。なぜか、山本七平の「真骨頂」は人間学であり、この人間学を基礎においているからだ。つまり、

1．《日本歴史に対する七平の洞察も、所詮は昭和の日本社会をめぐる発想と考察に基づいている。人は自分が生まれて生きた時代の常識となっている枠組みから完全に脱出することはできない。》《大正生まれの俊英にとって、学問研究の軸芯は論理であった。侃々諤々の論理を操れなければ一人前ではない。究極の目標は総合である。そして確固たる史観が求められる。そこへ左翼から世界観という魔法の杖が持ちこまれた。山本七平の場合は神学の枠組みが加わったであろう。

……それゆえ生来は融通無碍であるはずの山本七平も、論理の構築に努めざるをえなかった。……そして大正期の学界はおしなべて、史実に論拠を求める資料探しの競争を生んだ。論証か、さもなくば史実を示せ。今となってはどっちもどっち、我が田に水を引く作業に過ぎなかったけれど、保証がないとひとり立ちできないのが、昔も今も変わらぬ学問の通弊である。》

＊谷沢――山本の真骨頂は「人間学」である。その神学（論理＝教条主義）や歴史学（文献主義＝系譜論）を取り払うべきだ。

2．第Ⅰ部「夏目漱石『こころ』に見る現代日本精神」の「読解」にこだわる必要はない。「七平流人間学」＝「七平節」を抜き出して読みとるべきだろう。

＊谷沢――「日本の歴史」で、いかにも異様と思える山本の「こころ」論は、「大正」という時代の意識にとらわれたものだ。まるっきり無視してもいい。

3.《論説は歴史を引いた部分から歪みを生じる。歴史に決定版はありえない。時代の推移につれて歴史の姿かたちは絶え間なく転変する。歴史を学問だと考えるのは錯覚であろう。歴史の史実に足をおくと称する立論は、蓮沼の泥沼に突ったって歌唱するほどに危ういのである。》

＊谷沢――山本の「歴史主義」とでもいうべき、「史実」主義や「文献」主義、とりわけ「系譜論」とでもいうべき特徴を参照するのはいいが、それを「実証」とみなしてはならない。どんなに印象強くとも「一例」なのだ。いちばん警戒すべきは、山本「歴史〔学〕としての聖書」観だ。まずもって聖書もまた、「書かれたもの」（創作）であるという基本点を忘れてはならない。

山本七平の、神学＝「論理」主義、「歴史」論＝「文献《ぶんがく》」主義は、山本が生きた時代の枠組みを脱していない。「遺産」にはちがいないが、むしろ「負の遺産」が混在している。こう谷沢は判定する。この「批判」、一般論として、ひとまずは肯定していい。ただし、「ベンダサン氏の日本歴史」は、「負の遺産」としてパスするわけにはいかない。その理由を語らなければならない。

（2）北畠親房『神皇正統記』の異例

連載「ベンダサン氏の日本歴史」は、『神皇正統記』を「読み解く」という主旨の「南北朝」論だ。ところがこの『神皇正統記』という「日本通史」が、読みやすいだけでなく、一筋縄ではいかないのだ。なぜか？

1.親房の大目標は、「日本を神の国」とし、天祖が国の基をはじめて開き、「皇統」（皇室伝統＝万世一系）の「正当性」を、それを通じて後醍醐帝の、ひいては「南朝」の正当性を論じようとすることにある。

だが、ベンダサンが指摘するように、この書は、藤原基経による陽成帝の「廃位」を「大義」とみなす。(ベンダサンは指摘していないが、女帝孝謙＝称徳の専断専横を「非常の極み」と断じ、)後白河院に至る院政の乱脈・騒乱を源頼朝が「平定」した功績を語り、後鳥羽院倒幕の企て(承久の変)を「謀叛」とみなすなど、とても「天皇制擁護に汲々とする」書とも思えない。

親房は、天皇制が、天皇親政→天皇・公家政府→天皇・武家政府へと変化したと見る、とベンダサンはいう。
2. ベンダサンは、次に新井白石『読史余論』『折りたく柴の木』を取りあげ、白石が、神話から後醍醐帝までを「前期天皇制」、南北朝以降を「後期天皇制」だとしたとする。後期天皇制とは、武家のために武家がつくったもので、「朝廷・公家」は「一自治体」にすぎなくなった、とするのだ。
3. この本は、ユダヤ人ベンダサンの書だ。その特徴は「天皇契約論」にもっともよくあらわれている。南北(併立)朝が、持統院・大覚寺院両統の「相互契約」をもとにしたものだ、という主張である。契約の骨子は、
第一条　後醍醐が皇位を継ぐが、「子孫の皇位継承権を放棄し、あくまでも一代限りとする」。──ベンダサンは、後醍醐を「血統主義の否定の上に立つ天皇である」とする。
第二条　「在期間十年」──ベンダサンはこれを「任期制」とする。
第三条　この交代を「保証」するものとして、(明文化されていないが)、皇太子を別統とし、天皇の長子を僧籍(＝立太子権の放棄)とする。

ところがこの「契約」を、後醍醐が破り、「天皇契約論」を流産させ、内部から「皇統」の危機を招いた。また天皇親政＝専断を試みようとして、国家創立期（「白村江の戦い」や「壬申の乱」）以来の「内乱」の因を作り、あわせて皇統存続の危機（＝前期天皇制の終焉）を招いた。

しかし、このような両党の「約束」（成文化）が「天皇契約論」の実体をもっているのだろうか？　ベンダサンのいう「血統主義の否定の上に立つ天皇」論なのだろうか？　まったくそんなことはない。

総じて、「相続」はどんなものであれ、「天」からぽとりと落ちてくるのものではない。相続権をもつ人、とりわけ権力を手中にしようとする人は、多かれ少なかれ、多種多様の「約束」のなかにある。相続は、明文化しようが、口約束に過ぎなかろうが、約束事などなくとも、破られる場合もあれば、果たされる場合もある。「血脈」にもとづく皇位継承だとて同じだ。

重要なのは、「契約」のあるなしにかかわらず、「皇統」は「血統」によって継がれるということだ。日本国で、天智天皇以来一三〇〇年余、これは変わっていない。後醍醐とて皇室の血脈である。「天皇契約論」などというのは、とんだ見当違いだ。
(3)『神皇正統記』とは？
ベンダサンの『神皇正統記』読解は、独特の読み込みで、その「神学」思想に汚染されたものだ。こういっていい。

『神皇正統記』を、皇統（皇室伝統）の特質に焦点を当てて、わたしが論評しよう。

「大日本《おおやまと》は神国《かみのくに》である」ではじまる『神皇正統記』は、戦後、神道思想にもとづく皇国史観の悪見本とみなされてきた。だが天臨皇孫思想（神話）や南朝正統論という親房の政治的立場を無条件に擁護する思想《イデオロギー》を差し引いてみると、正当に評価すべき論点が少なくない。三点だけあげよう。

1．正統論＝皇統不断論——本書は大覚寺統、後醍醐親政、南朝を皇統の正統とするために書かれた政治文書である。

過去の皇位のほとんどは神意に適った継承がなされ、正統は保たれた。正統の本質は①神孫と②世襲（血脈と神器）と③君徳である。なかには君徳がなく、皇統断絶の危機を招いたケースもある。たとえば、孝謙＝称徳（重祚）である。女皇太子・女帝・重祚という伝統を無視した無理無体な即位だった上に、最初は藤原（恵美）押勝を、のちに道鏡を寵愛し、皇統を無視（淳和帝を廃帝にして重祚）し、君徳を外れ、皇統を危うくした。（称徳帝の死によって、天武系の皇統が断たれた。）こう親房は断じる。

だがそれならば、後醍醐は、いったん退位・配流されたのに、復権後、即位した新帝光厳を時計の針を戻すように廃帝にした。これは、皇統の本質＝権力を超えた存在を否定する、重大な過失であっただろう。事実、皇統分断を決定づけた。

2．政体論——親房は天皇親政とともに、院政はもとより、補佐役との二重権力（権力の二重構造）を是認する。（これを日本の皇統および政治の特長、その政治安定の保証だといったら、なお適切だっただろう。）

しかも親房は、武士政権をいたずらに敵視しない。北条泰時は陪臣ながら仁政を施し、厳正な裁判をおこない、守るべき法を定立した。その上、一族こぞって高位高官を望まなかった。もし頼朝や泰時が出なければ、保元・平治以来の混迷の世で、わが国人はどうなったかわからない。こういいさえするのだ。

だがそうならば、後醍醐「親政」は、権力の二重性を確保し、皇統不断を保証する日本政治の特長《アイデンティティ》を否定する、したがって正統から外れた、時代錯誤の「異端」にちがいない。陪臣＝執権が幕政を裁量し、将軍がお飾りなのは、たんに「事実」であるだけでなく政治の「理」に適っているのではないのか？　さらに執権北条が執権職と得宗家の二重構造になっている。

3．天皇謀叛論——親房は、天皇謀叛の例を挙げる。たとえば後鳥羽の討幕である。時期尚早だった。君主のとる道はまず善政をおこない、朝廷の権威を確立することである。兵を動かすのはその後のことだ。こう断じる。

では（親房に問いたいが、）簡単に失敗した後醍醐の討幕陰謀は天皇謀叛の典型ではないのか？後醍醐に、復権後、皇統を分断し、政治無能のため、騒乱を招き、民を困窮に陥れた責任はないのか？　責任はあげて、高氏や味方の武将のふがいなさにあったのか？　——冷静に見れば、後醍醐は皇統断絶の危機を招いた、日本第一の張本人に思える。つまり、『神皇正統記』を素直に読めば、後醍醐帝の親政を批判し、理念と現実に乖離ありと裁断しているのだ。

親房は本書を、南朝のために戦う東国武士たちに向けて、戦陣のなかで書いた。意図がはっきりした、リーダブルな理由である。

（4）「ベンダサン氏の日本歴史」の負債

ベンダサン書は、「日本歴史」と銘打ちながら、第Ⅰ部「夏目漱石『こころ』に見る現代日本精神」と第Ⅱ部「南北朝と天皇」からなる、独特の構成なのだ。核心部分を引こう。

《『神皇正統記』と『こころ』を読み比べていくと、後醍醐天皇と〔先生の〕「友人Ｋ」とはあまりにも似すぎていて、ときには、漱石が後醍醐天皇をモデルにして「友人Ｋ」を創作したのではないかという錯覚を抱くほどである。もちろんこれは錯覚だが、こういう錯覚を抱く結果となるのは、この両者のあいだにまったく同じような考え方・生き方をした日本人が無数にいた、そして今もいる、ということの証拠であろう。これは日本教が生み出した、時代と環境と社会的地位を超越したタイプに相違ない。》

後醍醐天皇も「友人K」も超英才、刻苦精励、自己に対して峻厳、倫理的で、周囲を感嘆させずにはおかない資質の持ち主だ。だが「友人K」も後醍醐も、養家〔後醍醐の養家は尊氏〕を欺き、契約を一方的に破棄し、実家から勘当され、いっさいの収入は断たれ、日の当たらない仮の宿に逼塞しながら、「即道私去」で修養する。ただし契約破棄への罪悪感はない。

この二人を定義すれば「自己規定の去私」である。だがこの定義に適う人は存在しえない。消えるだけだ。Kは自殺し、後醍醐は前期天皇制の自殺行為である。ただし二人に墓は立つ。花を捧げる。二人は遺書を後代に送るのだ。『こころ』の「私」であり、『神皇正統記』の「私」親房である。（以上要約）

およそここには、ベンダサンに特異な思考、谷沢永一が指摘したように、「歴史」の枠組みを超えた「論理」主義が如実に出ている。

1. 「時代と環境と社会的地位を超越したタイプ」、日本教の抽出だ。

2. その共通タイプを、後醍醐天皇と「友人K」において見る。

「契約」思想がない、したがって、簡単に契約を破棄して、自家撞着に陥り、思考停止してしまう、「非論理的」思考＝日本教「論理」の発見である。

——読み手は、対象（作品）をどう読んでもいい。ただし、対象はあくまでも時代（現実）の産物（作品）である。比較（論）は可能だが、歴史が変われば、「同一」化に慎重でなければならない。「歴史」はあくまでも「書かれたもの」（作者の作品）、たとえ漱石と親房に「同一」の「論理」（議論）を発見できても、むしろ、同じ事を語っているわけではない、と考えるべき理由があるのだ。

ただし、これはあくまでもベンダサンの「読解」であり、「負債」だと確認しておこう。「契約」を、「神との契約」に限定する思考は、むしろ偏狭にすぎる。江戸期、上方の商人たちは、「証文」を交わすことを、むしろ「信用」欠落行為として、忌避したそうだ。じゃあ、信用によるビジネスは、非契約ビジネスなのか？　そんなことはない。商人仲間（共同体）の「黙約」こそ、もっとも強固な契約と共同意識されたのだ。むしろ、時と場所を選ばない「コミュニケーション」（ビジネス）などない、とみなすべきだろう。

Ⅱ　作家の自立——「日本軍」とは何であったか？

イザヤ・ベンダサンと山本七平は、異なった「人格」をもつ作家だ。たとえ、ベンダサンが山本の「分身」、「匿名」であっても、あくまでも異なる「作家」だ。むしろ「別人」である、と断じなければならない。

たしかに二人は生まれながらに無類の「信徒」である。一方はユダヤ人のユダヤ教徒で、日本教徒とは相容れない。他方は日本人（日本教徒）キリスト教派である。たとえ日本人（日本教徒）ならびに日本人（日本教徒）キリスト教派を徹底批判してもだ。

もちろん、二人は大正生まれで、その時代意識（軍縮と民主主義）を吸って成長した思考者である。山本は、日本キリスト教のなかでは異端な、内村鑑三につながる信仰の持ち主で、「歴史のなかの聖書」を基本にする。ベンダサンは、ユダヤ教の聖典である旧約聖書を「神との契約」（Old Testament）するが、山本は新約聖書とともに旧約聖書を「神との契約」（Testament）とする。とくに山本は、神学関係書物を数多く編集・発行してきた出版社主である。

二人とも、一見、神学を振りかざす人に見える。だが、教義（dogma）を信奉する人と、教義を振りかざす人（dogmatist）は同じではない。山本もベンダサンも、けっして教条主義者《ドグマティスト》ではない。人間通であり、ロゴス（論理）の人、歴史通である。

だから、ベンダサンから山本七平への「移行」は、匿名から本名になったという形だけのスムースな性質のものではない。山本七平の「処女作」は、『日本人とユダヤ人』ではない。『ある異常体験者の偏見』（一九七四・五・一五　七三・三〜七四・二）である。山本が、生涯、山本七平＝イザヤ・ベンダサンを認めなかったのは、ベンダサンと自分とは「作家」として同じではない、という作家の矜持《プライド》が許さなかったのだろう。

ベンダサンは「初期」の山本七平、「未熟」な山本七平ではない。いってみれば、山本七平によって「仮構」された匿名作家である。二人を、その著作を、同じ平面で解する愚を、同一作家の作品であるという愚を避けなければならない。

0　圧倒的な「勝利」

山本七平の処女作（著書）は『ある異常体験者の偏見』であるといった。しかし山本七平（名義）の最初の連載は、『私の中の日本軍』（上・下　七五・一一・一二　七二・八〜七四・四）である。連載では、『ある異常……』より「半年」先行したのだ。

「処女作」が『ある異常……』となったのは、一つは、たんに連載「終了」時が早かった、といえばそれで終わるだろう。しかしたった二カ月早く終わり、単行本刊行が早かった『ある異常……』が、圧倒的な「勝利」を生んだのだ。理由がある。

両著はともに、「戦争体験を忘れるな！」という声に「反発」する。なぜか？　「忘れることができる体験」などというのは、「体験」ではない、「体験」などというべきものではない、という思いが山本にあったからだ。つまり、山本の「戦争体験」は、どんなに忘れようとしても忘れることのできないもの、語ろうとしてもよく語りえないものであり、「異常体験」としてしか語りえないものだったからだ。山本本人は、しかも、その体験が「偏見」だという。

両著とも、戦時中の「虚報」（「百人斬り競争」報道）に触発されて書きはじめいた連載エッセイ（評論）集である。「虚報」は、戦時中は日本軍の「強さ」「勇敢」を、敵軍《チャイナ》の「弱さ」「無抵抗ぶり」を誇示するために報じられ、戦後は日本軍の「弱さ」「卑劣」を、敵軍の「強さ」「徹底抗戦ぶり」を誇示するために報じられた。山本は、この「虚報」の虚報たるゆえんを、日本軍の実体と自分の体験を通して批判してゆく。

どの民族（国民）も、どんな人間でも、自民族を自分を客観的に考察することは難しい。ベンダサンは、日本人にユダヤ人＝反日本人を対置・対象化して、日本人を客観視し、バランスのとれた日本人論を書いた。山本七平は、戦前も戦後も、日本（日本人）に最も反・非日本（日本人）とみなされてきた軍隊（軍人）を対置・対象化して、日本と日本人を客観的に書こうとする。結果はどうなったか。アウトラインだけ記せば、こうなる。

1　日本軍の「構造」を通じて、日本社会の「構造」を逆照射する。結果は、日本軍の構造は、ひいては日本軍人の構造は、日本国の構造、日本人の構造である。

2　日本軍は、日本社会の「異例」や「例外」ではなく、「通例」でありむしろ「本姿」である。だから、「戦争体験を忘れるな！」というスローガンは、自国日本（日本人）の一般と本姿を見つめようとしない、安逸であり、気休めにしかすぎない。

3　したがって、敗戦で日本軍が消滅しても、日本社会の構造はそのまま残る。敗戦後の日本と日本人が、「異例」として忘れようとしているのは、日本と日本人の「本性」とつながるものである。

4　だが、日本社会の構造は、日本軍の構造とつながっているが、同じではない。日本歴史のなかには、日本軍の構造と異なる、日本独特の「本性」がある。それを見いださなければならない。日本軍の構造と異なる、「日本と日本人の発見」、これである。

それが、この三部作とも四部作ともいわれる「私の中の日本軍」以降で自らに課した山本の仕事になってゆく。ベンダサンの仕事とまっすぐにつながる点だ。

1 『ある異常体験者の偏見』

『日本人とユダヤ人』を実際に読んだ人と、その評判を聞いたことで山本七平（の名のみ）を知った人とを問わず、山本の「戦争体験」をもとにした四冊の著作の一冊でも読むと、異様な、あるいはベンダサンとは違った山本観をもったにちがいない。ベンダサンと山本七平が最も異なるのは、「戦争体験」の違いである。

山本の最初期の著作四冊は、ともに山本の「軍隊体験」をベースに書かれたものである。軍隊体験を語るのは難しい。ちなみに、わたし（鷲田）の父（金彌　一九一四〜八四）の唯一の「自慢話」といえば、二度ほど、（長男で徴兵免除になったので）志願して入営した短期の軍隊体験（戦闘非体験）であった。父は、得々とその体験を語った。まるで未知との遭遇のようで、中学時代行き損ねた「修学旅行」に行ったかのような話しぶりであった。自営業である。家業を継いだ。規則的な「共同生活」が物珍しかったにちがいない（とわたしには思えた）。

対して義父（妻の父・加藤賢治）は、拓大を出て三菱商事に入社したが、直後、戦争に取られ、主計畑を歩き、苗穂（札幌市）糧秣敞で敗戦を迎え、隠匿食料を抱えて、部下とともに国有林（野幌原生林）に無断入植した。まさに開高健『ロビンソンの末裔』のような行動を実行した。だが義父には開拓（農事）は無理で、結局、大卒を生かしてデモシカ教師で食いつなぐことになった。義父は自分の戦争体験をわたしたち生徒の前で一度も話したことはなかった。ただし「地理」の時間は、大陸《チャイナ》の各地を実見したような、実にのんびりした「与太話」を披露した。

もし父や義父が、山本七平の戦争体験を一読でもすることがあったら、「自慢話」も「与太話」もしなかった、できなかったにちがいない。実際、一九七〇年以降、父たちから戦争体験の「裏話」さえ聞くことはなくなった。

　山本七平の戦争体験をベースにした論説を読むと、「戦争体験を忘れるな！」などと「公言」している人の顔が恥ずかしさで熱り、心臓が驚愕で冷えてしまいそうになるのではないだろうか？それほどに山本が語る自身の戦争体験は、異常、異例、苛烈である。

ところがそれを記述する筆者の手は、氷のように冷たいのだ。クールでなければ語れないからだ（ろう）。戦争体験を忘れようとしても、忘れることができない「ショック」をえたからだ。このショックは、自体験が、あたかも自分の体験ではないかのようにクールに語る以外に、語りえない性格のものだからだ。

　筆者の望むのは、「忘れる」「忘れない」「語り継ごう」のレベルではない。自分を異常体験に引き込んだ、「敗戦」の「解明」である。二度と過ち（敗戦）をくり返さないための「原因」究明だ。まず『ある異常……』の「解剖」箇所を、適宜引いて見よう。

　1「飢え」の力

《飢えは人を狂わす。……「空腹《ハングリー》は怒り《アングリー》」の言葉通り、たんなる一時的空白さえ、人間の冷静な判断を妨げる。これが「飢え」となり、さらにそのとき、このままでは「餓死必至」という状態に陥るか、陥ったと誤認すると、人間は完全に狂う。飢えはたしかに戦争の大きな要素で、これは戦争を勃発させもすれば、やめさせもする。自分の意思を無視して穀倉地帯に「手が動く」、それが破滅とわかっていても手が動く。しかしひとたび飽食すると、なぜあのとき手が動いたか理解できなくなる。これは戦場の小衝突や虐殺、収容所の突発事件やリンチ、また捕虜虐殺等における、非常に解明しにくい事件の、真の原因の一つになっている場合が多い。以下に述べるわたしの体験は、「飢えの力」が危機一髪、まさに怖ろしい虐殺事件を起こすかに見えたときの実情である。》

太平洋戦争の真因（の一つ）は飢えである。しかも日本（日本人）が「餓死必至」の状態に陥ったと、「誤認」したことにある。あわせて、南朝鮮の「米」とサイゴンの「米」が、朝鮮戦争、ベトナム戦争の真因である。こう山本は指摘する。

――「飢え」は食料にかぎらない。一九三〇年代、日本政府と軍部は、対日貿易制限策を「ABCD包囲網」（米 America、英 Britain、蘭 Dutch、華 China）と見なし、鉄・石油資源等のない日本を枯渇させる「封鎖」作戦とみなし、対米開戦の意をかためた。もちろん、対日「貿易制限」は存在した。今でも「外交」（国家間政治）の対立を、「経済制裁」という名で「解決」をはかろうとするのが、常套手段の一つだ。

しかしこの対日貿易制限で、日本と日本国民が飢餓必至と結論づけ、開戦に踏み切ったのは、政府と軍ならびに国民多数の「誤認」であり「錯誤」であった。

対日貿易制限を弱めたり解除する方策はいくつもあったし、開戦を回避する方法もあった。問題は、にもかかわらず、「なぜ日本は対米開戦に踏み切ったか?」である。

それだけではない。

2　日本は近代戦に不向きな国である。

《日本という国は、島国という特質、食料・燃料という資源、カッとなる傾向（これは射撃にはまったく不向き）、軍隊が運用できない言語等々、あげれば全く切りがないが、そのすべては近代戦争を行いえない体質にあり、そのことは太平洋戦争という高価な犠牲が百パーセント証明した》

山本は、「近代戦を行いえない体質」なのに、日本政府と日本軍は、なぜ開戦に踏み切ったのか？　日本国民（多数）は「歓呼」の声で開戦を是としたのか？　これが問題じゃなかったのか？と問うのだ。

――島国、食料・資源不足、言語等々が、日本人の永久に変わらない「体質」かといわれると、然り、と断定はできない。しかし、戦前も、戦後も、戦後七〇年後すぎた現在でも、山本があげた日本国（政府と軍隊）と国民（多数）の「体質」は根本において変わっていない。こう断じることはできる。

《新憲法が発布されたとき、私は少しも違和感を感じなかった。そしてこれは恐らく私だけではない。その時代における総力をあげ、そのため長いあいだ最低生活に甘んじ、それを当然と考える状態にあって作り上げた陸海軍は、実に無用の長物で、何の役にも立たず、ただ一方的に叩きつぶされたにすぎなかったという事実は、あまりに歴然としていた。恐らく今ではこの言葉は極端な議論に聞こえるであろう。だがそれはその人が「初戦の大勝利」という当時の新聞のまやかしや、新井宝雄氏の「強大な武器を持った日本」などという虚構に引っかかっているからに過ぎない。「真珠湾攻撃」は対等の「戦闘」ではなく、忍んでいって「寝首をかいた」という行動なのである。……ミッドウェー以後〔一九四二・六・五～〕の日本の本格的「対戦」となると、贔屓目に見れば五分五分であるかも知れぬ。しかしマリアナ海戦〔一九四四・六・一九／二〇　アメリカ軍はフィリピン海海戦と呼ぶ〕となると、まさにバルチック艦隊なみの完敗で、ただ一方的に叩きつぶされたにすぎない。……そしてこの「一方的に叩きつぶされた」図式は陸軍にもそのまま当てはまり、ただその現れ方が海軍より複雑だというにすぎず、それは中国戦線でも南方戦線でも、結局は同じ事であった》

戦前、陸海軍は無用の長物であった。したがって、開戦は錯誤であり、敗戦は「時間の問題」であった。

敗戦後、新憲法は日本軍を廃止した。だが、マッカーサーの占領軍が代位したにすぎない。ところが日本国民は、（占領軍を解放軍と称し、）新憲法を「平和憲法」と称し、「平和と民主主義」の理念が表現された類のない「聖典」とみなした。山本は、これこそ戦後日本の「錯誤」の根本だとする。なぜか？

3　「洗脳された日本原住民」

《軍政と民主主義はもちろん絶対に相いれない。「原住民の政府」がいかに民主的外観を装っても、最終な決定権は「軍」が握っているのであって、投票が握っているのではない。ところが戦後の日本は、軍政と民主主義の両立・併存という非常に奇妙な形で出発した。この絶対に両立し得ないものが両立しているかのように見せるには、その背後で密かに民主主義の根本を除去してしまうこと、すなわち一つの策術が必要であった。それがプレスコードである。》

山本は、新憲法は占領軍の宣撫工作（pacification activity）の所産だと書く。民主主義と軍政は「絶対に相容れない。」当然、占領軍は、プレスコード（検閲）を通じて、戦勝国や占領軍に「不都合」な言論を統制・禁止する。占領下における言論の自由は、占領軍のコードに抵触しない範囲内で許されたのだ。しかも、プレスコードのしめつけは東条時代（戦時下）より巧妙でかつ厳しかった。

問題なのは、日本国民（大多数）がこの検閲に気づかなかったことだ。したがって国民大多数は、戦前より言論の自由がはるかに保障されている、マスコミをはじめとする諸報道には「検閲」などない、と感じた。日本人は「洗脳」されていたのだ。

——もっと問題なのは、日本が独立し、占領軍の宣撫工作が終了し、プレスコードが撤廃されたあとも、日本国憲法が改正されず、言論機関の中枢（文部省・ＮＨＫ・朝日新聞・岩波書店等）がプレスコードを「自主的」に存続させて来たことだ。基本的には、現在もなおそうだ。したがって、この「自主規制」こそ、戦勝国に都合が悪いとされた「事実」や「言説」を批判したり、掘り起こすことを困難にしている原因だ。

——本書における山本の裁断（解剖）は、あたかも一九七〇年代に「反帝反スタ」、すなわち戦勝国アメリカ（資本）・ソ連（社会）帝国主義打倒と、敗戦したが復活・自立した日本帝国主義打倒を掲げる新左翼の、ラディカリズムと同種の臭いを放っている、と思うのはわたしばかりじゃないだろう。

2『一下級将校の見た帝国陸軍』

本書は、山本自身の「戦争体験記」であり、日本帝国陸軍の一記録である。ここに、山本自身にとっても、日本陸軍にとっても、「誇り」となるようなものは、何も書かれていない。そのいくつかを紹介しよう。

（1）「ア号教育」

《奇妙なこと！　忘れもしない、それは昭和十八年の中頃だった。雨の日である。教壇に立った区隊長K大尉は、改まった調子でつぎのように言った。

「本日より教育が変わる。対米戦闘が主体となる。これを『ア号教育』と言う」と。

　驚きと、疑問の氷解と、腹立たしさとが入り混じった奇妙な感情のうねりが、一瞬、私の中を横切った。私は内心で思わずつぶやいた。「欠だったのだ、これが最大の欠だったのだ」。戦争が始まったのは言うまでもなく十六年十二月八日であり、十八年には、二月にガダルカナル島からの撤退、五月十九日にアッツ島の玉砕があり、欧州では米英軍がシチリアに上陸している。危機は一歩一歩と近づいており、その当面の敵は米英軍のはず。それなのにわれわれの受けている教育は、この「ア号教育」という言葉で聞かされるまで、一貫してソビエト戦であり、想定される戦場は常に北満とシベリアの荒野であっても、南方のジャングルではなかった。》

　この記述は、どんなに奇妙奇天烈に見えても、「日本陸軍にはアメリカと戦うつもりが全くなかった」という事実を語っているのだ。

　日本陸軍は、対米戦闘に関する「一枚の地図」ももたず、そのための「教育訓練の基本計画」さえもっていなかったのだから、アメリカとまったく戦うつもりはなかったと見なすほかはない。日本軍は、日露戦争に「勝った」戦略と戦術のまま、昭和一八年までの四〇年を閲《パス》してきた、といっているのだ。これでアメリカに勝てるわけではないし、共産ロシア軍に撃破されて当然だ。むしろ「開戦」に踏み切った「蛮勇」に驚かざるをえない。

　それよりもなによりも、アメリカ軍と戦いぬく戦略も戦術もなく、よくぞさしたる「反対」もなく、政府も軍もそれに国民も、開戦に踏み切ったものだ、という驚くべき事実だ。なぜか。その解答が、一九七五年連載を始め、『「空気」の研究』（一九七七）として刊行された、日本教の負の論理学の解明である。

（2）員数主義

《自分で調べた結果わかったことは、アパリ正面の歩兵一個中隊（山本が最後に属した中隊）とは、結局、員数だったということである。どうもおかしいと思ったのは、転進命令が出たときの中隊長たちの動きであった。というのは、一個中隊がそのまま残ったのではなく、各中隊が一個分隊を残し、この残された四個分隊で臨時に一個中隊を編成し、S老大尉が臨時中隊長、本部からは私が残るということになったからである。

各中隊は、動かない砲、使えない砲、無用の砲弾、そして歩けない病人を捨てていったということであった。》

山本は、自分も捨てられた一人であったと気がつき、ぞーっとしたが、部隊長の面子をつぶしたくない、と員数主義を受け入れる。「今、目前にある小さな『仲間内の摩擦』を避けることを最優先する」という、戦争中のさまざまな記録に必ず顔を出す「精神状態」である、と山本は自己分析する。

山本七平は、一九四二年、繰り上げ卒業、入社試験合格した直後、六月に徴兵検査を受けて第二乙種合格（肋膜炎既往症）し、一〇月入営する。四三年一二月予備士官学校を卒業し、四四年四月転属命令を受け、敗北戦を余儀なくされている南太平洋方面に輸送され、（輸送船が撃沈されず奇跡的に）六月フィリピンのマニラに上陸、「一下級将校」として「戦闘」に参加し、砲兵隊

（補給担当）としてフィリピン北部のジャングルを転戦し（逃げ惑い）、一中隊の生き残り（小隊長）として、四五年九月武装解除された。捕虜として各所の収容所に移され、「戦犯容疑」の嫌疑を受け、処刑されることを恐れつつ、四七年一月日本に帰還する。その日本でも、「戦犯」容疑で逮捕される恐れを抱きながら、熊野山中に日々を送ることもあった。

3『私の中の日本軍』

（1）山本七平は、イザヤ・ベンダサン『日本人とユダヤ人』の訳者であり、出版社山本書店の社長として、マスコミに登場した。本書は、ベンダサンと山本七平が、「共存」していた時代の最初の著作で、二人の端的な違いは、ジャングルでの戦争体験の有無にあること、歴然としていた。

その山本の論壇初登場は、横井庄一元日本兵（軍曹）がグアム島で敗戦後二八年ぶりに発見され、帰国した直後、「なぜ投降しなかったのか」（『文藝春秋』七二・四）で、自身の軍隊体験をはじめて記したときである。（このエッセイは『私の中の日本軍』のなかに、「ジャングルという生き地獄」と改題して収録された。）もっとも七一年四月、山本は、「訳者」山本七平として「イザヤ・ベンダサンと私」（『諸君！』七一・五）を書いている。

敗戦後二八年間も、日本兵として隠れ住んでいたことは、日本人全部にとって驚愕であった。マスコミは、なぜ敗戦が明らかだったのに投降しなかったのか？　どうやって生き延びてきたのか？　等々、まさに「浦島太郎」の帰還のごとく報道したのであった。

横井報道に関していえば、山本は、横井がジャングルではなく「竹林」で生き続けたと知ったとき、「投降」せずに隠れて二八年間生きのびたことを、「不可能ではない」、とした冒頭の言葉に尽きている。叙述の大半は、ミンダナオ島北部の「ジャングル」を迷走し、かろうじて生き残った体験記である。

ベンダサンが提出した「戦争報道」批判に、山本が「決着」をつけた論点に絞って、紹介しよう。

(1)「百人斬り競争」

本書の冒頭に、「東京日日新聞」(一九三七・一一・三〇　朝刊)が資料(1)として掲げられている。

《百人斬り競争!両少尉、早くも八十人

〔常州にて廿九日浅海、光本、安田特派員発〕

常熟、無錫間の四十キロを六日間で踏破した○○部隊の快速はこれと同一の距離の無錫、常州間をたつた三日間で突破した、まさに神速、快進撃、その第一線に立つ片桐部隊に「百人斬り競争」を企てた二名の青年将校がある。

無錫出発後早くも一人は五十六人斬り、一人は廿五人斬りを果たしたといふ、一人は富山部隊向井敏明少尉(二六)=山口県玖珂郡神代村出身=。一人は同じ部隊野田毅少尉(二五)=鹿児島県肝属《きもつき》郡田代村出身=。銃剣道三段の向井少尉が腰の一刀「関の孫六」を撫でれば野田少尉は無銘ながら先祖伝来の宝刀を語る。

無錫進発後向井少尉は鉄道路線廿六、七キロの線を大移動しつつ前進、野田少尉は鉄道線路に沿うて前進することになり一旦二人は別れ、出発の翌朝野田少尉は無錫を距る八キロの無名部落で敵トーチカに突進し四名の敵を斬つて先陣の名乗りをあげこれを聞いた向井少尉は奮然起つてその夜横林鎮の敵陣に部下とともに躍り込み五十五名を斬り伏せた。

その後野田少尉は横林鎮で九名、威関鎮で六名、廿九日常州駅で六名、合計廿五名を斬り、向井少尉はその後常州駅付近で四名斬り、記者等が駅に行つた時この二人が駅頭で会見してゐる光景にぶつかつた。

向井少尉　この分だと南京どころか丹陽で俺の方が百人くらゐ斬ることになるだらう、野田の敗けだ、俺の刀は五十六人斬つて歯こぼれがたつた一つしかないぞ。

野田少尉　僕等は二人共逃げるのは断らないことにしてゐます、僕は○官をやつてゐるので成績があがらないが丹陽までには大記録にしてみせるぞ。》（続いて同紙三七・一二・一三が資料（2）「百人斬り〝超記録〟　向井　106―105　野田両少尉さらに延長戦」としてある。）

「百人斬り競争」は、山本が詳細に検証しているように、実行不能である。

しかし、二人の「おおホラ」ではなく、少人数の「人斬り」は可能か？　可能だろう。だが、少人数を斬り殺しても、「戦意高揚」にはならない。「南京大虐殺　八万人」（大本営発表）という空前の「虚報」の前哨戦にはならない。

戦前、「戦意高揚」をはかる目的で報じられたさまざまな「大本営発表」＝「虚報」があった。どんな時代・どの国・どの地域の戦争でも、大小の「大本営発表」（「権力を持つ側が一方的に流す、自らに都合の良い情報。」広辞苑）がある。日本敗戦後、この大本営発表＝「虚報」に対して、「われわれは欺された」というブーイングがいっせいに鳴らされた。

日華事変中の一九三七年、戦意高揚という目的で報じられた、「百人斬り競争」や「南京大虐殺」（「南京攻略戦の敵の遺棄死体八万」大本営発表）もその「虚報」の代表例である。ところがこの「虚報」が、戦後は、日本の「侵略」性や軍の残虐性、すなわち戦争犯罪を立証する「証拠」

として、日本のマスコミによって取りあげられた。その代表例が、本多勝一（一九三二〜）であり、新井宝雄（一九一九〜九六）である。この二人に正面から挑んだのが、山本七平であった。山本の日本軍批判は、日本の構造批判だけでなく、進歩的ジャーナリズム批判にまっすぐつながってゆく。

（2）「直接証言」

本多勝一（朝日新聞記者）批判はベンダサン『日本教について』で、新井宝雄（毎日新聞記者）批判は『ある異常体験者の偏見』でもおこなわれている。

本多と新井は、ともに、「文化大革命」の混迷のなかにあって、毛沢東路線と紅衛兵の「大本営発表」をほとんど無批判的に擁護していた、無数のジャーナリストや学者の一人である。

「百人斬り競争」のネタ元とされた、野田少尉と向井少尉は、戦後、どうなったのか？　たんなる虚言者ですんだのか？　そうではない。「百人斬り競争」記事を証拠に、「戦犯」でつかまった。ところが本多勝一は、「百人斬り競争」を事実として、それも悪質な「殺人ゲーム」としてとらえ、こんなことまでいっている。

これが「虚報」か「事実か」を決めるためには、

《最後の手段として、この二人の少尉自身に、直接証言してもらうよりほかはありませんね。でもそれは物理的にできない相談です。二人は戦後、国民党蒋介石政権に逮捕され、南京で裁判にかけられました。そして野田は一九四七年十二月八日、また向井は一九四八年一月二十八日午後一時、南京郊外で死刑に処せられています（注＝この日時は誤り）。惜しいことをしました。ともうしますのは、それから間もない一九四九年四月、南京は毛沢東の人民解放軍によって最終的に現政権のものとなったからです。もしこのときまで二人が生きていれば、これまでの日本人戦犯に対する毛沢東主席の扱いからみて、少なくとも死刑にはならなかったにちがいありません。そうすれば、当人たちの口から、このときの様子を、詳しく、細かく、全部、すっかり聞いて、ベンダサンにもお知らせすることができたでしょうに。》（『諸君！』本多勝一「雑音でいじめられる側の眼」）

1. 被告本人の直接証言が、事実か虚報かの決め手になるというのは、聞いたことがない。ところが本人の「証言」、「百人斬りは事実ではなかった」は、あったのだ。本多は「死人に口なし」を口実に、虚実判定の根拠はなくなったとする。とんだインチキだ。

2. その上、南京蒋介石政権が二人を死刑にしたのであり、中共毛政権なら死刑にしなかっただろう、などとうそぶいている。（南京政府なら、「反証」さえあがれば、有罪でも、死刑判決はなかった可能性はある。しかし中共政権なら、もし死刑が回避されたとしても、徹底的な自己改造＝「洗脳」を条件としただろう。）

3. 裁判はあったのだ。「殺人罪」は身に覚えがない、と向井は直接証言したのだ。それを裏付けるため、「記事は嘘だった」、と浅海記者に証言してもらうほかない、と（向井は面会に来た弟に）訴えた。浅海は、向井の訴えに応じたものの、記事は二人から「聞き取った」もので、直接現場を目撃したものではない、と（手紙で）「証言」した。つまり、「百人斬り競争」が事実であったかどうかの判断を「カッコ」に入れたのである。「保身」のためだ。

4. いうまでもないが、戦前、各報道機関を通じて伝えられた「虚報」の根元にあったのは、「大本営発表」である。戦後、その「虚報」を「直す」役割が、報道機関にあった。向井・野田両人の「百人斬り競争」裁判の途次、「虚報」を正す絶好のチャンスを、浅海記者に、さらにはそれを載せた「東京日日新聞」＝（戦後改称した）「毎日新聞」に与えたといってよかった。しかし毎日新聞は、戦勝国チャイナ政府（軍事裁判）の「判決」に反証を入れるチャンスを自ら看過しただけでない。戦後三〇年余を経過しても、なお「虚報」を「事実」であるかのように取り繕うとしている。この報道姿勢こそ、「南京虐殺三〇万」に膨れあがり、反日感情を刺激することになる根元にあるものだ。

何ごとであれ、事実を根元から《ラディカルに》洗い出そうというのが、山本七平の「虚報」＝「大本営発表」批判の根本にある論点だ。

4『洪思翊中将の処刑』

著者は本書を「伝記」ではないという。とはいえ、これほどの「評伝」はあまり目にしたことはない。それほどに異例な人物の異例かつ感動的な伝記（a life story）だ。内容も書く作家の情熱にも感嘆したい。

洪思翊《こうしよく》中将（一八八九〜一九四六・九・二六）、この名前だけでも知っている人は、山本が連載していたとき、さらには単行本として出版されたとき、どれほどいただろうか？　二一世紀に入るまで、山本七平作品を数冊しか読んだことのなかったわたしには、二一世紀以前に、まったく知るところのない名前だった。とはいえ、南方戦線にいた山本も、名前だけしか知ることのなかった人物であったのだ。

（1）本書の概要

山本は、戦争体験三部作で、「帝国陸軍」は異例異境の「社会」ではなく、戦前も戦後も、日本が基本は同型社会で、日本の長い歴史経緯のなかでその構造に基本変化はない、ということを比較対象把握する。（ロングセラー、中根千枝『タテ社会の人間関係』〔一九六七〕がすでに日本社会のタテとヨコの関係を論じている。）

同時に、山本は、日露戦争以降、厳密にいえば、「二・二六事件」から敗戦までの日本は、司馬遼太郎が述べた「鬼胎」（鬼＝異端をはらむ）期であると喝破する。端的にいえば、近衛文麿が心酔したヒトラーの「国家社会主義」（＝戦時共産主義）期であったとするのだ。

1．しかしそんな「帝国陸軍」のなかで、敗戦必至の時期〔一九四四年末〕、バラバラに分断された軍組織のなか、撤退戦を戦っていた比島日本軍の状況下で、洪中将は、その地位（中将）と職務（在フィリピン第一四方面軍兵站［logistics］監〔総監・副総監につぐ〕）につき、それにふさわしい「指揮」を、忠実かつ冷静沈着にまっとうした数少ない一人であった。

2．補給が途絶え、各部隊はそれぞれ武器も食料も人員も「自活」（自力補給）で戦わざるをえなかった時期である。すでにグアム島は陥落し、日本からの補給路は断たれた状況下である。補給で、最も重要かつ困難なのは、食料補給である。これは軍属であれ、戦時捕虜や抑留人であれ、在フィリピン邦人であれ、変わりはなかった。もっとも怖ろしかったのは飢餓である。心身の平衡感覚が失われる。山本七平の体験が、大岡昇平『野火』が、もっとも強く訴えかける点だ。

日本軍は、補給に細心の考慮を払わず、戦端を開いた。燃料食料等の補給確保のために戦火の拡大を余儀なくされた。兵器補給が途絶えると「戦争」は終わる。これは、ドイツであれ、日本であれ変わりはない。食糧補給が長期に途絶えると、戦場は餓死線上になる。まさにルソン島の北部戦線で起こったことだ。この点、洪中将も、山本少尉も、同じ戦線上にいたことになる。

3．洪（中将）は、四四年三月、比島捕虜収容所長（少将）としてフィリピンに赴任し、一二月に兵站監になった。敗戦後捕虜となり、軍事法廷で、捕虜や抑留者の「軍事」使用（労働）や不当待遇、とりわけ不当な食料支給をおこなった等の最高・最終責任者として、訴因一二全部で有罪（三対二、ただし裁判長を除き、判事は二対二）になり、四六年四月絞首刑になった。

本書の過半は、その軍事裁判の記録と解説である。ただし、洪中将は、自分の裁判では、いっさいの弁明をせず、「黙秘」を貫いた。しかし他者の裁判の「証言」では、検察・弁護の質問に答えるかぎりの形ではあったが、自分の責任と非責任あるいは「知らない」等を明確にした裁判記録を残こし、山本の論究が可能になった。

（2）本書の目的

著者山本が本書を書いた最大の目的は、何か？

他でもない、第二次世界大戦において、戦勝国（連合軍と国連）が敗戦国の「戦争犯罪」（戦犯）を裁いた「マニラ軍事裁判」批判である。ひいては、ベンダサンと山本が、その初発から試みてきた延長線上に位置する、「極東軍事裁判」全般に対する批判である。その批判の核心は、

1. 勝者（米軍）が敗者（日本人）を裁く、これが「極東軍事裁判」の基本性格だ。しかしこれが歴史の「常道」（the normal course）である。拒否は困難だ。だがいかなる犯罪であれ、裁くには「法」（基準）が必要だ。ところが第二次大戦の国際軍事裁判では、通常の「戦争犯罪」のほかに、新たに「平和に対する罪」と「人道に対する罪」が追加された。（追加は明らかに罪刑法定主義に反する。）しかも実際には、ドイツの「ニュールンベルク裁判」で用意された「法」を下敷きにしたものだ。

1) だが、日本は、ナチスドイツのように、「ホロコースト」を計画立案し、実行したのではな

い。同一の「法」（法規）で裁くのは、「無法」である。

2）しかも、同じ敗戦国といっても、日独伊は異なる降伏をした。ドイツは「降伏」したのではなく「征服」され、国家（「第三帝国」）死滅したのだ。日本は、イタリアのように「無条件降伏」（山本も本書ではこう錯誤している）したのではなく、有条件（「ポツダム宣言」によって）降伏したのだ。

3）だが日本国民はもとより、大多数の軍人、否、洪中将のような最高位の将官でさえ、発足したばかりの国連で追加された二つの罪を、事前に、知るところがなかった。

2．たとえ「ニュールンベルク裁判」を下敷きにしたとしても、有罪《ギルティ》にできない「戦犯」被告がいた。それが洪中将で、山本は、裁判記録をもとにそれを証明しようとする。ただし洪中将は、自分の裁判で黙秘を貫いた。ただ、他の被告の「証言」者として発言している。その「証言」をもとに、山本は洪中将の「無罪」を、その告発の非根拠を主張（証明）しようとする。

（3）しかしなぜ、本書の主人公が洪思翊中将でなければならなかったのか？

「太平洋戦争」で、日本陸軍の最良部分であり、もっとも「戦犯」として裁かれるにふさわしくない最高級の将官が、なぜ、他でもない朝鮮出身者であったのか、というのが、山本の問題意識である。本書でわたしたち読者が文句なしに「感動」するのは、日本人にはとても無理だと思わせる洪思翊、その人の生き方（life history）である。日本人と、とりわけ儒教精神を共有する、その人となり（personality）である。

1．略歴　一八八九年生まれ。名門の流れをくむとはいえ、ソウル近郷の貧農出身で、早く父を亡くし、兄に育てられた。その教育はすべて官費で、韓国が日本の軍事支配下（日韓保護条約〇五年一二）に入ったとき、一九〇八年大韓帝国の陸軍武官学校に入り、一九〇九年、「日韓統合」を前に、武官学校廃止により、日本陸軍中央幼年学校（国費留学）、陸軍士官学校、陸軍大学卒。朝鮮人の陸大卒は全四人で、洪以外は王侯一族だった。

一九二五年陸軍参謀本部に配属（戦史編纂）、一九三一年陸軍歩兵学校教官、一九三三（〜三六）年関東軍司令部（満洲国軍顧問）として奉天軍官学校担当。一九四一年、華北の歩兵第一〇八旅団長として八路軍（共産軍）と戦う。四二（〜四四）年陸軍公主嶺学校幹事（副校長）。四四年三月（おそらく敗戦覚悟で）比島俘虜収容所長に転属、同年一二月在比第一四方面軍兵站監となって、敗戦を迎えた。捕虜収監、戦犯で逮捕、有罪、四六年絞首刑。

2．学歴、軍歴からは、朝鮮出身をのぞけば、八路軍との対戦以外、主として学校（教官）畑を歩いたとはいえ、少尉を皮切りに順調に昇進を重ね中将（朝鮮人では二人）になった、典型的なエリート日本軍人である。

軍事裁判で、検察側は、洪が、高官なのに、重要なポストを任されなかった、民族差別を受けた軍人である、と指摘した。だがそうではない。軍には「忠誠」を尽くし、仕事には忠実で、もちろん部下の信望はことのほか厚かった。

3．韓武官学校、日幼年・士官学校さらには陸大の朝鮮出身者の大部分が、排日、抗日、反日闘争に立ち上がったのに対し、洪は日本軍の一員を生涯まっとうした。では、洪は朝鮮民族独立を否定する「裏切分子」か？　日本軍の「走狗」か？　山本の見るところ、まったくそうではない。

洪もまた、友人たちとは別な道を通って、韓帝国の再興（朝鮮民族の独立）を心中深く期していたことはまちがいない。（日本の敗戦、韓の独立を予測し、そのために地下活動をしていた、という確定的事実はない。だが、創氏改名をせず〔「私は朝鮮出身の日本国民です」山下大将裁判の証人発言〕、旧韓国の「軍人勅諭」を生涯もっていた。また旧韓国武官学校の友人たちの非・抗・反日活動を「援助」していた「証拠」なら見つけることができる。）

もっと重要なのは、日本陸軍のもっとも良心的部分を担ったのが、朝鮮人日本人、陸大出の洪思翊中将である、と部下だけでなく、多くの上官、同僚が証言している、と山本は示す。洪は、一身にして二国に仕えた。「二心者」としてではない。なぜそんなこと（矛盾）が可能だったのか？「盾」と「矛」の関係を、時間差《タイムラグ》としてつかむからだ。事実、日本軍でその任務をまっとうすることは、すなわち日本軍への忠誠を尽くすことは、日本の敗戦後、韓国再興に忠誠を尽くすことにつながる、という予測のもとでであった（と山本は推察する）。これこそ、日本人に欠けた時間感覚である。

そんな洪は、「平常心」を失うことなく、自分に課せられた軍人としての任務をまっとうした。だが、日本の敗戦後、故国に帰ってなすべきこと（故国の独立・復興）と思っていたことが、軍事裁判で阻まれた。日本軍の錯誤を一身に担った形に終わった。これも将官らしい処し方をまっとうした、といえる。だが、韓国人多数からは、日本に加担しただけの、処刑されて当然の人、とみなされてきたのだ。

最後に「終章」で山本が記す言葉を引用したい。

《当時の日本と韓国との関係において、洪中将が頭に描いていたのはおそらくイギリスとアイルランドの関係なのである。確かにこの両国の関係も複雑であり、今でも複雑ではあるが、たとえ完全とはいえなくとも第一次大戦後に行われたような平和裏の独立を、韓国と日本の関係として望んでいたのではなかろうか？　ある意味でアイルランド問題の処理は、第二次大戦後における英植民地の平和裏の独立と、相互対等の英連邦の構成を予見さすものであった。だがそれを行うには、日本はあまりに政治的に未熟であった。「事、志と違って」という洪中将のフィリピンから〔息子〕洪国善氏への手紙や最後の「詩編」朗読の依頼は、そのことを語っているのかも知れない。》

Ⅲ　戦後思想の異例

第1章　異例の日本人

1　戦後思想の例外者か

戦後思想・哲学を彩るさまざまな群像の間で、トップランナーにしてもっとも異例かつ偉業をなしとげたのが山本七平である。拙著『日本人の哲学1』1「哲学者列伝」で、山本を含めて、わたしが戦後五大哲学者としてかかげた吉本隆明、小室直樹、丸山真男、司馬遼太郎と引き比べてみれば、その人生経路、思想形成、知識人としての進出と社会的評価等々、どれをとっても、他といちじるしく異なるといえる。まずは簡単に要約しておこう。

（1）論壇すなわちマスコミに鮮烈登場したその異様さである。

処女作『日本人とユダヤ人』（山本書店　一九七〇）は、零細書店から、まったく無名のイザヤ・ベンダサンというユダヤ人を名乗っての登場であった。しかもこの本、明らかに、戦後日本の「平和」（＝「非武装中立」）と「民主主義」を是とする「進歩」思想を領導した、欧米あるいは共産ロシアを「モデル」とする「日本はダメだ、遅れている」という主張と、憲法九条に体現されている「絶対平和主義」とに、一見すればやんわりと、だが断固たる調子で「訂正」を持ち込んだのだ。朝日新聞と岩波書店の出版物に代表される「進歩的文化人」の代弁者たちが、戦前の「ファッシズム」への道を掃き清める書であると断じ、いっせいに色めきだした。

（2）その爆発的な売れ行きである。

この本は、キリスト教関連の翻訳書を主体とする弱小出版社（山本書店）からの刊行にもかかわらず、一九七一年（昭和四六）のベストセラーNo．1（六二万部）となった。そして七二年に文庫本化されて三〇年余、あわせて三〇〇万部を優に超えるロングセラーになっている。今後とも、日本人論の中核に位置する、と断定していい。

一九七〇年代の初頭である。すでに衰退の道を歩み始めたとはいえ、まだ戦後「進歩的」知識人が「闊歩」していた時代だ。小出版社から出た、少部数（初版二〇〇〇部）の目立たない本である。売れなかったなら、路傍の石のごとく無視され、忘れ去られただろう。だが、そうはならなかった。

しかも、著者は無名である。インチキ本であるかのような扱いで、本多勝一（朝日新聞記者）などの批判対象になる。しかし、ベンダサンの反論が秀逸だった。それが注目され、またまたマスコミの評判になった。

（3）ベンダサンの後を受けて登場したのが、山本七平である。ベンダサンと異なるのは、山本の言説が、きわめて「異常」な体験、軍隊生活に根ざしていることであった。事実、山本は、終生、「私はイザヤ・ベンダサンである。」とは言明しなかった。

ただし、山本はベンダサンと同じように、日本は他のどの国よりも「平和」で「自由」で「平等」で、「暮らしやすい」国である、と主張した。日本の特質だ。そして、よくいわれるように、山本が七二年からはじめ八七年で終わる著作（著者）活動のすべては、この処女作『ある異常体験者の偏見』の中に胚胎している。

もし進歩的文化人が、この処女作を、そして平行して連載された『私の中の日本軍』（一九七五）をはじめとする著作を、冷静に読み取ることができたなら、山本の中に、戦前の「皇軍」思想、「大日本主義」のもっとも強力な批判者を「発見」することができたに違いないのである。

読み取ろうとしなかった実例をひとつだけあげよう。

作家井上ひさし（一九三四～二〇一〇）は、『日本人とユダヤ人』を、刊行二五年後に、したがってすでにクールに読み取る時期がきていたときに、雑誌『文藝春秋』で取りあげ（『ベストセラーの戦後史2』文藝春秋　一九九五　所収）、論評した。

井上は、著者ユダヤ人ベンダサンが冒頭、日本人は「安全と自由と水」はただで手に入ると思い込んでいるが、そうではない、と記した。この紛れもない「歴史事実」の指摘に衝撃を受けた（かのように）井上は、だが世の中にはせっかちな人がいて、訳者山本七平もその一人だが、「安全」は「防衛力の増強」で獲得できる、といいだした、と書く。

「安全は自力《セルフ・ヘルプ》で」というのが著者（ユダヤ人）と訳者（日本人）に共通な意見だが、井上は、著者（ユダヤ人）が訳者（日本人）に雷を落とすに違いない、と推断する。とんだ当てこすりだ。これほどの誤読はあるだろうか。
（4）山本は、吉本隆明、丸山真男、小室直樹と異なって、いかなる思想的系譜ももたない、独立独歩の思想家である。たしかに「先生」をもたない思想家はいる。必ずしも稀ではない。司馬遼太郎がそうだろう。しかし、山本をのぞく戦後思想の巨人たちは、直接間接にかかわらず、推挽者《パトロネージ》を、多くの弟子、あるいは追随者をもっている。山本には、「派閥《スクール》」はもとより、追随者もなく、一人の推挽者さえいなかった、といっていい（だろう）。

じゃあ、山本の諸説は一代で根絶えるのかというと、まったくそうではない（だろう）。（だろうといって、断定できないのは、もし日本が戦前のような軍・官僚主導の国家にならないという前提条件がつくからだ。）

だれも、山本が「はじめて」はっきりと述べたということを知らずに、その諸説を「あたりまえのもの」として用いてゆくだろう。山本の言説は、日本の、世界の「常識」になってゆく力をもっている、といっていい。

（5）ただしこの本、一九七〇年代という新しい歴史ステージに日本が立ち始めたときと符丁を併せるように登場したことを忘れてはならない。まさに時代の産物であったのだ。

端的にいえば、「安全と自由と水」はただではない、ということが日本人の共通事実として認識されずにはおれない時代に突入していったからだ。

もっとも、この書、一九七〇年代がもう一つの新時代の入り口であることをまったくといっていいほど理解していなかった。「生産中心主義」の社会から「消費中心」の社会への入り口であったことだ。わたしがとりあげた戦後五大哲学者のなかでは、この時代変化《エポック・メーキング》を吉本隆明が明確に認識し、小室直樹が気づいていた。司馬、丸山は、むしろこの時代変化を否定的なものとみなしていたといっていい。

2　日本人の共通意識の「空隙」を衝く

『日本人とユダヤ人』は、異例な取り扱いで、日本のマスコミ・論壇界に現れた。そのため、その真意がきちんと読み込まれることが稀であった。本書は、ベネディクト『菊と刀』（一九四六　邦訳一九四八）を典型とするような、ご都合主義（opportunism）の日欧比較論を述べているふやけた本に違いない、という印象を読者は長らく持ち続けてきたのである。その印象は、いまも消えたわけではない。

しかし、この本をはじめとして、ベンダサンと山本は、終始一貫して剛直な、むしろ、吉本隆明や小室直樹とは違った意味で、「論理」で筋を通す、通常の印象では「論理」に凝り固まったかのような、議論を展開していることが、一読すれば判然とする。

『日本人とユダヤ人』は冒頭から日本人の胃の腑をつく論理を展開する。ベンダサンはいう。

ユダヤ人にとって、「安全と水」は、生命を賭け、自分の収入の大部分を費やして獲得しなければならないものであった。ところが、日本人は、安全も水も無料で当然と思って生きてきた。戦後に関してだけではない。日本の歴史全般を通じてである。これは、日本が安全と水は無料で手にはいると信じ切れる状態におかれた結果で、ユダヤ人にとってはため息が出るほど羨ましい、幸せな状態に因がある。しかし、「過ぎたるは及ばざるが如し。」なのだ。

日本は豊かである。日本は安全である。日本は自由である。日本は平等である。高度な文化をもっている。歴史の長い他国のどの国と比較してもである。ところが、どうだろう。日本人の多くは、建国以前からずーっと対チャイナに対して、明治維新以降は欧米に対して、敗戦後は欧米露に対して、自国を小国で、資源もない、貧しい国だと思い、抑圧的だ、差別がきつい、低劣文化国だとみなしてきた。どうしてなのか？　過ぎたるは及ばざるが如しだからだ。日本は安全すぎるから、安全の重要さがわからない。自由すぎるから、自由の貴重な意味が自覚できない。等々。山本はこういうのだ。

しかし、ベンダサン（山本）は日本例外論＝優越論を、かつての「八紘一宇」論のように語ろうというのか？　まったく逆だ。「八紘一宇」論の徹底《ラジカル》批判者なのだ。同時に、日本と日本人は、過去も現在も、自国と自国民の「長所」を看過しているという。ということは本当の「欠陥」に気づいてこなかった、ということになる。

たとえば、日本人＝政治天才論である。ベンダサン（山本）はいう。

「朝廷・幕府併存」は、約七〇〇年続いた日本独特の政治制度である。戦前、この制度は、「国体にもとる」といって、できることなら消し去りたいものだ、とみなされた。戦後は、「封建制」の一言で片づけられた。ところが政治すなわち行政・司法を、宗教・祭儀・行政・軍事・宮廷生活というカオスの中から独立させたのが、日本の政治制度であり、独創なのだ、と。

しかも、恩田木工（『日暮硯』）を例に挙げ、政治という実務が、為政者と被為政者の相互信頼関係に求める「理外の理」で執りおこなわれる日本独特の手法を、政治天才の「技」（art）とみなすのである。二権分立もできず、信頼関係にもとづいて政治を執りおこなうこともできないできたユダヤ人こそ、政治低能に違いない、とベンダサン（山本）は断じる。

ただし、日本人の政治天才が、「談合」や「既成事実」をもととする、なれ合い政治と無責任体制を生み、結局、国策を誤る因となった、と主張する。その最たる現実が独伊と結び、対米開戦に導くことになった、として主張するのだ。

長・正（義）は短・負（悪）を含み、条件次第で、短・負（悪）に転化する。この逆もまたある、というのだ。これこそ「弁証法」である。この議論に、論理と歴史事実でもって反論できる人がいるだろうか？

3　丸山政治学に対する最強の対抗者

(1)　実は、一九七〇年に突如という形で登場したベンダサンならびに山本七平の諸著作こそ、それまで戦後日本の思想界を支配してきた丸山真男を典型する、日本近代未成熟論とでもいうべき日本（人）と日本歴史に対する理解の、死亡宣告書であったのだ。
近代欧米の範型とは違う日本の歩みのなかに、マイナス日本の現実と歴史を読み込む愚を演じてきたのが、丸山流の日本の歴史・自己意識であった。その錯誤を批判したのが、山本である。ただし山本には先行者がいた。

丸山流とその亜流にやんわりと治療困難という診断カルテを送り続けたのが、司馬遼太郎であった。山本は、回復不能な死亡診断書を記したわけだ。山本が日本の政治学界と歴史学界に黙殺された理由である。山本は、日本の敗戦が国家社会主義（＝戦時共産主義）の崩壊であると主張し、敗戦後、共産ロシアや共産チャイナをはじめとする国家社会主義国の存続不能を確信していた。後知恵の類だが、社会主義国の「死」と山本の死が同時であったことは、わたしにとって、偶然の符合だとはとても思えないのだ。

司馬遼太郎は、一九六〇年代から、日本の歴史を通貫するほどの膨大な時代小説群を通じて、日本と日本人の総体的な読みかえ、書き換えを、「やんわり」（mild）とした形で、「読み物」を通しておこなってきた。対して山本は、同じ主意の作業を、正面突破を図るような勢いで、しかも短期間に敢行したといっていい。さらにいえば、司馬が正面から取りあげようとしなかった「南北朝と天皇」を、取りあげようとして書くに至ら（書け）なかった「戦争体験」（とりわけ「ノモンハン事変」）、さらには天皇論（とりわけ「昭和天皇」論）を、山本は正面から書いた。偉業である。

（2）その司馬も山本も、日本の哲学や思想を論じるスタイルが従来形とまるで異なる。

丸山はつねにすでに一定の評価がある一流の学者・思想家・言論人とその著作を考究の対象にする。といってもその分析支点は、ヘーゲル哲学のように装いながら、ヘーゲル主義流マルクス主義である、フランクフルト学派（とりわけボルケナウ『封建的世界像から市民的世界像へ』一九三四）のものである。「亜流」を免れえない。対して、司馬は、時代小説《フィクション》の骨法を薬籠中のものにし、その主人公、たとえば信長に、坂本龍馬に仮託して、あるいは大村益次郎（村田蔵六『花神』）や松本良順（『胡蝶の夢』）を通じて、日本近代を切り拓いた革命の哲学を語る。山本の場合はいっそう極端に見える。

「日本革命の哲学」を北条泰時で、「日本資本主義の精神」を鈴木正三で、「政治の天才」を恩田木工で論じるというように、日本思想史にいちども顔を出したことのない人物やその関連著作を考究・分析対象にし、その論じ方もまったく異例かつ独創的である。一見して、奇説あるいは奇策かな、とも思えるほどにだ。

しかし、朝廷・幕府の併存をはじめた北条泰時を登場させた『日本的革命の哲学』（一九八二）や、商業性悪論を批判し勤労の意欲を持つ「人間」の登場を促した石田梅岩（心学）の先駆者である鈴木正三を論じている『日本資本主義の精神』（一九七九）を一読してみるといい。その主張が、「独創的な意見」が共通にもつ「強引」さと「硬直」さがなく、なるほどそうか、そうだろうな、というように異論これなきがごとく胃の腑のなかに落ちてゆくのである。

（3）しかもこの『日本資本主義の精神』は、小室直樹の名著『ソヴィエト帝国の崩壊』（一九八〇）年とともに、にわかに知識人が読んだり論じたりするのさえはばかられた「カッパ・ビジネス」ブックの一冊として登場したのだ。さらにいえば、この本の書題は、たしかにマックス・ヴェーバー『プロテスタンティズムの倫理と資本主義の精神』を引いている。しかし、ヴェーバーの著作は、マルクス『資本論』と同じように、素人はもとより学術専門に精励した人間でも嚙み砕くことの困難な著作である。咀嚼不能な、致命的な欠陥を含んだ書とでもいうべきものだ。嚙み砕くためには、小室直樹のように、ヴェーバーを換骨奪胎、つまりは発想や表現法を一部取り入れるだけで、まるまる「翻案」しなければならない。小室と違って、山本は「表題」のみを借りたのであって、その内容はまったくの独創であるといっていい。

山本『日本資本主義の精神』は、江戸初期の鈴木正三や江戸中期以降の石田梅岩の著作と同じように、学術専門家以外が読み・解することが困難な学術書の体裁を最初から捨てている。農・工（職）・商人なら、ビジネスマン・勤労大衆なら、だれもが読み解することが可能なマナーで書かれている。このマナーは、山本の全著作に貫かれている。素晴らしいが稀だ、といわなければならない。

4　異例の戦争体験者

ベンダサンと山本七平を「同一人」の作家《オーサー》とみなしてはならない。その最大の違いは、何度もいわなければならないが、「戦争体験」の有無にある。「体験」といっても、「戦争」にいった、「苦渋」をなめた、という類のものではない。戦争に「通有」(commn)ではない「稀の稀」な「体験」、忘れようとしても忘れることはできないが、語ることが困難な、ましてや書くことはさらに困難な類の「体験」、であった。

山本七平が論壇に名前を登録したのは、ベンダサン『日本人とユダヤ人』の訳者であり、刊行者としてであった。しかし、作家山本として論壇に登場したのは、グアム島のジャングルから帰還した横井正一(元軍曹)の「報道」の「誤り」を正すという形のエッセイ体裁をとりながら、山本がルソン島のジャングルから帰還した兵、異常な戦争体験者であることを示唆した論稿である。その異例ぶりを、戦後の代表的な思想家(哲学者)と比較しておこう。簡略だが、ちがいは決定的だ。

(1)丸山真男(一九一四〜一九九六)――「学者でもなく、思想家でもなく」

丸山真男は、一九三九年に新設された東大法学部政治学史第三講座(東洋政治思想史)の非常勤講師、津田左右吉が、蓑田胸喜等国粋主義者の攻撃を受け、辞職、起訴された後を受け、四〇年六月、第三講座の助教授となった。二七歳である。その丸山が、四四年七月、召集を受け、朝鮮平壌(第一航空教育隊)にゆくが、九月、脚気のため、内地送還。四五年三月、広島の船舶司令部に応召、船舶情報等の収集に当たる。八月六日、原爆に被爆。九月一二日、召集解除。三三歳。

丸山真男は、船舶ならびに国際情報を収集する仕事に携わっていたこともあって、負けた後の日本についてはおおよその見当はついていたが、負けるまでどういう具体的な道程を辿るかはまるで混沌としていた（飯塚浩二『日本の軍隊』一九五〇 所収）、と語っている。

民主制に対立するのは共和制である。民主制と君主制は共存できる。これが丸山の（戦前すでに到達した）学的抽象的意識だ。だが、現実には、日本天皇制は超国家主義として（も）存在した。許すことはできない。「民主主義に賭ける。」これが「戦争」体験者・現実感覚者、丸山の意識である。この二重意識《コンプレックス》を、吉本隆明は「学者でもなく、思想家でもなく」（『丸山真男論』一九六三）と表現した。秀抜である。「二重性」は中途半端を指すのではない。いずれかに還元不能な、丸山の「劣性」とともに、「優越性」を示す指標であるとした。丸山は、「学の革新」などと称しながら、研究室を封鎖し、貴重な研究成果や文献を踏みにじった学生を、見逃さず、見咎め、体当たり（＝現実的対応）を敢行するほどの「教授」だった。ここに、吉本は「戦中（転向）派」とも「獄中非転向派」とも違う、丸山の独自性を見いだす。

（2）司馬遼太郎（一九二三〜一九九六）――「戦争」を正確に語らない？

一九四三年一二月、学徒出陣、加古川の戦車第一九連部隊（幹部候補生）入営、四月満洲戦車学校入校。一二月同校卒、牡丹江省石頭の戦車第一連隊に配属（中隊の第三小隊長）。四五年、本土防衛のため、機動決戦兵団第三六軍が編成され、五月、栃木県佐野市に移駐。九月、戦車第一連隊解散。自宅は三月の大阪大空襲で全焼。

司馬の論説《エッセイ》にも、体験談にも、戦争中にかんする「肯定的な評価」はほとんどない。基本は、シベリア出兵（一九一八〜）から始まる大正・昭和の戦間期を、「鬼胎」で済ませている。しかも、そこに司馬自身の「戦争体験」をも同位・混入させているように思える。

たしかに、日本軍の戦車（部隊）は、独露米の戦車隊と対比すると、ブリキの戦隊であったといえるし、補給＝燃料（石油）がなければオモチャの戦隊でもあった。敗戦は必至であったし、兵は消耗品であった。ここまでは、山本七平と同じ認識である。だが、日本軍と日本国は、同型組織であり、基本システムは国家社会主義であり、日本国民の圧倒的多数がそれに同調していた、という認識を、司馬は（なぜか？）覆い隠している。

ここに遺憾ながら、司馬が、「戦時」を、さらには「戦前」を、「暗黒時代」と称する、戦後民主主義・平和主義派の神輿として担がれる因が、ある。

（3）吉本隆明（一九二四〜二〇一二）——ロマンチックな「軍国青年」

吉本もまた「軍国青年」だった。拙著『吉本隆明論』（一九九〇）の冒頭からの引用で代えたい。

「吉本隆明と同じように、二〇歳で敗戦をむかえた者はたくさんいる。当時は特権的身分であった大学生（吉本は東京工業大学生）で、しかも勤労動員先の工場で、天皇の詔勅と対座した者はそれほど多い数にのぼるまいが、稀だったわけではない。そして後に、吉本は次のような感想をのべているが、それも敗戦時の心情としてごく平均的な青年のものだとみなしてよい。むしろ程度を過すほどにはロマン主義的情緒に支配されていた、といった方がよい。」

《敗戦の日、わたしは動員で、富山県魚津市の日本カーバイトの工場にいた。その工場には、当時の福井工業学校の集団動員の学生と、当時の魚津中学校の生徒たちがいた。わたしは天皇の放送を工場の広場できいて、すぐに茫然として寮にかえった。何かしらぬが独りで泣いていると、寮のおばさんが、「どうしたのかえ、喧嘩でもしたんか」ときいた。真昼間だというのに、小母さんは、「ねてでなだめなさえ」というと蒲団をしき出した。わたしは、漁港の突堤へでると、何もかもわからないといった具合に、いつものように裸になると海へとびこんで沖の方へ泳いでいった。水にあおむけになると、空がいつもとおなじように晴れているのが不思議であった。そして、ときどき現実にかえると、「あっ」とか「うっ」とかいう無声の声といっしょに、恥羞のようなものが走って仕方がなかった。

八月十五日以降の数日は、挫折感のなかの平常心のようなものであった。せっかくつくった中間実験工場の設備をこわしたり、工場の石炭を貨車につみこんで運んだりする作業をやった。無表情、無感情で、まさに生きながら死んだものとは、こういう具合でなければならない典型的な貌をしていた。何かの拍子に笑いがかえってくると、ひどくはずかしい気がした。わたしがリアリスティックに現実を認識するとは、どういうことかを、まなんだ最大の事件は、敗戦である。》

（「戦争と世代」一九五九）

吉本の思想家としての真っ当さは、《すべての思想体験の経路は、どんなつまらぬものでも、捨てるものでも秘匿すべきでもない。それは包括され、止揚されるべきものとして存在する。もし、わたしに思想の方法があるとすれば、世のイデオローグたちが、体験的思想を捨てたり、秘匿したりすることで現実的「立場」を得たと信じているのにたいし、わたしが、それを捨てずに包括してきた、ということのなかにある。》（「過去についての自註」一九六四）としたこと、実行したことだ。山本七平の行程と同じだ。

（4）小室直樹（一九三二〜二〇一〇）――「軍国少年」

小室直樹の「戦争」体験についても、引用で代えよう（ざるをえない）。もっとも小室のことをよく知る弟子の橋爪大三郎がいう。

《小室直樹さんは、典型的な軍国少年でした。

日本が太平洋戦争に負けたとき、一二歳（数えで一四歳）だったのですが、なぜ日本みたいな賢い国が負けたんだと切歯扼腕した。このときアメリカが原爆を落として、最終的に戦争に決着をつけたわけですが、そのときの科学技術と文明の総力において日本をはるかに凌いでいたという悲しい現実と、小室さんは直面したわけです。

だから、精神だけではどうにもならない。この日本を救うには具体的・科学的な知識の裏付けによって解決する必要があると思ったのです。そこで彼は、自分も原爆をつくろう、原爆がもう古くさいのなら、もっとすごいものをつくろう。それには京都大学の湯川秀樹さんの理論物理学、素粒子論があるではないかと思い立ち、……壮大な志を抱いて京都大学理学部を志望したわけです。》（橋爪大三郎・副島隆彦『現代の予言者。小室直樹の学問と思想』一九九二）

四人が四人とも、それぞれの世代を代表する体験である。それをどう意識したのかで分かれるが、山本の「戦争体験」と比較すると、隔絶して「平凡」であり、「戦時認識」と比較すると、「凡庸」ではないが、「通常」である。

第2章　「賢者」と呼ぶにふさわしい人

1　論争の人

山本七平を「論争の人」というと、意外な感じをもつだろう。たしかに論争というと、あるテーマについて対論者が丁々発止とやり合う、という場面を想定する。言葉の戦争だ。しかし、武による戦争であれ、文による戦争であれ、実際の衝突を起こさずに、ほとんどの場合は相手に弾の尽きるまで攻撃させながら、相手を押さえ込むのが最上の「戦い方」である。賢いやり方（a wise policy）である。まさにこの伝を行くのが山本である。相手におのずと沈黙を強いるという行き方だ。

たとえば、「統帥権の干犯」問題である。

戦前の日本は、司法・立法・行政それに統帥の四権分立国家とでもいえる状態だった。したがって政府は軍を統制できず、軍の暴走を招いた。これが一般常識だ。

ところが、統帥権の独立を主張したのは、最初、明治の先駆者で民権派、人権派といわれる人々、たとえば、福澤諭吉、植木枝盛たちだった。明治新政府が軍力で反対勢力を圧服させたからである。軍隊を使って政治運動を弾圧する能力を、政府から奪う目的をもって、統帥権の独立を主張したのだ。

ついで、「統帥権の干犯」を主張したのは、野党政友会の犬養毅や鳩山一郎であった。浜口内閣が、天皇陛下に無断で軍縮条約を結んできたからだ、ということを口実にだ。このように、その意味するところは違うが、統帥権の干犯を振りかざしたのは、反政府派であり野党だった。ともに政府の軍部支配（シビリアンコントロール）を否定したのである。政府のやることなら何でも反対するという野党や革新派の姿勢は、戦後もまた一貫している。

「統帥権の干犯」に対して、戦後の野党をはじめとする反権力派がこぞって反対する。しかし、このテーマを、政治の舞台に踊り出させたのは、政府のやることになら何でも反対する野党だったのだ。同じような事例は、戦後にないか？　ある。

戦前、野党が「統帥権の干犯」の旗を立てて反政府に突き進む背後に、革新官僚と軍部（軍のトップもまた官僚である）の存在があった。あげく、政党政治は窒息せしめられた。敗戦後、野党とマスコミは、反政府だけでなく、反国家の方へ傾いていった。その背後に、それを誘導してゆく占領軍の政策があった。反政府は野党として当然だ。しかし、野党はもとより、戦前の「国家の重圧」にこりごりした国民の中にも、反国家であることが野党の存在理由であるというような錯覚が生まれたのである。日本の国家的統合を殺ごうという占領軍の政策が成功した例である。「統帥権の干犯」問題や、戦後の占領軍による「反国家」意識の醸成問題は、山本の新しい問題提起と解答であり、それらの問題に対する従来の誤った見解に決定的な訂正を迫るものである。

2　歴史・具体の人

戦後思想、とりわけ哲学に共通するもっとも大きな欠陥は、歴史センスと歴史認識の欠如である。山本七平は、どんなに抽象度の高いテーマを扱っても、つねに歴史経験や具体的知見をベースに述べようとする。こんな具合だ。

たとえば「一世一元、元号法制化反対」である。

過去の天皇制批判もそうだったが、どうして「天皇をパーレビ帝のように国外に放逐し、日本共和国を造れ」と主張しないのか。これに比べれば、天皇制に対するさまざまな反対などは、枝葉末節に等しくなる。天皇制を廃止して共和制を採用すれば、「元号法」問題など一挙に消滅してしまう問題ではないか。どうでもいい付属品とは対決する姿勢を取るが、その中心は不問に付す。これは日本の反政府勢力の常道で、欧米やチャイナから見れば、まことに奇妙な態度である。

なぜこうなるのか。決定的な対立で混乱が生まれれば、社会機構は麻痺する。人々の生活が麻痺してしまう。それはできないし、人々はそういう状態を望んでいない。だから、「あの程度なら安全だ」と思ってもらえる範囲内で、改革のジェスチャーで示そうとするのだ。（『「あたりまえ」の研究』一九八〇）

事実、日本の「反体制思想」と思われているもののほとんどは、山本が指摘するタイプに収まるではないか。

しかし、この日本的「反体制」人に共通の態度を、山本は否定的な要素とばかりみなしているのか。そうではない。

日本に、一度も国家を二分するような対立が生まれず、（「壬申の大乱」をのぞいて）大きな内戦も生じなかった。日本と日本人は、国家的統合が根本から揺り動かされるような歴史をもたないのである。源氏と平氏の「内戦」も、頼朝がゼロ対百の力の差からはじめた「挙兵」から、わずか五年の間にけりがついた。たしかに、応仁の乱を境にして、日本の歴史は新しい段階を迎えたということはできる。しかし、戦国乱世とは国家統一（「天下一統」）をめざして日本全部を巻き込んだ高エネルギーの渦潮の類だった。だから、そのエネルギーが尽きる尖端にあたる天下分け目の関ヶ原の合戦も、たった一日でけりがついた。それから二五〇年あまり、内乱は起きていない。政権が交代した明治維新は無血革命である。「内戦」も散発的でわずか一〇年で終焉した。日米決戦に敗れても、「内乱」はもとより革命らしきものも生まれなかった。

国家破壊にいたるような内乱がなかっただけではない。いかなる内乱も、国家や国民を疲弊に導く結果に終わっていない。応仁の乱（一四六七〜七七）以降の一〇〇年余、世に「戦国時代」といわれるこの時代、日本の国力は倍増し、信長・秀吉の時代は世界最強の軍事力を誇る国になったといっても過言ではないのだ。つまり日本の最強軍事力は、その経済成長力に支えられていたのだ。

こういう国家の歴史経緯は、外国から見ると、まったく稀で奇異なこと、と思える。しかも、日本は旧態依然としているのではない。日本は一九四五年の敗戦まで、一度も他国に侵略された経験を持たなかった。日本の歴史に、さしたる内乱も敗戦もない。日本がつねに右肩あがりできた理由の一端だ。改革と飛躍、これが日本の歴史伝統なのだ。山本はこういう。正確だ。

3　知剛の人

哲学に固有な性質は、もっとも困難な問題にまっすぐ立ち向かう、という知的剛直さにある。山本七平こそその知剛の人にふさわしい。

一歩日本の外に出れば、欧米であろうが、イスラム世界であろうが、社会主義チャイナであろうが、どこもかしこも階級社会である。身分制もいたるところに残っている。しかも学歴社会だ。諸外国では、階級によって差別があり、その上、学歴によって選別される。

福澤諭吉が『学問のすゝめ』で、世に、賢愚の差があり、貴賤の差があり、貧富の差があるのは、学ばないからだ、と喝破した。学んで能力を身につけたものが、賢に、貴に、そして富になるというのだ。何という露骨な言い分だろう。諭吉は、学歴主義を推奨し、自ら塾を経営し、はじめて学生から授業料を徴収した。残存する身分制を放逐し、階級社会を解消へと向かわせるためにである。

諭吉の現代版が、山本七平なのだ。しかし時代の差は歴然としている。山本はいう。「平等主義は、教育主義・能力主義にならざるをえない」と。まさにどんぴしゃりだ。

階級社会を緩和し、世に平等を行きわたらせようとすれば、教育（学ぶ）を、それによって培った能力によって生まれる格差を容認するところからはじめなければならない。つまりは能力主義である。それを可能にするのが、自由競争社会の実現である。

事実、日本は平等社会になった。ただ一つ、学閥（入試用の学力＝偏差値）による差別があるだけだ。どんな裕福な親を持っても、入試選抜を通らなければ、東大や京大に入れない。この学歴が、日本社会では、生涯、刺青のように消えずに作用する。しかし考えてみるといい。学歴だけが、日本では差別の指標である、ということだ。それほどに平等が行き渡っている証拠である。学歴＝学閥主義は選別を生む。偏差値教育は「学力」によって格差を付ける。だから廃止すべきだ。大方はこう主張する。特に、学歴主義の恩恵を受けている銘柄大学、偏差値の高い大学の卒業生たちがだ。しかし、その主張を実行すれば、学閥主義、偏差値教育を生みだした平等主義の否定につながる。それでいいのか、と山本は問うているのだ。

あるいは、山本はこうもいう。

「日本は世界のどんな国とも融和的関係をもつべきだ。」こう政府ばかりがいうのではない。マスコミもだ。国民大多数にわたってだ。ところがただ一つ、アメリカに対する批判、敵意、暴言は、まったくあけすけなのだ。だれはばかるところなくいう。最も友好関係の深い同盟国にたいしてである。しかも、そういう批判や罵詈雑言によって、日米関係が冷却化し、崩壊の危機に瀕する。もしそうなれば、日本の国家的「自立」は脅かされ、国民生活に壊滅的な打撃が生じる。などと考えもしないのだ。

こういう対米態度は、アメリカに、政治・軍事的ばかりでなく、精神的にもおんぶにだっこしている日本人の甘えの構造の裏返しに過ぎない。

山本は、日本人の精神構造の「心底」をまっすぐにのぞき込み、切り込む。知剛というゆえんだ。

第3章　「常識」の人

1　空気の研究

山本は匿名イザヤ・ベンダサンとして登場した。そして、山本七平名義で書いた『「空気」の研究』（一九七七）で、論壇のトップに躍り出る。どのような研究か？　日本人の思考態度に一貫する、「熱しやすく、さめやすい」伝統的精神構造の解明である。解明の鍵概念が「空気」なのだ。

（1）ダブルスタンダード

日米海戦における海軍の作戦会議である。戦艦大和の出撃の是非が問われた。無謀とする人々にはすべて、無謀と断じるにいたる細かいデータ、明確な根拠があった。一方、出撃を当然とする主張には、そういったデータや根拠がまったくなかった。ところが、「全体の空気よりして、当時も今日も（戦艦大和の）特攻出撃は当然と思う」ということになった。

軍令部は、サイパン陥落時（四四・六〜七）に戦艦大和の出撃を、「無傷で到達できる」判断はできず（サイパン到達困難、到達しても機関・水圧・電力が無傷でなければ、主砲の射撃がおこなえないなど）、否、とした。ところが今度は、沖縄戦への出撃を、サイパン出撃と異なる情勢変化があった、などという判断なしに、可、とした。

なぜにこんな無謀な決定であったのか？　そもそもここでいう「空気」とは何だろう？　連合艦隊長官にも、長官に出撃説明をする参謀にも、いかなる状況にあろうと、「裸の艦隊を敵機動部隊が跳梁する外海に突入させることは、作戦として形をなさない」ということは自明の事実であった。ここでは「論理の詐術など」通用しない。だが、陸軍の総攻撃に呼応し敵の上陸地点に切り込み、ノシあげて陸兵になるところまでお考えいただきたい」とまで参謀にいわれれば、「それならば何をかいわんや。よく了解した」と答えるほかなかった。

この了解は「論理的な納得」ではない。それが不可能なことはサイパンで論証ずみである。したがって長官は「空気の決定であることを、了解した」のである。

山本はいう。この「空気」こそ、非常に強固でほぼ絶対的な支配力をもつ「判断の基準」で、それに抵抗する者を異端とし、「抗空気罪」で社会的に葬るほどの力をもつ超能力である。しかも、総合的な客観情勢の論理的検討の下で判断を下していないのに、通常そのことは口に出されることはない。論理の積み重ねで説明することができないからこそ、「空気」と呼ばれるのだ。

日本人は、論理的判断の基準と空気的判断の基準という、一種の二重基準《ダブルスタンダード》のもとで生きている。

（2）対象の臨在観把握

しかも、この空気的判断は、軍部独裁の戦時に特有な、稀で異常な例ではない。平和憲法と言論の自由が保障された戦後社会にも（こそ）多く見られる。

たとえば、公害訴訟、人権（平等）教育、平和憲法で示されるように、「公害＝悪」、「人権＝絶対善」、「平和＝絶対善」、さらには「日本国憲法＝世界最高善」などという命題の絶対化が生まれた。

この空気的判断と支配は、対象の「臨在感的把握」（一種のアニミズム）と対象の「相対的把握の排除」とを二原則とする。では「臨在観的把握」とはどのようなものか？

物質や事実の背後に、「別な何か」があるという臨在感把握に対し、「カドミウム棒はただの金属にすぎない。」ことを証明するために、この棒を舐めて見せた。しかしイタイイタイ病を取材し、その悲惨な病状を目撃した記者は、この金属棒に一種の感情移入し、金属棒を差し出すと、「ワッといってのけぞって逃げだす始末。」だが「カドミウム＝毒」とだけ把握する相手の無知（非科学性）を嘲笑したり、信長や福沢諭吉のように「石ころは物質だ。それを拝むのは迷信だ。」といってことたれりとするのが、啓蒙主義者が取ったスタイルである。

しかし、啓蒙主義者には、なぜかくも簡単に多くの人が「別な何か」にとらわれ（偶像・物神崇拝）、判断停止の状態に追い込まれ、「空気の支配」に陥るのか、理解できない。また啓蒙主義者自身も、「カドミウム＝毒」としか把握しない社会の「空気」に気圧されて、「カドミウム＝物質」を主張し、カドミウムはイタイイタイ病の原因ではない、などと公然と主張できない。

じじつ、啓蒙主義では、たとえば山本があげたようなつぎの事例を説明できない。

イスラエルの発掘現場で、古代の墓地から続々と人骨が出てきた。日本人二人とユダヤ人たちがその処置に当たった。それが一週間も続くと、日本人二人だけがおかしくなり、病人同然になった。だが、人骨処理が終わると二人ともケロリとなおった。どうやら二人（クリスチャン）に必要だったのは「お祓い」だったらしい。（大島清・脳生理学者のエッセイから）

山本はこうコメントする。

骨は物質だ。この物質が放射能のような形で人間に対して影響を与えるなら、ユダヤ人も影響を被るだろう。したがって《この影響は非物質的なもので、人骨・髑髏という物質が日本人には何らかの心理的影響を与え、その影響は身体的に病状として表れるほど強かったが、一方ユダヤ人には、何らの心理的影響も与えなかった、と見るべきである。おそらくこれが空気の「基本形」である。》

（3）対象の相対的把握

対象の臨在的把握を抜け出すためには、「対象の相対的把握」をおこなう以外にない。

対象の相対的把握とは、自己の把握を一極化・絶対化しないことで、対立概念（比較論）で対象を把握することだ。たとえば、日本（自国）の欠陥車あるいはCO_2の根拠（基準）を、日本と対立的なアメリカ（他国）の欠陥車あるいはCO_2の根拠（基準）と比較し、検討することである。

端的には、自分が採用する命題（基準）を、対立する命題と比較対照し、検討することだ。相対把握することで、対象による一極支配（日本は貧しい。私はバカだ。クルマは殺人車だ。等々の一面的判断）から自由になることが可能になる。

ところが、日本人の場合、相対（比較 relative）把握が苦手なのだ。「他を見て自分を見る。」というのが当然なのに、その当然を、当然嫌う。

だから、ある時は経済「成長」が絶対化され、次の瞬間には「公害」が絶対化され、そのすぐあとに「資源」が絶対化され、「温暖化」が絶対視される。このように、空気（ムード）に支配されると、「公害」問題が解決できなくなる。公害をなくすために工場を廃絶し、日本を自滅させる発想と基本的には同じ発想になる。

しかも重要なのは、「空気」に支配されると、その時点で一方向に全員が熱中・集中し、「所得倍増計画」を実現し、公害対策に一心不乱に取り組み「青空」と「清流」を取り戻し、オイル・ショックをのりこえる、等々、結果から見ると、その場その場の巧みな方向転換をはかってきたのも、日本と日本人である。

後で振り返ってみれば、日本と日本人の多数は、「お祓い」で「空気」を雲散霧消するやり方（たとえば、ノーベル賞作家大江健三郎のように、海水汚染で「鯨が死滅する日」を遠望し、それに人類の死滅と、生物の死滅を予期するという）のような一極的把握ではなく、時代転換を巧まずして読み取り、対象を「相対化」する形を作り上げてきた。

じゃあ、「空気的判断」は日本人にだけ特有なものか。まったくそんなことはない。論理的判断を停止し、臨在感的把握に終始し、「相対把握を排除する」例は、「人権」、「動物権」、「科学万能主義」、「自国中心主義」、「宗教裁判」、「魔女狩り」、「人種差別」、「偶像崇拝」等を見ればわかるように、世界各地で、色・音調にちがいはあるが、絶えることなく続いている。

山本の「空気」の研究は、日本研究の基本だが、同時に「人間」研究の論理としてさらに重要である。それは人間が「言葉」をもつ存在だからだ。ただし、「論理《ロゴス》」といいながら、その論理の素となる「言葉」に対する相対的かつ総体的把握が山本学には十分ではない。

言葉の「制度」（共同の無意識＝国語）力側面と「表現」（自己表出）力側面を駆使するものの、言葉の創造力側面の行使が弱いからだ。吉本隆明にあって、山本にない側面だ。

2 「常識」の研究

論理的思考を停止した、対象の相対（比較）把握が苦手な日本人の「常識」は、世界の非常識である、とよくいわれる。

山本は、常識研究の三部作の初編、『「常識」の研究』（一九八二）の「はしがき」で、「常識とは日常生活の行動規範であり、判断基準である」と規定し、この定義に即せば、まったく様変わりしたかに見える「戦前」と「戦後」の「常識」は「基本的には変わってはいない」と明確に述べる。

ただし「研究」というが、大上段に振りかぶったスタイルではない。全五章構成で、1「国際社会の眼」章では、「革命の狂気」や「予測不能時代の到来」など、2「世論と新聞」章では「知る権利の行方」や「数字と実感について」、等々、短いエッセイからなる論集で、「常識」を時局・具体的かつ（比較）論理的に解明しようとする、のが山本の中心課題だ。

（1）「常識」とは――『「常識」の研究』

1．《住居はその国の伝統的な生活文化が規定しているので、いわば「暮し方」に最もよく適合していればそれで十分であって、それが兎小屋に見えようと牢獄に見えようと無関係なことである。外部からこう見られたいという目的で住居を造り、その中で不便を感じているならば、大凡ばかげたことであろう。》（「『兎小屋』讃」）

「ECの秘密文書」（「対日経済報告書」一九七九）が、「兎小屋に住む仕事中毒の日本人」と書いた一節をとって、「兎小屋」でなぜ悪いのだ、と「水」を差し、「外国人の批評」をかくも大げさに気にする野党やマスコミ、評論等に対する反論である。「労働」を罪悪のようにいうのも同種だ。西欧の、それもフランスの閣僚の「常識」で、日本の「常識」を裁断する愚を、山本は衝く。―一九六〇年代、団地サイズ（2DK・50平米弱）の集合住宅は、都会では高嶺の花であった。―山本は、江戸期の町人学者、石田梅岩の言葉を引き、人間は働くことで「平常心」をえるのであって、「働くことをやめれば人は心の安定を失い、社会は秩序を失う。従って働くことは自然の摂理なのである。」と書く。洋の東西を問わない、鉄案だ。さらに加えれば、「労働」こそ幸福に生きる基本である、と徹底して説いたのが、ヒルティ『幸福術』である。ヒルティは、朝起きて、なすべきことが決まっている、これこそ幸福に生きる術の「出発」点である、とまで書き、それを「退職」後も、実行したのだ。

2．あるいは、『常識の非常識』（一九八六）で「常識」の弊害を指摘する。「時代を読む」章だ。《「二十一世紀への予測は盛んだが、それらが果たしてどれだけ当るであろうか、と考えたのは田中角栄元総理の『日本列島改造論』をあらためて読み返したときであった。というのは本書の出版は昭和四十七年で、その中にはしきりと「昭和六十年には……」という言葉が出てくる。その昭和六十年が過ぎ去ったわけだが、振り返ってみると、『日本列島改造論』の予測が何一つ当たっていないことが検証できるからである。》（「『継続』か『転換』か」）

なぜ、昭和四七年当時の日本でもっとも広範かつ正確な情報をえることのできた田中が、多くの人の知力を動因して記した予測が、なぜこれほど当たらなかったのか？　田中は、「経済成長の延長戦」上で未来を展望していたからだ、と山本は断じる。正しい。ただし、山本がいう意味での、昭和六〇年の時点で振り返ってみてではない。

「現代」（昭和六〇年代）を、「継続」か「革新」かではっきり二分できない、「保守的・継続的革新」の時代である、と見るのが山本の診断だ。多くの「論者」が、「混迷の時代」あるいは「非連続の時代」、さらには「海図のない時代」といったが、同じ内容の時代診断《カルテ》である。山本も同じように、「過去の惰性に基づく積弊を一つ一つ順次に排除し、より合理的な制度を立てるという、相当にしんどい作業の時代になるはずである。」というが、「混迷」である。そのなかでしっかり前向きに藻掻くほかない、といっている。すると、あるとき、パッと「混迷」から抜け出し、新しいステージに立っている（かも知れない）ということだ。たしかに、「歴史」は「連続」の「非連続」である。

たしかに一九八〇年代は、「混迷の時代」が「常識」だった。しかしそれは「非常識」ではなかったのか？　「バブル」に酔いしれて、新しい時代に突入していたことを忘却していたのではなかったのか？　山本もその一員ではなかったのか？　八〇年代に、新時代の到来を予測させる「因子」がいくつもあった。

ただし、やはり指摘しておく必要がある。

この山本の『日本列島改造論』の診断には、大きなものが欠けている。

田中の「日本列島改造論」は、山本も認めるように、高度成長経済の成果を中央・都市から地方・農村にまでに拡大するという意図と実行を含んでいた。これは「新幹線と高速道路の全国整備」に見られるように、今日まで続く「列島改造論」である。ただし、自民党が人口減に悩む農村地域で政治地盤の沈下を抑える、という露骨な農業保護政策の続行という政治意図と絡まっていたため、見えにくくなっていたが。

さらにいえば、山本は、戦後自民党は国民の「期待」を裏切らない、これだけはしないという「安心」と「信用」を受けて、政権を任されてきた、（たとえば「自衛隊は廃止しない。」）という。だが、山本は、自民党が、敗戦後、大枠、国内ならびに国際レベルでの基本政策（産業の技術革新と対米協調）を誤らなかった、という政治路線の「正しさ」のゆえに国民多数の支持を受けたことを語らないのは、片手落ちだろう。

田中の「列島改造論」と対照的なのが、池田勇人元首相が「所得倍増論」を出したときで、景気はむしろ下降期に入っていた。「倍増論」は「安保問題」をすり替えるための便宜的な空宣伝であるというように、冷たい反応に取り巻かれた。ところが予想を上回って実現されたのである。いずれも、正確な情報を得ることのできた人たちの知力を動員した予測であるのに、まったく正反対の結果が出た。どうしてこうなったのか？　山本は断じる。

池田元首相は、「安保的風潮」の延長線上に未来を予測しなかった。対して、田中元首相は、経済成長の延長線に、それがそのまま進行するかのように、未来を見ていたからだ。今の時代が「継続の時代」なのか、「転換の時代」なのかを見きわめるところに、未来への予測のなかで最も重要な点がある、と。

では現在（一九八〇年代）はどうか？　どんな時代なのか？　山本は、「保守的・継続的革新」が要請される時代である。「継続」か「転換」かの二者択一的な派手なものではない。「過去の惰性にもとづく積弊を一つ一つ順次に排除し、より合理的な制度を立てるという、相当しんどい作業になるはずだ。」と。

常識を日常生活の判断と行動基準だとするなら、『日本列島改造論』が高い人気だったのは、高度成長経済という「成功」の「常識」(共通意識)にもとづいていたからである。常識の弊害に陥った。

「所得倍増計画」が不人気だったのは、時代転換を望まない「常識」(共通意識)があったからだ。じゃあ、「成功」という実績(=常識)にもとづく予測は、間違いなのか? そんなことはない。佐藤内閣は、池田路線の(半ば)の「成功」を受け継いで、高度成長路線を「完成」に導いた。「常識」の勝利だ。田中が佐藤の「完成」を全国に波及させようとしたのは、「非常識」だったのか? そんなことはない。

「常識」、すなわち、これまでの日常=現実生活の判断基準に従っていい場合がある。そうでない場合がある。二者択一でない場合もある。常識に対する態度は一様ではない。では「予測」(判断)はどうすればいいのか? 特効薬、定型(ステレオタイプ)はない、ということだ。現に進行している「事実」を読む他ない。

(3)「常識」の落とし穴——『「常識」の落とし穴』(一九八九)

本書「はしがき」の日付は、「一九八九年一月」である。一月七日、昭和天皇が崩御された。八八年九月一九日「吐血・発熱」で重体に陥って、三カ月余のことだ。しかし、このエッセイ集には、「自粛」の文字が出てくるだけだ。直後に、「天皇の自己規定」を中心とする『昭和天皇の研究』(一九九八・二・一〇)が準備・刊行される予定だったことにもよるだろう。

それはともかく、本書の一節を紹介しよう。

「文化大革命」が政治革命であったか、覇権闘争であったかは別にして、毛沢東は「革命中国の強化」を望んだ。

《毛沢東の行ったことが文化大革命といえるのなら、マッカーサーが行ったことも文化大革命であろうが、その目的は毛沢東と違って日本の「弱体化」であった。これは当然で、昨日までの強敵を強化しようと思う戦勝国はいない。まず軍事力を解体し、それを支えていた経済力の基幹と彼らが信じた財閥を解体し、ついで軍国主義の基本となっていたと信じた教育内容と制度を変え、さらに政治制度・警察制度も変えた。

しかし歴史は皮肉である。毛沢東の文化大革命は、彼が少しも願わなかった中国の弱体化を招来した。……。一方日本では、占領七年の「弱体化政策」をいかに克服して日本を強化するかといったことは、戦後に一度も論じられていない。》

なるほど占領軍の「対日弱体化政策」をとりあげ、それを鋭く論難する人は、今日でもいる。しかし山本のように、その「弱体化政策」が戦後日本を強化した、と論断する人は稀である。

さらにアメリカの「弱体化政策」などなかったかのような戦後日本の「常識」はどこから生まれたのか、なぜ日本と中国でこれほど違った結果になったのかを、山本は「君子豹変」とこの言葉に続く「小人革面」によって説明する。つまりは、中国の「常識」と日本の「常識」が異なることを、あざやかに明示する。

中国の伝統では、君子（士大夫）が政治をおこなう。小人（一般庶民）は、「面を革める」だけだ。すなわち日華事変の時、各村長（庶民代表）は、三本の旗（日章旗＝日本軍、五星紅旗＝共産軍、青天白日旗＝国民党軍）をもち、「面を革める」が絶対に服従しない。なぜか、政治は小人の関与すべきものではないからだ。これは今日も変わっていない。したがって、中国人の伝統的政治哲学では、「戦争は一握りの軍国主義者が起こしたものだ。」になるので、これは「日中友好」の便宜的発言だと思ってはならない。

対して日本の伝統的な政治哲学も、かつては「革面」であったが、維新以降は徐々に、三本の旗をもつほどには徹底できないが、時に応じて、自分の都合に合わせて、さっと旗を取り替える「半革面・半革命」でゆくことが常識になってゆく。これが「敗戦時」にも発揮されたし、「占領下」でも、「所得倍増」期にも、「バブル時代」にも、効力を発揮したが、山本にいわせると、不徹底のそしりを免れえなかったが、齟齬なく時間をかけて変わることができた側面でもある。

常識は変わらないが、変わる。その変わり方が、それぞれ時代により、地域や国により異なる、と山本はいう。きわめて常識的な常識論だろう。

3　平衡の人で異常体験者

以下はおさらい的なものになる。「中仕切り」といっていい。

(1) 見られるように、山本七平は「極論」を振らない。

「空気的判断」を論理的判断ではない、空論とみなす。同時に「空気的判断」に人間の思考も生活も染め上げられる、とみなす。

常識の弊害を説きながら、非常識をやすやすと受け入れてしまう人間の習性を語る。常識の転換を説きながら、常識の継続を無視することはできないという。

つまるところ、現実はつねに変化しているということだ。問題は、その変化の速度である。変化の幅の大きさだ。昨日の常識が、今日の常識とみなすことができる場合があるとしても、「いつか」はその常識が非常識に転化する。こうみなすのである。

また、「論理的判断」というが、それは相対的＝比較的判断のことである。ただし、比較論はなべて妥当するのかといえば、そうではない。たとえば、欧米の住居面積と比べて、日本の住居は「ウサギ小屋」に等しい、という比較論を斥ける。比較には共通のベースが必要だ。日本と欧米で伝統的文化生活が異なっている。それを無視して、居住スペースの広さで、その優劣を競っても仕方がない。意味がない。

山本は極論を振らない。ならばその論理は円く角がないのか、というと、そうではないのだ。「骨を断つ」の勢いがある。果断だ。正確には、ドラスティックである。論の運びはおっとりしているが、論点鋭く、説くところ激しい。徹底している。いってみれば、特定の誰かにはばかるような論述をしない。

山本は、車にはアクセルとブレーキがなければならないという。同じように、山本の議論には、アクセルとブレーキがある。国際比較のなかで、同時に、時代の変化のなかで対象を見ていこうとする。それに、論理では割り切れない人間の性癖（自然）を議論の根底におく。人間の自然を無視した議論は、どんなにすばらしく、正しくても、人間社会の論理としては妥当しない、ということだ。

山本の論理様式をもっとも短くいってみよう。

「空気的判断」は一極から他極へ揺れる。「成長賛美・浪費は美徳」から「反成長・省資源」へだ。ために、「成長を考えつつ省資源を達成し、開発を進めつつ環境保護をするには、いかにすべきか」という発想は出にくい。これだ。

山本を「平衡の人」というのは、ヘーゲル的にいえば、現実的矛盾の平衡的解決をめざすからだ。一極的解決ではない。一見して、すっきりしない。曖昧である。しかし、現実の困難を解決する唯一の方法なのである。日本の産業界が、オイルショックをのりこえるために取った「論理」が、成長と省エネの同時的達成、「平衡」解決であった。山本的思考の勝利である。

（2）だが、この平衡感覚の人が、じつは異常体験者なのだ。正確にいえば、異常体験の持ち主だからこそ、「平衡感覚」が不可避（必然＝必要）で、平衡思考を保とうと思えば「常識」が不可避（重要＝必要）だ、と主張する。その述べるところが「現在と歴史」に事例を求めるうるものでなければならなかった。歴史リアリズムである。

すでに述べたように、山本七平は、一九四三年（二二歳）〜一九四六年（二六歳）の四年間を軍隊のなかですごした。当時の日本人としても、異常な軍隊体験をした一人である。しかも、山本が「戦後日本の意識」を把握する基礎は、軍隊経験、日本軍思考の実体験に基づいていた、といっていいものだ。

戦前と戦後は価値観が完全に変わった、とはよくいわれる。たしかに、軍国主義と平和主義を両極端に並べることはできる。しかし、「戦争反対に理屈はいらない、絶対命題である」という思考と、「聖戦に理屈はいらない、絶対命題である」という思考とは、まったく同型・同質なのだ。同じように、人権擁護、差別解消、自然保護、動物愛護、このどれも自明かつ反論を許さない命題であるかのように戦後社会で流通している。つまるところ絶対命題としてだ。

山本は、昭和一九年夏、敗色濃いマニラ戦線に投じられ、砲兵隊下士官として部下を引き連れ、ジャングルのなかを転進（迷走）し、敗戦を迎え、投降し、捕虜生活を一年半送り、昭和二一年一二月三一日、佐世保港に帰還している。『ある異常体験者の偏見』（一九七四）以下の戦争体験を媒介にする諸著作は、「日本軍とは何か?」を通して「日本とは、日本人とは、日本人の心性とは何か?」を終始問い続けた、「山本日本学」のメインストリートに位置する。

山本の戦時体験は異常だった。多くの無惨で、無駄な死とともにあった。人格破壊につながるような体験を何度も経ている。しかし、戦後の生活もまた、昭和四五年、『日本人とユダヤ人』が売れるまで、常識を越えた困難さだった、といってよい。

第一に、戦争から持ち帰った病気との闘いであった。これは終生続いた。

第二に、出版界に働き口を求めたことによる困難さだった。最初は、主としてフリーの校正係をやり、収入を確保する。そして、自分の出したい本を翻訳し、自社から出版する長年の「夢」を実現する。一九五六年のことだ。しかし、小出版はビジネスになり難い。翻訳、編集、校正、出版を、全部自前でやり通し、ようやく軌道に乗りかけたとき、事務所兼自宅が焼失したのである。一九六三年のことだ。

それでも、山本は、たった一人の書店経営を続け、負債を背負うことなく、キリスト教関係の翻訳本を出版し続けたのである。

自ら翻訳し、出版し、経営するだけでも大変である。だが山本はユダヤ教徒ベンダサンとして『日本人とユダヤ人』（一九七〇）を書いて、自社から出版する。以降、ベンダサンと山本七平という二足の草鞋を履き、ベストセラー作家になり、何本も連載をもつ。同時に、評論家として一本立した後も、山本書店を経営する。よほどの、「本好き」でも不可能事と思えるが、「出したい本を出す」意義を誰よりも痛切に感じていたからにちがいない。山本も、大方とは違った意味ではあるが、「本の虫」だった証明だ。
そして第三に、戦後、戦前に価値あると思われていた書物や思想が、弊履のごとく投げ捨てられたことである。山本にはそれができなかった。反時代的な勤王思想家たちを読みふけることになる。
《「一体、何が天皇を神にしたのか」は、少なくともその下で生きてきた人間には、なんとしても探究しなければ、気がすまない問題のはずである。従って戦後に、全日本人が「なぜ天皇が神であったか」を一心不乱に探究して当然ではないのであろうか。そしてそれを完全に解明したとき、その解明を通じて、戦後への道が開かれるのではないであろうか。》(『静かなる細き声』一九九二)
これは、山本日本学が、戦後思潮からまったく独立に生まれてくる思想的背景である。
《世の中のことはどうでもよい。世間にどんな思想が流行していようと、それは関係がない。私が関心をもっていることに、世の中がともに関心をもって欲しいとも思わない。まして、私がやっていることを認めてくれとかいった気持ちは全くなかった。……すべては、用いられるときが来れば用いられるのであろう。人は黙ってその準備をしていればよいであろう。》(前掲書)
知的剛胆の言である。しかし、言うは易く行なうは難しだ。実際はこうはゆくものではない。だが敗戦から二五年間、山本は「黙って」準備をしたのである。その怠りのない「備え」が、七〇年以降の「仕事」を生み出した源泉である。質量ともに大なる成果といっていい。尋常のことではない。その後二〇年、日本思想界、哲学界を矢のように駆け抜けた。一九九一年、六九歳でなくなるまでだ。
天は、山本に論じるに足るだけの時間は与えたようだ。

（3）しかし、山本もいうように、「正」と「負」（plus and minus）は対極だが、別個独立にあるのではない。

　山本の「異常体験」は、もうその事実を明示されただけで、戦争体験に基づいて「何ごとか」（anything）を語る人たちに、「沈黙」を強いるほどの説得力をもっていた。たしかに大岡昇平『野火《フィクション》』（一九五二）は、同じフィリピン戦線での「体験」をもとに記された戦争文学である。異常体験の極北（＝不条理）をゆく文学と評価される。だがほとんど日常語で、日常体験を記したかに思える『ある異常体験者の偏見《ノンフィクション》』のほうが、はるかに「異常」であると感じられ、しかも普遍性をもつと思われる。有無をいわせぬ説得力を持つのだ。これこそ吉田満『戦艦大和ノ最期』（一九五三）とともに、戦争文学の極致ではないか、と思わせる。

　戦争体験だけではない。山本が日本に帰還した直後、熊野山中で材木業に従事した理由につながる。山本本人が詳しく記していないので、推察するほかないが、「戦犯」容疑で逮捕されることを恐れた「逃避」行だったのではなかったのか？　山本の「戦後」は、敗戦後も終わっていなかったことを意味する。

　敗戦後、雨後の竹の子のように、出版社ができた。オーバーにいえば、本は、雑誌は、出せば、パン同然に売れた。まさに「一発」商売であった。だが山本が選んだ「出版」仕事は、アルバイト（一九四九年）にはじまり、山本書店設立（一九五六年）以前も、以後も、出したい本、出すべき本を出す、というスタイルを崩していない。それでいて「健全」経営で押し通したのだ。「奇跡」に近い。

「本」（出版）は、山本にとって「生きる証」であるように、わたしには感じられる。書くだけならば「証」と言えなくもないが、「出版」となると話は別である。まがりなりにも、継続しようと思えば、ビジネスである。とはいえ、「売れればいい」の極北をゆく零細ビジネスである。まさに出版にかかわる者として、「頭を垂れる」(hang my head) しかない。文句のいいようがない。こういう人には、ものを書いて多少の稿料・印税をえているものは、近づきたくない。

わたしがここで申し述べたい核心とは何か？　他でもない、山本のバランス感覚や「常識」重視の思考の「説得力」の源泉が、まさに「異常体験」であり、その体験を「異常事」(不条理) としてではなく、日常感覚で表現する、日常生活の延長線上に存在する出来事として書き切る、作家能力である。これこそが「異常」であり、「極論」であり、アクロバットではないであろうか。

だから、見事な曲芸や手品を観たときのように、拍手喝采とはいきかねるのだ。反論しがたく、個々の部分にはジャブやカウンターパンチで応酬できるが、始めから終わりまで「沈黙」を強いずにはおかない感覚にまとわりつかれる。(こういう比較は不謹慎のそしりを免れえないが、力石徹と最後に対戦した矢吹ジョーが襲われた感覚に重なる。) そういう超弩級の説得力で、ひた押しに押してくる、いやな感覚にちがいない。山本の論説で、警戒すべき点だ。

第4章　ジャパン・アズ・ナンバー1の思想

1　日本資本主義の精神

日本的経営は日本の経済社会発展の「宿痾」であるという観念＝思想は、高度成長過程のなかで払拭された。

だが六〇年代では、日本的経営＝下請け制・終身雇用制・年功序列制・親方日の丸（企業別組合）等は、企業経営の長期的戦略に適合し、従業員の協調性に優れ、合議的意志決定という利点を持ち、経済発展の桎梏ではなく、発展をうながす要素になりうる、という抑えた表現であった。

ところが七〇年代後半、第二次オイルショックを抜け出し、自由市場経済をとる欧米諸国と鎖国主義を貫く東欧ならびに露中社会主義諸国の不振（「病」）のなかで、日本経済だけが順調過程をたどり、一人勝ちのような状況を呈したとき、日本的経営こそが日本の経済成長の「根本因」であるという論調が内外からあがってくる。いわゆる「ジャパン・アズ・ナンバーワン」（エズラ・ヴォーゲル）である。ヴォーゲルの趣意は「アメリカは現状を打ち破るために日本を見習え」というもので、にわかに日本的経営論ブームが起こった。

この日本的経営論ブームを思想的に準備し、大衆化させたトップ・バッターが山本七平である。山本の主著の一つである『日本資本主義の精神』（光文社　カッパ・ビジネス　一九七九）の副題は「なぜ、一生懸命に働くか」である。日本人の勤労精神が日本の経済発展を支えてきたというものだ。

（1）まず注意を喚起したいのは、先に指摘したように、昭和期最後の七〇～八〇年代日本の思想メインブックが、「カッパ・ビジネス」であったことだ。もう一つに祥伝社ノン・ブックの知的サラリーマン・シリーズがある。吉本隆明が予言したように知識人大衆を対象にした思想書がついに日本で一般化したのである。渡部昇一、長谷川慶太郎、日下公人がその中心的思考者であり、小室や山本もその一人である。ここではじめてアカデミズムの旗を掲げる「知的エリート」たちの思想書（「岩波新書」や「中公新書」）が支配する知的政治地図（構図）が破れた。

（2）山本が強調するのは、「資本主義」なるものが存在するのではない、「日本」に固有な資本主義が存在するということだ。日本の資本主義は「美点」と「欠点」を当然もつ。この日本の美点とアメリカの美点とは当然異なる。ところが美点は欠点に変わるし、欠点は美点に変わる。正確にいうと、どの国でも、どの時代でも、美点と欠点は背中合わせで存在する、ということだ。

アメリカから見ると、正確には、アメリカがうまくいっているときにかぎれば、アメリカの「美点」をもたない日本は、遅れているとみなされる。しかし、日本がうまくいって、アメリカがうまくいっていないと、アメリカでこれまで美点といわれていたものが疑われ、日本の美点（これまで欠点といわれてきたもの）を見習え、ということになる。

しかしこれはいずれもアメリカ資本主義と日本資本主義とが違ったでき方（歴史）と仕組み（構造）をもっているという基本を忘れた議論である。

したがって、山本は、日本が欧米基準に達していないから「ダメ」であるという議論には与しない。同時に、「日本が一番」などと担がれて有頂天になってはならない、と釘を刺すのだ。当然である。山本の議論＝思想を貫くのは日本特殊論ではない、ということが了解されるだろう。

（3）その山本が「日本の自前の秩序」は江戸時代にできた、この時代に共同体と機能集団、血縁の原理と組織の原理ができあがった、と述べる。つまりは日本資本主義の精神が生まれる基盤が整備されたということだ。この精神を唱道したのは石田梅岩である。

梅岩が生きたのが享保改革期で、「商社性悪論」、「商人無用論」が横行し、これに反対を唱えたのが梅岩であった。その思考を要約すれば「我が物は我が物、人の物は人の物、貸したる物はうけとり、借りたる物は返す、毛すじほども私なくありうべからずにするは正直なるところ」となる。ギブ・アンド・テイクと自分の本分を全うする（＝正直に生きる）ということだ。ビジネスと勤労の精神である。

山本は、近代の社会原理とみなされる資本主義（経済）といい民主主義（政治）というも、外来＝もの真似ではなく、すでに日本にあった原理をもとにしたものだという。

では日本の資本主義が欧米の資本主義と異なるところは何か？　一言でいえば共同体原理と血縁原理の「割合」が強いことである。日本は集団主義なのではなく、集団的要素が強い（すぎる）のである。

2　日本型社会主義

山本のいうように、日本型資本主義の特徴といわれてきた、終身雇用制や年功序列制、下請け制、企業別労働組合等は、もちろん歴史事実からいっても前近代的「遺制」ではない。

野口悠紀雄（『1940年体制――さらば戦時経済』一九九五）が詳しく述べているように、そのほとんどが「法制度化」されたのは「戦時経済」体制下である。国家総力戦体制（戦時共産制）の落とし子なのだ。

例えば、一九四〇年に発足した第二次近衛内閣は「新経済政策」を掲げ、株主の権利を制限するために商法を改正し、所有と経営を分離した。こうして、企業は従業員（経営者と労働者）の共同体的な性格を強めたのである。

しかも、初任給が公定制になり、賃上げを建前として認めないという賃金統制がしかれた。ただし、例外として、従業員全員を対象に一斉昇級させる場合は例外とみなされ、定期昇給の仕組みが定着したのである。

山本は、日本が江戸時代から終身雇用制なき終身雇用であった、という。終身雇用制は戦時の増産体制に応えるために設定された。金融制度が銀行を中心とする間接金融体制になったのも（例えば銀行数の大削減による護送船団方式）、あるいは、所得税を前倒しに一斉徴収する源泉徴収が「発明」されたのも、革新官僚による経済統制体制が完成するのも、あるいは非営利の特殊法人が発足するのも、戦時体制下のもとであった。

ところで敗戦後、日本資本主義は、ロシアとチャイナという二つの共産大国の最前線に位置しながら、日米軍事同盟によるアメリカ軍の盾の陰に隠れて、経済「戦争」に特化して、一人勝ちを占めることができた。なぜか？

アメリカがもし日本に強大な防共軍を置いていなかったら、戦後日本の様相はまったく異なっていただろう。日本は簡単にロシアあるいはチャイナ共産軍の手に落ちていただろう。そんなバカな、と思われる人は、朝鮮戦争を思い起こしてみるといいのだ。

アメリカは、大戦後、南北分裂した韓半島の民族統一に対して不干渉の態度をとり、一九四九年六月、在韓米軍の撤退を完了していた。そして、翌一九五一年一月一二日、米国国務長官アチソンは、アメリカは韓国を防衛線としない、すなわち、対防共前線をアリューシャン列島から日本列島、台湾をへてフィリピンを結ぶ線である、と言明したのである。

待っていましたとばかりに、米軍が撤退するや、六月二五日、北朝鮮軍がソ連の後押しを受けて、韓国内に侵入した。このとき、ただちにアメリカが軍事不介入を撤回し、韓国に大軍を投入しなかったならば、韓国の運命は滅亡以外になかっただろう。朝鮮戦争を招いた大きな原因に、アメリカの対共産戦略の「甘さ」があったといってまちがいない。これは大戦前から大戦後まで続いたアメリカの誤算（アイゼンハワー大統領の「誤算」）である。

金日成共産軍と直接対峙していた韓国にしてこうだったのである。ましてや、国内治安のため、とりわけ共産勢力のテロやクーデターに対処するためにつくられた警察予備隊しかもたない日本の運命は、アメリカ占領軍と独立後の米軍駐留軍なしには、まさに大海の木の葉のような運命であっただろう。おそらくなんらの抵抗もすることなくロシア共産軍の手に落ちただろう。

もしアメリカ軍のガードなしに共産軍の侵略（共産露中では「解放戦争」）の手から逃れようとすれば、日本はロシアやチャイナに対抗しうるだけの軍事力を自力で備えなければならなかった。そうなれば、奇跡的な経済「復興」や「高度成長」はもちろんのこと、八〇年代の経済戦一人勝ちなど望むべくもなかったのだ。

しかし、まことに「幸運」（日本国と国民にとっては屈辱的）なことに、日本はアメリカ軍によって守られてきた。日本は被保護国なのである。しかも、日本人は、アメリカによって日本の国土を、日本人の生命や財産を守られていることを、安んじて忘れたふりをし、ひたすら経済力増強のためにエネルギーを注ぐことができたのだ。残念ながら、日本は「忘恩の国」でもある。

（4）以上の点を押さえ上で、日本の経済的勝利のもう一つの原因は、日本型資本主義＝社会主義にある、といおう。

日本は、戦前の軍事優先ではなく平和主義のもとで、国家をあげた官民一体で省エネ、省力、環境問題に取り組む。国家が「盾」となって、金融・資本・生産・消費部門の維持拡大を図る。輸出立国日本が、輸入「鎖国」であり続けた。国が経済の主体であり、その運用が官僚システムにまかされた。日米摩擦が最高潮に達したが、引き続くアメリカ経済の不振を尻目に、日本は独走したのである。

まさに日本は「仮面をかぶった共産主義」という批判は当たっていたのだ。日本は（相対比較すれば）どのような社会主義国よりも、社会主義が理念とする自由で平等で豊かで平和な社会を実現してしまった。もしマルクスが羽田飛行場を降り、国内を少し歩きまわったら、すぐに「わが理論に間違いなし。これが社会主義だ。」といったにちがいない。戦争と革命を国是とするロシア型社会主義でなくて、社会主義の理念が実現できることを日本が実証して見せたのだ。ロシア社会主義の崩壊＝無必要性をである。

3　一九九〇年代論の欠如

だが山本七平が述べたように、日本の経済的成功、日本の文化伝統（美点）とみなされたものは、別な条件下では、ただちに大きな欠点に転化する。

（1）一九九〇年代、本物《リアル》の社会主義ロシアが没落し、自由市場経済の新転換で米英が復活したとき、日本の「社会主義」（日本型資本主義）が克服されなければならない局面に立たされることになった。しかし日本国と日本人の圧倒的多数は、「勝利」に酔いしれ、すでにやってきた「現実」（「今ある危機」）を直視することができなかった。その最終局面で、山本七平は宿痾の「胃痙攣」（病因は脾臓癌）で亡くなったのである。

山本の「日本診断カルテ」は、一九八〇年代までは（大略という必要がないほど）正しい。だが同時に、すでにみたように（I　第2章第3節2）、山本は足下ですでに生じていた地球大の変化《メガトレンド》を読みとることはできなかった。たしかに山本の時評集には、「危機」や「変化」を掲げた書題がある。

七〇年代中盤の時局を論じた、

1『存亡の条件』（ダイヤモンド社　一九七五・一二・四）

2『現代の超克』（ダイヤモンド社　一九七七・五・一九）

3『時評「日本人」』（読売新聞社　一九七六・一二・一四）

八〇年代において、九〇年代を展望した、

4『一九九〇年の日本』（福武書店　一九八二・一二・六）

5『危機の日本人』「日本人の原像と未来」(角川書店　一九八六・一〇・二五)

等である。だが、他の多くの時局「診断書」と同じように、「バブルの崩壊」を、「経済」(＝「投企」)的「成功」に酔いしれ、「日本資本主義の精神」(＝勤労意欲)を失った「結果」とのみ解した、といっていい。

(2) 山本七平の作品は、大小にかかわらず、対象がどんなに太古のものであろうと、すぐれてリアルなのは、すべて「時評」につながっているからだ。正確には、時局につながる「伝統《アイデンティティ》」を時評の中心におくからだ。自分の立ち位置をつねに「伝統」に軸足をおいて、「現在」に肉薄してゆこうとするからだ。

だが、西欧(資本主義)「病」とソ中(社会主義)「崩壊」をもたらした、同じ一つの原因を探ることはできなかった、探ろうともしなかった、さらに触る意志さえ示していない、といわなければならない。

山本は、つねに「日本人とユダヤ人」のように「比較」論を根柢におき、つねに聖書や論語のような古典を繰り入れながら、時局を論じ、「温故知新」を忘れなかった。だが、一九九〇年代以降、正確には、日本でも一九七〇年代に始まり、バブルの崩壊以降、一気に顕在化してきた新画期、来たるべき時局を読みとることはできなかった。たしかに、山本の死(一九九一)がそれを許さなかったということはできる。だが、もし山本が一九九〇年代を生きのびたら、その転機をはっきりと読みとることができたか、というと、できなかっただろう、と断じるほかない。

わたしが戦後日本の五大英知(哲学者)として選定した五人、丸山真男、司馬遼太郎、山本七平、小室直樹、吉本隆明のうち、このメガトレンドの真因に気づき、それをきっちり「定義」したのは吉本隆明ただ一人であった。小室直樹も、半ば（？）、この新トレンドに気がついていたが、それを「アノミー論」として、社会秩序の「溶解」現象としてつかまえることができたにすぎない。（詳しくは拙著『日本人の哲学1』〔言視舎　二〇一二〕を参照。）

（3）このメガトレンドは、人類史を二分するほどの「大潮流」を意味する。なぜか？

生産・労働中心社会から、消費中心社会への「転換」である。これがどれほどの大転換になるのか、二一世紀を一五年過ぎた現在も、推測不能である。

ある者は、社会主義の「崩壊」を確認しながら、資本主義の「終焉」を論じる。「失われた一〇年」、「失われた二〇年」論も、そのバリエーションだ。他方、日本でも一九八五年に、すでに「デフレ」基調に転じ、「価格破壊」が生じた。しかも「ハイクオリティ・ロープライス」であり、地球が、一つの市場《グローバリズム》になり、コンピュータでつながれたネット社会《グローバル・ワン》になった。だが、あいかわらずというか、一見して、いっそう激しい民族対立が生まれている。

だが、もう少し大きなスケールで観てみよう。

政治が「権力」を中心に回転するように、経済は「資本」を中心に回転する。政治（権力）も経済（資本）も、人間の発生と時を同じくして生まれたのだ。しかも資本主義は人間にフィットする。消費資本主義はさらにというか、最上に人間（本性）にフィットする。なぜか、生産は消費のためにあるのであって、その逆ではない。生産中心主義から、消費中心主義への転換は、資本主義の進化であり、人間の自然に適っている。

さらにスケールを拡大していおう。

「はじめに言葉がある。」人間の発生と言葉の発生は、時を同じくする。人間の欲望は、政治、経済、文化、組織と個人を問わず、すべて言葉が喚起するもので、「過剰」かつ「無際限」である。人間の自然は、過剰な欲望を無際限に発動する性格をもつ。残念ながら、人間は言葉が生み出す過剰・無際限な欲望をコントロールする自然＝ブレーキを内属していない。

ところが、司馬も、山本も、マルクスとは違った意味で、言葉が喚起する、過剰で無際限な欲望の発動を、人間本性を壊し、失わせるものとみなしている。人間本性のリミットを「想定」（仮定）して、人間を探求しようとはしていない。あるいはキリスト派の山本は、「神の契約」を掲げて、それを過剰・無際限な欲望のブレーキにすべきだ、と主張しているかのようだ。主張するなら、山本は正確に述べるだろう。だが論じていない。

たしかに、人間の本性は、自己破壊活動を内に含むが、それをコントロールしようとして、さまざまな「禁忌」（超えてはならないリミット）を設定し、生きてきた。私見では、その三大リミットは、「人肉食」「近親相姦」「殺人」である。いずれも、最も簡単に最上の快適（快楽）をえる「手段」である。この三つの禁忌を設定し、まがりなりにも守ってきた人間たちだけが、現在の人類として生き残った、とみなしていいのではないだろうか。この禁忌を超えたら「もうおまえは人間ではない！」という「禁忌」の思想を、山本の著述に見いだすことは不可能ではない。だが、肯定・否定を含む人間の欲望論として「禁忌」をとりあげようとした論述は、山本にはない。

Ⅳ

山本七平の歴史論——革命の歴史哲学

山本七平の思考特長は、その批判＝革命精神にある。その批判の根底にあるものは、「歴史」すなわち「歴史書」の新発見、新読解である。「革命の精神」の発掘を不断におこなおう、という強い意志と着実な実行から生まれたものだ。

山本は保守主義の精髄というべき伝統主義者であり、その典型とみなすことが出来る。事実、「皇室尊崇」と「敬神」の持ち主である。同時に、歴史上の革命と革命の精神のほとんどは「復古」の形を取る、と述べる。たんなる「復古」と革命のための「復古」を区別すべきだとするのだ。

ここに山本の三著を取り上げる。どれも「革命」の歴史哲学だ。同時に「歴史哲学」の革命でもある。

第1章　『日本的革命の哲学』（一九八二）――『御成敗式目』

1　「象徴天皇制」は戦後のものか？

1　山本はつねに根本的《ラディカル》な「問い」と「答え」からはじめる。本書では、問い。「象徴天皇制」は戦後のものか？　だ。
答え。否、戦後のものではない。「関東御成敗式目」（貞永式目）に端を発する。しかもこの法令は、天皇（さらには将軍）と無関係に制定され、公布されたものである。それなのに、以来、朝・幕（神祇・政府）併存の「象徴天皇制」が日本の「伝統」となった。

根本的な問いを発し、根本的に答える。それがソクラテスや孔子以来の哲学精神《エキス》の流儀、「対話《ダイアローグ》」である。その解答の根拠（reason）と典拠（authority）を「歴史」に求めるのが歴史哲学の流儀である。ともに山本七平の流儀なのだ。

2　日本に「革命」はない。皇統（皇室伝統）が日本の同一性《アイデンティティ》である。これが日本人の「常識」だろう。「皇国史観」や「唯物史観」が、否、ほとんどの歴史観・感・眼が共有する通念だろう。だから孟子の革命是認の哲学――仁と義を、すなわち人心を失った支配者はこれを弑逆《しぎゃく》していい――は、日本では忌避されてきた理由だ。

だが承久の変（一二二一）は文字どおり「革命」である。しかも、けっして易しい戦いではなかった。

平将門の乱（九三九）が示すように、天皇に臣下が弓を引いた賊軍は、いまだ勝利の跡を歴史にとどめたことがない。（泰時は、後の足利尊氏と同じように、父義時が追討の院宣を受けたとき、賊軍になったことで、いったんは「無条件降伏」をとなえた、といわれる。また尊氏は劣勢を跳ね返すために「院宣」をえて、「官軍」の資格をもって「勝利」を引き寄せた。）

しかも、義時・泰時に不利な条件が重なった。将軍家の血脈が途絶えた。「朝敵」となった執権義時たるや、出自は、足利・新田のように源氏の本流ではない。三浦や小山のような大豪族でもない。平氏の末端に連なる一地方小豪族の出で、頼朝のように東国武士軍団を束ねる「団結の象徴」ではない。軍団諸将が、後鳥羽の院宣に呼応して義時討伐に向かっても、なんら差し支えのない存在であったのだ。

当初、東軍は厭戦気分で、総司令官の泰時が先頭に立って奮戦しなければ、後に続くものがないほどであった。圧倒的軍勢を擁する、最初から勝利を約束された戦いではなかったのだ。
3　ところが「皇国史観」の生みの親とでもいうべき北畠親房『神皇正統記』が、のちに、裁かれるべきは「人心」に背いた後鳥羽上皇で、義時・泰時親子はやむをえず反逆し、しかも乱を早急に治め、善政を敷いて人心をえたとした。水戸学派の総帥安積澹泊《あさかたんぱく》は泰時を「文武の全才」と論讃（評価）している。
しかし、以上は「象徴天皇制」の前半、前提に過ぎない。

2　戦後処理の果断と平衡感覚

戦闘より難しいのは、戦後処理の問題だからだ。

1　まず朝廷改革である。果断であった。

北条義時・泰時親子は、承久の変で、義時追討の院宣を出した後鳥羽をはじめとする三上皇を配流し、天皇を廃した。すべて一方的な処断である。そして新上皇（後高倉＝後鳥羽の兄）を立て、新天皇（後堀河＝後高倉の子）を践祚し、幕府のコントロールが効く朝廷を作った。皇室も世間もあっと驚く前代未聞の処置で、一挙に「象徴天皇」の幕府政治を確立し、これが江戸幕末まで続くことになる。

2　幕府支配の全国化だ。

幕府（執権義時）は、泰時・時房（義時の弟）を「占領軍最高司令官」として六波羅探題に在駐させ、軍事警察権を完全に掌握し、守護地頭の任免権を西国まで及ぼし、敗残兵の処罰を実行した。ここに幕府が全国を統治する政治機構ができあがった。ただしその処罰は寛大で、刑死は例外的だった。

3　論功行賞を誤れば、戦後処理は失敗に帰する。

東国武士団はいってみれば「自主参加連合部隊」である。その多数は論功行賞目当てである。調整が難しい。

もっと厄介なのは（敗戦＝一九四五年後に生じたと同じように）、まず幕府軍（「占領軍」）の横暴と新地頭の「濫妨」であった。泰時は、ともに厳しく処断した。同時に「占領軍参り」と処罰・没収逃れに対し、クールに対応した。

4　泰時・時房は、京都在任三年、鎌倉の義時とよくよく意思疎通をはかりながら、その無欲な公正意識＝平衡感覚によって、戦後処理の目鼻をつけ、義時の急死（一二二四）によって鎌倉に戻る。それから一〇年、貞永式目が現れたのだ。

3　御成敗式目とは

日本は応仁の乱（一四六七〜七七）で二分出来る。現代日本と日本人を理解するためには、それ以前をたどる必要はない。こう述べたのは内藤湖南であった。山本七平は、湖南を補足訂正する形で、「承久の変」と「御成敗式目」（＝貞永式目　貞永元年＝一二三二）が「象徴天皇制」と日本人の法意識（固有法）の起点であると断定する。

1　執権北条泰時が評定・決裁した御成敗式目の根本思想は、「自然的秩序絶対」という政治思想である。マルクス主義（共産主義思想）のように、「自由・平等・平和」という理念《アイデア》（＝観念）から作られた政治思想ではない。

2　日本の国法は明治憲法までずっと律令格式《きゃくしき》（律＝禁止法規、令＝教令法規、格＝改正補則、式＝施行細則）で、チャイナの法理念と形式を「継受」（七〜八世紀）したものだ。ところが承久の変と御成敗式目によって、律令格式は朝廷内でしか通用しない、ほとんど「抜け殻」同然になった。

これに代わって登場したのが、自然秩序的法（法意識の自然な流れ）を法原則とする御成敗式目であった。

3 「自然秩序」の法原則とは、たとえば「所有権」である。律令を遵守するなら、所有権などという概念《かんがえ》は生まれようもない。すべては国＝天皇の所有だからだ。これが「由緒」だ。しかし現に、「わたしのもの」という所有と権利意識ができあがっている。「当知行」で、式目では二〇年間実際に占有し利用していれば、所有権を認めた。したがって由緒（「証言」や「証文」類）があっても、二〇年間占有していなければ所有権は否認される。幕府はこの「現状」是認の「当知行」で所領をめぐる厄介な訴訟を判決した。

4 御成敗式目には、そのときの「常識」で当然とされていることは、記されていない。たとえば相続である。

「親権者より譲り状を授与されたものがその時点で相続し、幕府は原則として自動的にこれに安堵状を付与す」というような条文はない。訴訟を起こすには、常識（＝自然秩序）通りにおこなうことが大前提であるということだ。条文は、この大前提が満たされているのに、実際に紛争が起こったケースを裁定するためのものである。

だから、親権者が譲り状を遺さずに亡くなった場合はどうするか、に関する条「未処分の後の事」（二七条）はきちんと書かれている。

5 驚くべきは、この式目が、律令（国法）や武家諸法度（幕法）のような絶大な権力・権威によって出されたものではないことだ。朝廷の認可も、将軍の署名もない、政所の評定により執権（長官）と連署（次官）が署名した文書で、形式からいえば法的な強制力をもたない「省令」（行政命令）ごときものである。

御成敗式目は、律令を正式・正統な国法とする。むしろ絶対視する。同時に、律令の正統性を絶対視することで、それを無視・棚上げし、現実に通用している法＝式目の効力を絶対化する。これが山本が解する御成敗式目論の要だ。

6　さらに驚くべきことは、こういう公法でもなく正統性を主張もしない式目が、幕府や武士だけでなく、公家あるいは庶民のあいだに広く深く浸透していき、日本人の通念（common sense）、法・道徳意識となったことだ。江戸期には寺子屋で教科書として教えられ、明治の学制施行まで続けられたことだ。

御成敗式目は、もはやテキストになること、テキストで教えられることがなくなって以降も、日本と日本人の「常識」（民族共通の無意識）として生き続けてきたといっていい。

7　以上を踏まえて、山本七平は、声高にではないが、律令も戦後の日本国憲法も他国の法をモデルとした「継受法」であり、その理念倒れと実状無視を自覚する必要がある、と強く訴えかける。実に見事ではないか。

第2章『現人神の創作者たち』（一九八三）——勤王思想の由来

この作品も、仰天するような「問いと答え」からはじまる。だが大本で問われているのは、「輸入」の革命哲学の是非である。山本の断によると、「皇国史観」は唐来物であるという点で、唯物史観と同じ作用をおよぼした、ということになる。

「皇国史観」は日本伝来の「皇室伝統」を基本におく歴史観でないとは、なんということをいうのか、とまず驚かれるにちがいない。『現人神の創作者たち』（一九八三）がこの解答である。

第1節　勤王思想はいつ生まれたか？

1　楠木正成の再発見——朱舜水

1　問い　尊皇思想はいつ生まれたか？　答え　江戸初期である。
問い　創作者は誰か？　答え　亡命者の朱舜水だ。その朱舜水を長崎から招いて、パトロンとなり、終生の弟子になったのが水戸光圀である。

判然とするところがあるものの、やはり、「本当かしら?」と疑問が湧く。

朱舜水は明の武将かつ朱子学者で、明が滅亡してのちも清に抵抗し続け、なんども来日して日本（幕府）に援軍を要請したが叶わず、明朝再興の夢破れて日本に亡命した。舜水は清（満洲王朝）を「畜類の国」とみなし、正統のチャイナではないとした。

朱舜水は自らを、モンゴル・元に最後まで抵抗し節を曲げなかった宋の文天祥（一二三六～八二）と、それに日本で最後まで後醍醐天皇に忠節を尽くした楠木正成とに、擬した。舜水こそ勤皇義臣楠木正成の発見者であった、と山本はいう。エッと思われるだろう。

2 朱子学が尊皇思想の源流――「中国」とは

1 尊皇思想は反幕思想か?
否、勤王思想は反幕思想として生まれたのではなかった。徳川幕府は普遍思想とみなされたチャイナの朱子学を公認し、それによって体制統合をはかろうとした。これがチャイナを理想化し、敬慕する風潮を後押しする。（同じように、戦後、民主主義や社会主義が理想とされ、モダニズムアメリカや社会主義ロシアが憧憬されたようにだ。）

朱子学はすでに「畜類の国」となったチャイナ＝清には存在しない。真のチャイナも、その正統思想である朱子学も、中国（本朝＝日本）にある。これが山鹿素行『中朝事実』の本義だ。

朱子学の易姓革命は、「正統の義」から外れた「簒臣、賊后、夷狄」の王朝をも正統化し、その普遍主義と矛盾する。皇室一系（「百王一姓」）の日本にこそ、真の正統主義、普遍主義が生きている。「朱熹に戻れ!」（山崎闇斎）。

2　日本は朝幕併存である。幕府政治と尊皇主義とは相容れないのではないか？　否、幕府は尊皇主義を貫いている。

家康以降、幕府は皇室を尊崇し、大政を天皇から委譲されたものだとした。しかも朱子学がいう善政、すなわち仁と義にもとづき「天下を円めて、穏やかに治める」（山崎闇斎）を基本としてきた。

とはいえ幕府の尊皇は、尊皇主義も朱子学も名だけで「無力」だからこそ、可能なのである。尊皇の正統性は、皇室の維持（と管理）をはかる幕力があればこそ、「象徴天皇制」であればこそ可能なのである。

幕威あってこそ尊皇思想が「中朝事実」＝日本的現実になるというわけだ。

第2節　尊皇思想が革命思想に転じる

1　尊皇思想の転換――浅見絅斎『請献遺言』

1　朱子学も尊皇思想も、山崎闇斎どまりでは、体制派の思想であった。朝幕併存であり、中国＝日本論で、論理急進主義化した朱子学どまりである。幕末に爆発し、維新の原動力となった討幕＝反体制思想とはなりえない。

闇斎の体制思想を革命思想＝反幕・倒幕思想にチェンジする契機《モメント》となったのが、闇斎の一番弟子、浅見絅斎《あさみけいさい》（一六五二～一七一一）である。

絅斎『請献遺言《せいけんいごん》』（一六八七年刊）は、忠誠を尽くした生きた典型的な八人の殉教者的チャイナ人、絶対的な正統性を基礎とした絶対的な個人規範を立てて生きた、例外的な「百十パーセントのチャイナ人」の伝記、異例伝《アノマリィ》だ。

その伝記の一人に方孝孺《ほうこうじゅ》（一三五七〜一四〇二）がいる。明の恵帝に文章博士として仕えた孝孺は、恵帝を倒した永楽帝に、即位の詔を書くことを命じられるが、ことごとく拒否し、磔刑《たっけい》に処せられた。

『請献遺言』で、孝孺が絶対化したのは、「天」であって「皇帝」ではない。孝孺は、永楽帝と死を賭して対決できた。「天」は「政治的人格神」に等しいものになっているが、あくまでも「天」であって、「現人神」という「地上」の存在ではありえないからだ。

だがこの「天」と「地」が習合し、「天絶対」が「皇帝（＝天皇）絶対」に転じた。なぜか？

2　チャイナ人には、血縁原則に基づく絶対的な規範＝「孝」（「敵前逃亡」といわれようと重篤な母を救う）と、組織原則に基づく絶対的な規範＝「（忠）義」（「二君に仕えず」）がある。『請献遺言』に登場する謝枋得《しゃぼうとく》（一二二六〜八九）が、この絶対規範の極限を、身をもって生き抜いた。ただし「君臣義アリ」というが、「義に合わざる命令」に、臣は拒否権をもつことができるとしたのだ。

実際、枋得は、宋の太皇太后（君＝現人神）が元に一国を献上するという独断、いわば無条件降伏論を、人心に叶う君策としては是認出来ても、天に従う「臣の義」が立たないと拒否する。だから元に任官せず、最後は食を断つ。枋得には、どれほど絶大な権力をもつ皇帝（「現人神」）でも、「天絶対」ではありえない。

3　ところが明治維新の日本には、絶対化された正統性（＝天皇）と絶対化された個人の規範をつなぐ組織論＝組織原則はなく、天皇の「命令」（勅令）を拒否出来なかった。天皇＝現人神がやすやすと「天絶対」になりえた理由だ。

絅斎は、闇斎の正統三原則を受けて、この原則通りの王朝はチャイナには存在せず、あるとすれば日本の天皇家だけであり、したがってその正統を絶対とするなら、それを絶対とする者はかくあらねばならぬという個人の絶対的規範を示し、生きた。『請献遺言』（一六八八＝元禄元年）は、幕府を「簒臣」と規定し、明治維新への第一歩を印せと記した。「もし時をえば義兵をあげて王室を佐《たすく》べし」である。尊皇＝討幕思想の誕生である。『請献遺言』が維新志士のバイブルになった理由だ。

2　水戸学派は岩波書店!?

朱舜水を師と仰ぐ水戸光圀にとって、正統性をもつ忠誠の対象は、天皇であって、けっして幕府ではなかった。幕府は「宗家」にすぎない。もし朝幕一体化がくずれ、天皇の命令があれば、宗家である幕府を滅ぼしてもかまわないということで、この基本思想が、慶喜に及んで、大政奉還、将軍辞任、水戸蟄居の理由となったのである。

光圀が『大日本史』編纂の史局を開設したのが一六五七年三〇歳のときで、以後、神武から近世にいたるまで、紀をつくり伝を立てることをめざした。

ところで山本七平は、この水戸藩史局（一六七二年に彰考館）を、岩波書店にたとえている。たとえば、水戸学派の思想は崎門派の一門にすぎない。社長は光圀だが、名編集長安積澹泊《たんぱく》（朱舜水の直弟子）がいる。幅広い博識と円満な人格、頑迷固陋、偏執狂的な要素の全然ない大人の風格の持主で、多くの知識人に繋がりをもった。澹泊こそ、水戸学派が、進歩的文化人における岩波の影響力に比すべき、「権威」をもちえた源泉である。（敷衍すれば、「水戸学派」（皇国史観）は岩波の「講座派」（唯物史観）と同じ働きをしたということだ。）

つまり、江戸期に起こった『本朝通鑑』の編纂や朱子『綱目通鑑』の刊行に代表される歴史ブームは、『大日本史』編纂事業に結実し、予期せざる影響を社会に与え、尊皇思想の基盤となったのである。

新しい歴史編纂は新しい史観の導入、歴史の再解釈、再評価をもたらす。たとえば、

1　主筆で編集長の澹泊が、率直に、朱舜水、浅見絅斎、方孝儒の「正統論」に立って、聖徳太子＝大悪人、天武＝簒奪者、桓武＝淫従、等々と「論讃」（論評）する。

2　だが天武を「百王一姓」の皇統から省くことが出来るのか。できない。せいぜい弘文（太政大臣大友）を正統＝本紀に入れて、調整するだけでやっとだ。澹泊の「論讃」はなんども書き換えられ、大新聞の「社説」さながら、「自主規制」され、骨抜き＝「評価」あいまいにされた。

3　もっと困難なのは「南北朝正閏論」（いずれが正統か？）である。歴史編纂は再解釈をともなう。だが日本書紀以下の「正史」と矛盾しない再解釈の基準（絶対原理）は立つのか？　立たない。

澹泊が論讃するように、桓武が淫従なら、後醍醐はそれ以上だ。愚帝、悪帝、淫帝でも、帝は帝である。二帝並立の南北朝の正統いかんは、結局、外形標準とでもいうべき、「三種の神器」の有・無で決めざるをえなくなる。などなど、改編は改編を呼ぶ仕儀になる。皇位継承の絶対的な

「正統」基準は「血脈」以外になく、その血脈が一筋ではないからだ。
4 もっと重要なのは、チャイナには朝幕併存（「象徴天皇制」）というような政治体はなかった。朱舜水が「導入」し、浅見絅斎が「確立」したチャイナでも例外中の例外である「輸入」史観で、日本の歴史を裁断することはできないのだ。『大日本史』の編纂混乱は、その例証である。
こうして、日本歴史の実状に照らせば、方孝儒や浅見絅斎がよって立てた「正統論」は無視せざるをえなくなり、「尊皇主義」（万世一系）以外に正統論は立ちえなくなる。

しかも錯綜に錯綜を重ねた『大日本史』が尊皇主義（「皇国史観」）の歴史証明であるかのような「理解」（無理解）が成立し、天皇（「現人神」）批判が「不敬」の誹りを受け、「天誅」（リンチ）や「刑罰」（法違反）、さらには「不徳」（反倫理）の対象になるのだ。

たとえば、戦前の軍人勅諭には、「上官の命令はただちに朕が命令……」とある。法治国においては、いわば「法」が組織の上下を律する規範すなわち「義」であるならば、「上官の合法的命令は朕の命令と……」いう形になるべきだろう。軍人勅諭には、「義」によってあくまでも自らを律するという規範がない。したがって「義に合わざる命令」に対してどういう態度をとるかは、曖昧にならざるをえない。「二・二六事件」でまさに問題になった焦点である。だが、ことは軍人勅論にかぎらない。戦後の企業にも、自衛隊にもあるということだ。

3 純正「理念論」と「がらくた」

司馬遼太郎は『燃えよ剣』で、新選組の近藤勇を「武士よりも武士らしい武士」である、なぜか？ と問い、近藤は武士出身ではなかったからだ、と答える。

絅斎は「百十パーセントのチャイナ人」、義に殉じた異例の人の伝記を書いた。その伝記は絅斎自身の「伝記《パーソナル・ヒストリィ》」にフィットする。

1　絅斎は町家の生まれである。町人出身でありながら、否、であるがゆえに、「百十パーセントの武士」であろうとし、日常生活の生活規範にいたるまで徹底的に自立的武士的であろうとし、「天子」以外に仕えないをモットーとし、いかなる禄を食むことをも拒絶して生きた。

2　ただし絅斎の私生活は、合法的で、講義も官許の哲学＝朱子学を説く合法的なものであった。だがその合法性を論理的に詰めていけば、幕府こそ非合法的存在である、朝幕併存などは許しがたい、ということに帰結する。

3　絅斎は、いったんことが起これば、この非合法的存在に対してどう対処すべきかを、実例＝歴史事実＝伝記で示したのであった。この意味で『請献遺言』は絶対的正統を生死を超えて遵守した西洋の「殉教者列伝」に酷似している。

だがだ。明治は、幕末の志士たちのバイブルとなった『請献遺言』を消した。結果、二つのことが消された。

1　この書は、「輸入」論理によってなった、「絶対理念」の提示である、つまりは空理だということ。

2　この書の見地から尊皇主義を展開した『大日本史』は、歴史的がらくたであった。ところが尊皇主義の首尾一貫した歴史が『大日本史』に書かれている、と信じられた。

こうして、「尊皇主義」＝「現人神」を「天」とし、その呪縛にとりつかれたのである。

「死して以て悠久の大義に生きる」と東条英機はいったが、東条はこの言葉を発した人物（方孝孺やこの人物伝を記した浅見絅斎『請献遺言』）のことも知らなかっただろう。そしてこの言葉をいった方にもいわれた方にも、具体的には何のことやらわからなかっただろう。それでいて、人々はこの言葉に「何となく抵抗出来なかった」のである。

明治がこの言葉を消したためで、明治以降この言葉が意味不明の呪縛となる。「消すから呪縛になる、呪縛になるから、理由もわからず、解明できず、したがって抵抗出来ない」

山本七平自身もまた、かつてこの意味を知らず、呪縛されるのを免れなかった、と記す。その自己反省に立って「日本人の呪縛を解く」、これが山本終生のメイン・テーマとなった。

4 『現人神の創作者たち』は「批判の批判」に終わっていないか?

本書は、山本七平ならではの独特な「天皇＝現人神」論の「発生」と「系譜」論である。これを最初に読んだとき、「現人神」信仰は、『日本書紀』や『古事記』の「天孫降臨」に端を発するのではなく、江戸期に輸入された朱子学に端を発したものであったのか、という驚きがまず生じた。だが、である。

これでは、国語辞典を「敷衍」し、その典拠を明らかにしたに過ぎないではないか！　あるいは丸山真男とその一統の「天皇制」論（「国家主権が精神的権威と政治権力を一元的に占有する」「国体」論）と基本線では一致するではないか！　なんだ、山本の「発見」ではないのか？　こういう実感がすぐに生じた。

ちなみに「尊王論・尊皇論」を辞典で引くとこうある。（ただし明鏡国語辞典や新明解国語辞典

には、この「事項」自体がない。〉

〈天皇を君臣関係の最高位に置いて尊崇する思想。江戸初期、儒教の名分論と結びついて起こった。江戸中期以降、国史の研究や国学の発達につれて、尊王論は現実的な基礎をもつようになり、幕末になると、水戸学や平田国学などの影響もあって一段と激しくなり、攘夷論と結びついて反幕運動の政治思想となった。〉（日本国語大辞典）

〈天皇の権威を強調する思想。江戸中期以降、主に水戸学や国学者・神道家により唱えられた。初めは身分秩序の頂点である天皇の権威を高めることで幕藩体制の安定をはかる意味があったが、幕末には幕政批判の思想的根拠として機能するようになった。〉（広辞苑）

では山本に「発見」や「創見」はないのか？　ある。

水戸学派の「尊皇」論は「象徴天皇制」を前提にしてはじめて成り立つ。それが「倒幕」論に転換する「典拠」を、山本は浅見絅斎《あさみけいさい》『請献遺言《せいけんいごん》』（一六八七刊）に求めた。これが山本の「発見」とよべるものである。だが発見の目的が独特なのだ。

山本は、日本が、泰時の『御成敗式目』によって、朝幕併存の「象徴天皇制」になったと述べた。それが、幕末になって「勤王倒幕」の革命思想が生まれ、「幕藩体制」に変わって、「公武合体」か、「大政奉還」か、「王政復古」か、等の分岐を生み、結果、「王政復古」（五箇条の御誓文）という形で、「一君万民」の「立憲君主制」へと移行していった。

山本は、「現人神の創作」によって、「象徴天皇制」が崩れ、「王政復古」（天皇親政）あるいは「天皇大権制」（明治憲法）に「転換」した、と主張するのではない。逆である。「天皇＝現人神」は外来思想の「イデオロギー」（虚偽意識）にすぎない。つまりは「倒幕」のたんなる旗差物にすぎなかった。「王政復古」(「大政奉還」) の形をとりながら、事実は、明治維新(五箇条の御誓文) で象徴天皇制の純化形態である「立憲君主制」(帝国憲法) への道がはじまったとするのだ。

本書は、イデオロギー批判＝系譜論(思想史) である。これはこれで批判として重要かつ意味あるものだ。だが、他面で「批判の批判」にすぎない、といわなければならない。イデオロギー批判で「事態」(the state of things) の批判に代えることはできない。

昭和に入って、台頭してくる「天皇＝現人神」論は、「天皇機関説」を強く排撃する。しかしその実情は、「立憲君主制」にいらだつ親ナチ(国家社会主義) 派の近衛(政府) や東条(軍部) および革新官僚たちに見るように、むしろ「天皇」を「ギョク」とみなし、自分たちが自由に操ることが可能な国家の一「コマ」にすぎないとした。これは、幕末の「勤王志士」の言説によく見受けられるタイプと同じだ。

つまるところ、山本の「現人神」論は、その無効性を、したがって軍によるクーデタ(国体明徴運動) の無謀性を証明しようとしたものである。だから山本は、最後の主著とでもいうべき『昭和天皇の研究』(一九八九) で、昭和天皇が「立憲君主制」しかも「象徴天皇制」を厳守しようとしたことを、懇切丁寧に論証しようとするのだ。

第3章　『日本人とは何か。』（一九八九）——自前の歴史

日本の歴史は、『日本書紀』をはじめ、『大日本史』（皇国史観）、野呂栄太郎『日本資本主義発達史』（唯物史観）等々、「改作」に大小があっても、すべて外国モデルの「模倣」である。では日本にオリジナルな歴史書はないのか。ある、と山本はいう。伊達千広『大勢三転』だ。

山本は、その『大勢三転』を枠組みに、さらに「一転」をくわえ、日本通史を試みる。それが本書『日本人とは何か。』（一九八八）だ。副題に「神話の世界から近代まで、その行動原理を探る」とある。山本の「日本歴史」研究の最後の著作（「総括」）であるといっていい。

1　「大勢三転」とは

〈日本のように年代史家が、訳もわからずなんでも手当たり次第に「目的のない書物」を書く国は少ない。古来六国史（すなわち日本書紀〔神代～持統天皇〕、続日本紀〔文武～桓武〕、日本後紀〔桓武～淳和〕、続日本後紀〔仁明〕、日本文徳天皇実録〔文徳〕、日本三代実録〔清和～光孝＝八八七年〕）が日本の歴史として通っている。これはシナの実録というようなものを手本にしてできあがっているので、官報を綴じ込んだようなものだ。この時代まで日本に歴史はないといえる。

「ざっと日本の目立った史家としては、大鏡・愚管抄・親房・白石・伊達千広、これくらいで日本史学史はできあがろうと考える。」このほかに水戸の大日本史があるが、これは一種独特だ。三目的を立て、資治通鑑流に大義名分を正すのが主な目的だったが、大名仕事で、完成に数百年かかり、細かい穿鑿考証に陥った。だが、かえって考証的学風ができあがり、日本の歴史の発達に資する結果となった。〉（大意　『先哲の学問』所収「白石の一異聞に就いて」一九二四）

こう書いたのが東洋・支那史学の泰斗、内藤湖南である。その湖南が、「だいたい白石は、……、古代を正直に真実に解釈した点では、徳川の末に出て大勢三転考を書いた伊達千広に及ばない。」という。しかし「大勢三転」とはいかなるものか？

まずその作者伊達千広（一八〇二〜一八七七）である。もっとも簡略にいえば、伊達小次郎（海援隊）、のちの陸奥宗光（外務卿）の実父である。千広は、勘定奉行等を歴任した紀州藩の重臣で、『大勢三転考』（一八四八）を書いた尊王論者である。だが藩内の政争、さらには「公武合体」奔走で敗れ、二度も長期間、幽閉・蟄居の生活を送らざるをえなかった。維新後、許され、出版意志のなかった本書が一八七三年（明六）日の目を見る。

本書に注目し、「日本の歴史は日本の基準で記さざるを得ず、中国の基準をもってきても、西欧の基準をもってきてもおかしなことになってしまう。」と喝破し、日本の基準で日本の歴史を（唯一）記した『大勢三転考』を文字どおり下敷きにして、日本史を通覧したのが、山本七平の総決算書とでもいうべき『日本人とは何か。』（一九八九）である。

千広の「大勢三転」とは、日本の歴史を画す時代区分を

（1）「骨《かばね》の代」（＝氏族制の時代）

（2）「職《つかさ》の代」（＝律令制の時代）
（3）「名の代」（＝幕府制の時代）とする。
実に当をえた区分ではないか。いくつかコメントを加えよう。
（1）は、日本列島が緩やかな氏族連合政権であることを示す。
（2）への転機を千広は「大化の改新」とする。もっとも「改新」は（天武系が記述した『日本書紀』から推しても）、一種のクーデタである。中大兄が主導権を握るが、「白村江」の海戦で新羅・明連合軍に大敗を喫し、朝鮮半島に拠点（橋頭堡）を失って、外交戦略の大転換を計らなければならなくなる。天智は、「自衛」策として、チャイナからの「独立」をはかり、近江で「天皇」（初代天皇）位につき、「建国」（国号「日本」）する。しかし直後、天智の死で、政権（天皇位）を争う国内最大規模の「内戦」＝「壬申の乱」が起きた。天智後継の弘文が破れ、大海人が即位して天武天皇となり、「皇室伝統」（万世一系）が確立する。
（3）への「転」機を千広は鎌倉幕府の成立とする。「朝幕併立」の「端緒」であり、朝幕併立＝「象徴天皇制」が確立するのは、「承久の変」である。朝幕併立は江戸幕末まで続いた。
千広は、日本の政治形態の変化にもとづく歴史区分をおこなった。その変化に、是非善悪の判断を加えず、「自ずから時の勢いにつれて、しかし移り来たれるもの」「止む事をえぬ理」すなわち「歴史的趨勢」を見たのだ。

この時代区分に、山本は「西欧の衝撃」という「転」機をくわえ、
（4）「伊達千広の現代」（＝幕藩体制）とした。
律令制は完全に骨抜きになったが、朝廷＝神祇官、幕府＝太政官と「政教分離」した、世界に

も稀な政治構造（天皇制）が定着した。それが「象徴天皇制」で、「武家諸法度」等で明示された。だが幕末を転機に、幕藩体制が崩壊する。その「象徴天皇制」の大略は、「五箇条の御誓文」で示され、明治憲法で定着し、敗戦後の日本国憲法下でも基本的に同じである、と山本はいう。

以上、山本にとって、「大勢三転考」はあくまで「下敷き」で、本書に記されたものは、山本がベンダサン『日本人とユダヤ人』以来倦むことなく展開してきた主題「日本人とは何か。」に答える、自説展開であり、総括であるといっていい。

2　歴史を書く基準——自国の基準

山本の変わることない歴史（記述）の基準は、命題化すれば次のようになる。
1　歴史は自国中心である。歴史において、どの国も「中国」であるほかない。日本中心の歴史（中国史）とチャイナ中心の歴史（中国史）が、共通認識に達することは至難な理由だ。自国史（自国中心史）を際立たせるため、おのずと自国中心主義＝他国排外主義に陥る危険もまたあるのだ。
2　日本の歴史は日本の基準で書く。この基準を日本の歴史のなかに求める。これが千広の、そして七平の主張だ。わたしが歴史家として第一等とみなす、岡田英弘、渡部昇一、司馬遼太郎、梅棹忠夫の歴史研究が主張するところでもある。
ただし、自国の歴史中心は、自国内部だけを注視するだけでは見えてこない。他国との比較検討を通じてはじめて見えてくる体のものだ。
3　明治末まで、あるいは日露戦争まで、東アジアの中心かつ先進国は、チャイナであった。

チャイナから「なに」を移植し、それをどう改良し、日本固有のものにしたのか、これを解明すべきである。
（1）漢字を輸入したが、「かな」を創造し、世界に比類無きかな（日本語）文化を創出した。今もしている。
（2）律令制を導入したが、科挙や宦官ぬきであり、皇帝（易姓）と天皇（一姓）は異なる。
（3）律令制（神祇官制と太政官制）は明治維新まで残る。だが「令外官」で「大政」は回転してゆく。
（4）武家政治が生まれたが、朝幕併存の「象徴天皇制」である。（ただし、武家政治に対して公家政治というように、政治の実権は建国一〇〇年を経ずして藤原氏に移り、ときに「建武の親政」というような波乱もあったが、「象徴天皇制」が成立したといってよい。）
（5）幕藩体制は、中央政府（幕府）の統制が効いた分国独立制である。そのなかで、宗教批判、無神論、進化論、地動説というように、現代日本人の共通意識の「原型」がつくられた。「革命」は「創造的破壊」といわれるが、明治維新が成功したのは、成功要因が徳川期にすでに準備されていたからである。どんなすばらしい新種・外来種でも、それが育つ土壌がなければ、生育し、実を結ばない。
以上を一言で翻案すれば、歴史の変化は、内的原因があるところにはじめて外的原因の刺激があって、生じる、ということだ。「内在的超出」（ヘーゲル）と同じだ。これが千広のいう、歴史の変化に是非善悪の判断を加えず、「自ずから時の勢いにつれて、しかし移り来たれるもの」「止む事をえぬ理」すなわち「歴史的趨勢」で、もっといえば、今西錦司の「なるべくしてなる」という（ほかのない）「主体的進化」論である。

3　歴史とは？

歴史とは「書かれたもの」である。『聖書』を「歴史書」として読む（解釈する）ことが可能なのは、聖書が「書かれたもの」＝「書物」（biblio）だからである。山本が執拗に「文献」（literature）に、文献批判に執着するのは、「歴史」を重視するからだ。

1　山本は、北条泰時の『御成敗式目』や浅見絅斎『請献遺言』を「再発見」し、そこから「象徴天皇制」や「勤王思想」の「原型」を鮮やかに掘り起こす。比類なき仕方でだ。

2　山本は、自国の歴史記述の基準を自国のものにもとめる。だが同時に、つねに他国文化の適切な比較を通して、自国の基準を明らかにしようとする。『日本人とユダヤ人』以来の常に変わらないマナーで、「独断主義」に陥らない理由だ。

3　しかし、注目すべきは、山本の歴史論議は、「歴史のための歴史」ではない。「温故知新」である。すべて現在（敗戦後の昭和）を洞察しようとの発意からのものだ。山本の歴史（事例）は、現在を理解し説明するために存在するといっていい。極論すれば、歴史認識はすべて現代認識であるということで、歴史（事例）はそのための材料にすぎない。こう主張するかのようなのだ。

4　山本の歴史観＝哲学は、昭和期に形成された。山本の歴史認識は、昭和期に形成された問題意識に拘束された現代意識である、ということができる。（山本の現代意識がどのような素材でできあがっているかの実例を、わたしたちは『昭和東京ものがたり』で見ることが出来る。）

くり返せば、谷沢永一は「日本歴史に対する七平の洞察も、所詮は昭和の日本社会をめぐる発想と考察に基づいている。」と喝破した。ただし七平を現代の最高知性と評価する谷沢は、「所詮」といいつつ、一拍おくような呼吸で、「人は自分が生まれて生きた時代の常識となっている枠組みから完全に脱することはできない。」（『山本七平の日本の歴史』二〇〇五「解説」）と続ける。「完全に」に止目されたい。

5　わたしは、谷沢とともに、山本の最高傑作が『「空気」の研究』（一九七七）であると考える。「空気」とは、それに否も応もなく拘束・呪縛される実体のない意見・常識・世論・無意識のことだ。イデオロギーである。

山本は、昭和の「空気」を解明し、その事例を日本の歴史のなかに探し、明示したといっていい。だが山本もまた、「時代」のイデオロギー（イデア・ロゴス）を免れることは出来なかったのだ、と知っておくべきだろう。

山本の最後の著作は、「バブルの崩壊」期と重なる。あるいは昭和天皇崩御、さらには社会主義世界体制（ロシア・チャイナ社会主義）の崩壊期とぴったり重なる。まずこのことを確認してほしい。

山本の歴史認識も、「新しき活気」を知るための「温故」である。だが山本が気づかず、否むしろ、否定的要素と感じとってきた「歴史的趨勢《メガトレンド》」が、山本の作家自立とともに始動し、山本の死によって「顕在化」したことだ。山本が「知新」として受けとることができなかった「時代趨勢」、消費中心社会、コンピュータ＝情報社会、ネット＝グローバル社会の「離陸《テイク・オフ》」である。このことを第二に確認してほしい。

6　山本の歴史記述は、現代の読者《われわれ》にとってあまりにも分析鮮やかで、説得力が絶大だ。しかしその説得力は、「温故」によってなのである。同時に、歴史は可能な限りその時代の自然な流れにもとづいて理解すべきだ、とする伊達千広のまっとうな歴史議論から、乖離した結果でもあるのだ。

山本の歴史認識に、あるいは人間理解に欠けたものは何か、これを明らかにすることもまた、「温故知新」であるだろう。

山本の歴史認識の見事さは、歴史（自然の流れ）離れの結果でもある。この側面を忘れるべきではない。歴史とは、どこまでも（著者によって）書かれたものである、という背理をかかえている。その「背離」の次第も書き留めなければ、バランスのいい歴史にならない。このように要約できるのではないだろうか。

7　とはいえ、どんなに「新奇」を好む人といえども、あるいは「時代の趨勢」に敏感な人でも、人間が錯誤を犯さないためには、「過去」に顔を向けたまま「未来」にはいってゆく必要がある。「バスに乗り遅れるな！」式の対応に終始して、「過去」を正確に把握しようとしなければ、「転」機をつかみ、「時代の趨勢」に乗ったと思えたとしても、「漂流」の危険が常につきまとう。ま、「現代史」や「時流」認識は、それほど難しいということだ。

山本の最後の二著作中、『日本人とは何か。』（日本通史）は、「過去」の通覧（総括）だ。もう一冊の『昭和天皇の研究』（最現代史）もまた「過去」の総括（generalization; summing up）である。

「過去」（歴史）をきっちり総括せずに、未来にはいってゆくのは危険である。錯誤の根本原因になる。だが山本の「遺書」とでもいうべき著作『昭和天皇の研究』（一九八九）も、やはり「温故知新」で、未来の「趨勢」もその「転」機も提示することができなかった。とはいえ、日本通史＝「大勢四転」の「転」機を総括する一研究となっている。その正確さは、ほとんど「奇跡」に近いのではないだろうか。

第4章『昭和天皇の研究』（一九八九）

昭和天皇は一九八九年一月七日に崩御された。山本七平『昭和天皇の研究』がその直後に現れた。すでに本書は、天皇崩御を予想し、準備し、完全な形で書き上げられていたというべきだろう。

0『天皇論』（一九八九）

（1）ここでも私事に触れることを許されたい。

《1　一九八九年一月七日、昭和は終わった。この天皇論はその直後に書きはじめられた。脱稿し出版社に送ったのは、二月十日であった。

書き上げてみて、いくぶん天皇との距離が近くなったように感じられる。こういう印象は、十分に危険なことだと承知しているつもりである。なんとはなしに曖昧なままやりすごしたい気もする。しかし、この気分に居直ることを戒めながら、やはり自己確認しておきたいのである。いつかこの気分をうまく対象化してみたい、という覚悟めいたものはある。

2　私は、天皇主義者スレスレのところまで自分を連れていった。これはいつものやり方である。しかし相手は天皇である。予想どおり鼻孔が浸るほどの窒息状態で、血の海を泳ぐ破目になった。書き終えたとき、人格が剝離してしまったのではという感に襲われてしまった。その後遺症で、いまなおピシッと身を立てられない有様である。（本当に情けないと思う。）

もとより、苦労したからとて、いい作品が書けるというわけではない。しかし、私とて、「天皇制」とそれを論究してきた先達たちとに、一太刀なりとあびせたいという気持ちを強く持ってきた。できうれば、骨を断つというところまで近づきうればと願ってきた。どのような結果になったのかについては、読者の判断にまかせる他ない。

3　「天皇（制）」を自分の歴史体験を捨象して語ることはたいへん難しい。しかも昭和天皇は、その前半と後半とではまったく異なった存在を生きたのである。天皇制の極大形と極小形とをである。そのどちらに体重をのせて論じるかによって、ずいぶん違った天皇論ができあがる。本書は一読して分かるように、後者に身を添わせながら論じようとしている。デモクラシィとともにある天皇存在の可能性いかんという問題が、避けて通ることのできないものと考えたからだ。このような立論は私の歴史経験と認識とを掘り崩すものである。書いているあいだじゅう、らくらくと呼吸できる棲息地をみうしなって、暗い大海の中を漂うような状態に陥ったのも、当然であったといまにして思う。

4　「天皇制」問題は、結局のところデモクラシィとは何かにゆきつかざるをえないというのが、私の考えである。いま少し思考のネバリを発動させて、ふっくらしたデモクラシィ論を書きうれば、と念じている。理念と世界史の経験とをあわせ含んだようなものを構想している。もっともまだ一行も書いていないものについて、大口をたたくことはつつしもう。

5　正直なところ、天皇論を、書こうなどとも、書きうるなどとも、考えてこなかった。『昭和思想史60年』〔三一書房〕をだした後、天皇制の問題が欠落していると指摘されてきたことは事実である。気にはなっていたが、手を付けたくないという気持ちのほうが勝っていた。しかし意外な方面から刺激がはいった。八八年九月二十日、天皇の容体急変の直後、H〔北海道〕新聞社から電話が入り、七枚余で「昭和史と天皇」をすぐ書けないか、というのである。準備とてなかったが、書いてしまった。追っ掛けるように、三一書房の林さんから声がかかった。どうしても書くべきだ、と強くいうのである。ハイ、と小さな声で答えてしまったが、まったく自信などなかった。書き上げてみて、しかし、この外圧に感謝している。この時を逃したならば、決して天皇論などに手を染める機会に出会うことなどなかった、と思うからである。

……………〔編集者等への謝意の言葉。〕

一九八九年三月末日》〔拙著『天皇論』「あとがき」　一九八九〕

（2）不勉強の誹りを免れえないが、これから一〇年後に、はじめて山本『昭和天皇の研究』を読んだ。日本はずっと「象徴天皇制」である。天皇制の「極大形式」と思える「王政復古」も、明治憲法下も、天皇が「象徴」であることに変わりはない。この結論は、山本と同じであった。

しかしわたしの昭和天皇論のキイ・ワードは、昭和天皇は、同じデモクラシィでありながら、「天皇の極大形式」（「大権」天皇＝明治憲法）と「天皇の極小形式」（「象徴」天皇＝日本国憲法）を齟齬なく生きたという、「極大」と「極小」という「対」概念だ。だが日本の皇統〔皇室伝統、谷沢永一に倣って「天皇制」という呼称は、コミンテルン〔三二テーゼ〕が捏造した用語であり、「限定」したとき以外用いない〕は、基本的には、最初期以外は、「象徴」であるというのがわたしの天皇の変わらない「規定」である。明治憲法下では、「象徴」天皇ではなかったかの観を、いらざる誤解を与えたのかの知れない。

(3)山本の昭和天皇論は、「天皇の自己規定」論である。わたしの天皇論は、皇統はデモクラシィと同在できるだけでなく、調和できる、というものだ。日本人の「アイデンティティ」は、「象徴」天皇とデモクラシィにあるというのは、山本とわたしとが共有する天皇論の中心部分《エレメント》である。

明治維新は、「王政復古」という形をとって「民主制」を呼び込んだ「革命」であるというのが、わたしと山本との共通点でもある。

(4)ただしわたしは山本『昭和天皇の研究』を参照せずに、否、山本の他の著作もほとんど読むことなしに、自説を展開した。論じ方は、コミュニズムを最後的に「清算」しようとするわたしの試みと、昭和天皇を「内側」から論じようという山本の研究では、視点(対象把握の基盤)の違いはある。本書を初読したときも、今回再読したときも、「なるほど!!」と頷かされることばかりだ。わたしの叙述に欠落した内容が盛られているからだ。

山本とわたしが異なるところは、天皇は、「明治憲法」を生きるよりも、「日本国憲法」を生きることのほうが容易だった、という山本の提言だ。

以上の「感想」を前置きに、この「研究」の「知新」を提示してみよう。

1　昭和天皇の「自己規定」

天皇の「自己規定」、たとえば「『朕』は○×である。」によって、「天皇は何であるか?」を論じるのは、とても危険だ。「自己規定」は「他者」との対比=関係性においてはじめて可能だからだ。他との関係性において自分を見ない言（自己規定）は、「独善《ひとりよがり》」である。有害だ。取り除かなければならない。あるいは「自己陶酔」の類だ。いずれ雲散霧消する。

天皇の「自己規定」は、独善や陶酔と無縁であった。なぜか、他者（基本枠組み）があり、それに「忠実」たろうとしたからだ。

（1）昭和天皇は、あくまでも「五箇条の御誓文」と「大日本帝国憲法」を「絶対」とする「立憲君主」であろうとした。これは、戦前であろうと、戦後（マッカーサー憲法＝日本国憲法下）であろうと、少しも変わることはなかった。

その「五箇条の御誓文」（一九六八）である。

「上下心を一にして盛に経綸を行ふべし」「官武一途庶民に至る迄各其志を遂げ人心をして倦まざらしめんことを要す」「旧来の陋習を破り天地の公道に基くべし」「智識を世界に求め大に皇基を振起すべし」は、「一君万民」、デモクラシィ宣言とでもいうべきものだ。

たしかに「大日本国憲法」は、「大日本帝国ハ万世一系ノ天皇之ヲ統治ス」（第一条）とあるように、「王政復古」の意志満ちあふれ、天皇に日本と日本人の統治権が委ねられているように書かれている。しかし、憲法法規上、天皇は現実の「議会」（立法）にも、「政府」（行政）にも、ましてや「裁判所」（司法）にも、ましてや「軍」にも、直接命令を下すことも、私見の類すら発することも不可だった。ただ元老たちを通して「意見」を求められるときにだけ「私見」を述べることができたにすぎない。その「意見」が尊重される場合もあれば、無視される場合もあった。

（2）天皇は、生涯、したがって、戦前も戦後も、自らを「現人神」と考え（規定し）なかった。「現人《あら》」と考え、生き抜いた。

天皇は、憲法内存在としては「天皇機関説」（＝象徴天皇論）の信奉者であり、「錦旗革命」＝「昭和維新」をめざす革新グループ（政府＝近衛文麿、軍部＝東条英機、官僚＝岸信介を頭部とする反民主＝国家社会主義者）こそ、「天皇」をただの「道具《ギョク》」とみなす、正真正銘の「機関」論者であった。

（3）天皇は、敗戦後、民主主義に同感・同調したのではない。だから、戦後、「人間宣言」したのでもない。四六年一月一日に発せられた「新日本建設に関する詔書」は、いわれるところの「人間宣言」などではない。まず五箇条の御誓文をあげ、敗戦の国難にさいし、官民挙げて新日本建設に邁進すべきだと述べる。いわゆる復興あるいは新国家建設の宣言である。

たしかにこの「詔書」で、昭和天皇と国民は、たんに「神話と伝説」によって結ばれてきたのではない、天皇はけっして「現人神」などではない、と述べている。だが、天皇が「現人神」と自己規定しなかったのは、戦前も戦後も変わらない。「神代」は「神話」だとみなした。この点でも、戦前と戦後で、天皇は変わっていない。

（4）なぜ昭和天皇がこのような自己規定に達し、それを終生変わることなく堅持できたのか。一つは、元老たちの「三代目」に対する希望であり、二つはこの希望を叶えるべくして選ばれた教育係である。

昭和天皇は、これをビジネスの創業者にたとえたら、「三代目」である。三代目は難しい。偉大な創業者の事業を守り発展させてゆくには、「守成の名君」に徹すること、これである。「創業はやすく守成は難し。」（It is more difficult to maintain than to initiate.）といわれる。明治、大正と来て、昭和天皇にまず期待されたのは、明治天皇が創業した事業を受け継ぎ、「守成」の任を果たすことである。源氏は、三代で滅亡した。徳川は三代で固まった。これが歴史の遺訓である。そのために選んだ教育係が、「倫理」担当の杉浦重剛であり、「歴史」担当の白鳥庫吉である。

2「神話」と「歴史」

そもそも「日本には『歴史学』はなく、中国史は漢学の付属物で、日本史は国学の付属物」である。このような状態から歴史学を「自立」させた功績は、白鳥庫吉のものである。白鳥は、「神話」、『日本書紀』の「神代史」を「普通の歴史」と峻別する。

「倫理」を講じた杉浦重剛も、「神話」と「歴史」の関係では、白鳥とまったく同じで、天皇の道徳主義＝徳治主義をとくに強調した。

ところで、杉浦は日本主義者として知られるが、三宅雪嶺と同じように西欧的な科学知を重視する思想家だ。杉浦をもっとも有名にした「事件」がある。山本が述べていないので、その概略を記そう。いわゆる「宮中謀事件」である。

大正一〇年二月一〇日、「良子女王殿下婚約の儀に就き種種の世評ありしも御変更等の儀は全然無之趣確聞す尚中村宮内大臣は此際辞表を提出すべく決意せられる由なり」という「号外」が出た。内務省当局者の談ということだが続いて、宮内省発表として、同じ主意の「号外」がでる。一般国民にとっては、寝耳に水のことだった。

大正七年一月、皇太子は久邇宮家良子女王と内約〔婚約〕した。ところが、突然、「この婚約に変更はない」と「号外」で発表された。不審を抱かれて当然だ。なぜ、国民を不審と不安に陥れるような「変事」を、内務省や宮内省はあえて発表したのか。

事の起こりは、元老山県が、原内閣の陸相田中義一に、「女王は色盲症であるが、知っているか」と質したことにある。これが、原に、そして西園寺に伝わり、東大医学部の診断も、女王に不利な結果が出た。

この遺伝は皇統を汚すものだ、として婚約取り消しに動いたのが、山県、西園寺、原で、特に熱心だったのが山県だった。

首相原は、久邇宮家に婚約辞退を勧めるが、拒絶される。内約の時、女王に色盲はあるが、子孫に伝わることはない、という診断書が提出されていたからだ。

実は、山県の婚約解消論には、裏があった。良子女王の母は薩摩の島津家の出だ。皇室に薩摩の血統が入り、長州閥が宮中で冷遇されるのでは、という恐れを抱いたからだ。まさに「横槍」である。

「皇統」を汚すという山県の「皇統論」に、正面から反対したのが、皇太子の学問所御用掛（倫理の先生）であった杉浦重剛たちの「皇徳論」である。

〈婚約解消などという不信不仁の行為は、下々の国民でもしない。陛下から内定の言葉があったものを覆すなどは、道徳の淵源としての皇室を傷つけ、皇徳を損なうものだ。〉

これが杉浦の主張である。そして、杉浦一派は、「宮内省の横暴不逞」と題する怪文書を、宮中や政界上層部にばらまき、二月一〇日に真相究明の国民大会を開く、という挙にでた。

山県は、枢密院議長、元帥、陸軍大将、公爵というように、位人臣を極めた。しかも可愛い気がない。反感と非難が一度に山県に集中した。収拾に動いたのが原首相で、宮内大臣の辞職で、いちおうの沈静化を見た。

山県は、大正二年の政変に続く、大敗北を喫する。すべての栄職や爵位を辞する。だが天皇によって留意され、失意の内に翌年二月亡くなった。かくして残った元老は、西園寺と松方正義で、松方も大正一三年に死去し、天皇を支え、歴代の首相を推薦してきた元老院は、主翼を失って、失速した。昭和天皇の時代は、元老という重石が取れた、しかし、強力な意志・舵取りを失った時代とともにはじまった、とあらためて確認しておきたい。

3 「天皇機関説」

ここでは山本からいちおう離れて、「天皇機関説」を簡単に考察してみよう。

山本もいうように、天皇機関説は、美濃部達吉と結びついて有名だ。しかし、その流れは古く、憲法が発布された明治二二年、天皇主権説を主張した穂積八束に対し、有賀長雄（国際法学）が君主機関説で反駁したことにはじまる。

〈一般の国家現象を科学的に研究して、最も矛盾少なく説明しようとするなら、法人たる国家をもって統治権の主体とし、君主をもって、これが最高機関となすことが、より合理的であろう。〉

この有賀の説が、次第に学会の主流になってゆき、天皇主権説は、大正期以前には、ほとんど「反駁」の対象になっていない。

それが、デモクラシーが進出した大正期に、なぜ「天皇主権説」が、国民の間と政界とを問わず、有力になっていったのか？　なぜ、学会や官界で常識となっていた天皇機関説をとらえて、その主張者の一人である美濃部達吉を「国賊」呼ばわりするようなことになったのか？

一つは、天皇は、たしかに国家の「機関」だが、それにとどまらない、という点だ。

機関は取り替え可能だ。だが、他国の君主と、歴史的存在としての天皇のあり方が本質的に異なる。皇統の歴史が、断然、長い。「超」歴史と、すなわち「万世一系」と表現してもいいほどに長い、世界に類のない存在である。しかも、日本国と皇室とは、同じ歴史時間を生きてきた。これは歴史事実であるだけでなく、当時の日本国民の共通感情でもある。

この天皇存在、皇室伝統を「機関」とみなすのは、君主機関説がどれほど合理的であっても、理に適わない。不備・不足がある。なによりも国民感情に適合しない。

二つは、美濃部と憲政の常道を説き政党政治を主張する政友会とに、強い結びつきがあったことだ。統治の主体は国家にあるほうが、政友会には都合がいい。だから、内閣は美濃部を法制参事官に任じ、文部省は中学教員の講習会で美濃部の「憲法講話」を聞かせた。こうして、美濃部が政治的に突出する。美濃部説を民主主義そのものと弾劾する上杉慎吉の非難は当たっていない。だが「憲法を民主主義のほうへ、一歩ひっぱりよせた」ということはできる。

この美濃部天皇機関説に対して、国政が政党主導による議会政治主体で進むことに危惧を感じた、貴族院、枢密院、宮内省、そして官僚と軍部が、さらには反政友会派がいっせいに反発した。結果、美濃部に私怨を抱く上杉慎吉の天皇主権論を、強く後押しする。

民主政治が進行するなかで、その進展を押しとどめようとする新しい勢力、元老や貴族院に代わる新勢力＝革新官僚（軍・政府官僚）が台頭しつつあった。昭和天皇が即位するのを機に「昭和維新」の声が上がる。国政の二極分化のはじまりである。

それでも、議会政治・政党政治の終焉、「大政翼賛会」（一九四〇）のもとでさえ、山本がいうように、美濃部の「天皇機関説」や白鳥の弟子である津田左右吉の『日本書紀』の「神代」は神話であり、歴史ではない、を「有罪」とすることはできなかった。司法に「独立」はあった。なぜか？

天皇があくまでも、立憲君主すなわち憲法内存在（天皇機関説）を堅持したからだ。「五・一五事件」にも、日華事変や日米開戦にも容喙しなかった。天皇は「政治」に無力だったからか。そんなことはない。「強力」かつ「異常」な力を発揮するからこそ、「憲法内存在」を維持したのだ。

4 天皇の「違憲」と「責任」

しかし、山本が指摘するように、天皇も「人の子《アラヒト》」である。二度ほど、政治決断を「表明」した。明らかに、「聖断」であり、違憲行為に思える。

1 「二・二六事件」は、天皇を動かして議会を停止させれば、親ナチス政権が成立する、と考えて決起した軍部（「青年将校」主導）のクーデタである。だが、天皇自身は、股肱《ここう》の臣を暗殺した「部隊」を「叛徒」と名指し、即刻「制圧せよ！」と強い意志で要求した。日本に、議会自身が議会を停止し、特定の個人に政治独裁権を与えるファシズム政治が生まれなかった理由である。軍部や近衛文麿のような親ナチズム派の意図が阻止された。

2 「ポツダム宣言」受諾、すなわち「降伏」を受け入れるかどうかの瀬戸際で、「本土決戦！」「一億玉砕！」の主張を引き下げない陸軍の反対を抑えて、「御前会議」で、天皇自身が「受諾」＝「降伏」の「聖断」を下した。「鶴の一声」であった。

二つ問題がある。この「御前会議」（なるもの）は、たしかに内閣総理大臣鈴木貫太郎によって、ポツダム宣言受諾を決定するために設定された「閣議」だ。しかし、天皇自身が「閣議」に参加するのはまだしも、そこで、直接政治意思を表明し、それをもって閣議の決定とするのは、明らかに「違憲行為」である。

3　天皇は、「守成の君主」たらんとした。何よりも国を危うくすること、「国哀」「国滅」の因となる「戦争」を嫌った。とことん「平和」主義者たろうとした。「満洲事変」、「日華事変」、「日米開戦」を憂慮し、「戦端」を開くことに慎重であれと考えた。だが、政府が、議会が決定したことに「否！」を称えることはできない。それが天皇である。

天皇は「憲法」上、いかなる政治決断をしてはならない存在である。内閣の「輔弼」〈〈旧憲法で、天皇の行為について進言し、採納を奏請し、その全責任を負うこと〔が規定されていた〕。国務については国務大臣、宮務については宮内大臣および内大臣、統帥上の事柄については参謀総長または軍令部総長があたった。〉〔日本国語大辞典〕世にいう天皇の「無答責」規定だ。ただし新憲法で天皇の「国事行為」〈天皇が国の機関として行なう儀礼的または形式的な行為。〉もすべて内閣の「助言と承認」を必要とするとある。新旧天皇の国事行為は、「連続」しているのだ。〉

4　遺憾ながら、日華事変から、インドシナ侵攻、日米開戦へと続く戦争は、天皇が憂慮したとおり、初戦の華々しさとは逆に、敗北と撤退の連続で、本土決戦の瀬戸際まで来て、敗戦を迎えた。

「戦争責任」は、常に、「敗者の責任」である。なるほど天皇自身は、「捕虜の長」として、マッカーサーとの会見で、山本が指摘するように、

「私は、国民が戦争遂行にあたって、政治、軍事両面で行ったすべての決定と行動に対する全責任を負う者として、私自身をあなたの代表する諸国の採決に委ねるためおたずねした」（『マッカー

サー回想記』）と語って、それにマッカーサー元帥がいたく感動したとある。だがこの会見内容は「発表不可」の条件でなされたので、天皇はそれを守ったが、マッカーサーはリークを辞さなかった。

山本は、天皇は会見で、「私を絞首刑にしてかまわない」といってマッカーサーを驚かした、と記す。

だがそれでもなお、天皇は「敗戦の責任」を明言していない。「三代目の守成の君主」として、「会社」を「倒産」（会社更生法下）の憂き目に遭わせた。だが「退位」をしていない。「全国行脚」（行幸）することで、国民に詫びた（これもとても大変なことだった）だけだ。戦前も、天皇自身の自己規定を少しも変えず、天皇の地位をまっとうした。これが事実である。
5　わたし（鷲田）は、昭和天皇の生涯を、完全無欠だとは思わないが、「アラ人」として稀の稀、最上の生涯をまっとうしたと考える。だが天皇は、天皇にふさわしい形で、「敗戦の責任」を表明すべきだったし、表明できた、と思える。それが天皇にだけできる「国民に対する責任」のまっとうの仕方である。そのうえで、退位をあえてせず、「自己規定」をまっとうしたら、さらによかったのだ。
ただし「天皇の敗戦責任」表明で、天皇の身に、ひいては皇室伝統に、さらには日本国と国民にどんな「結果」が待っていたか、は、今も、当時も、予測不能だったが。

山本は洪思翊中将には、黙って敗戦＝処刑の道を引き受けた、と「賞賛」の弁を重ねる。天皇には黙って敗戦の道を引き受け、もっとも安易な選択（退位）をせずに、国民とともに歩む、最苦難の道を選択し、完遂した、と最大級の賛意を表明する。わたしと、多少違うところがある。

第5章「歴史としての聖書」

山本七平は日本教キリスト派に属するが、独特の立ち位置をとった、「異例」のキリスト者である。わたしはキリスト教にも、聖書にもほとんど不案内のものだが、山本七平評伝を書く以上、山本のキリスト教関連の著作を無視して通り抜けるわけにはいかない。最低限度のことはいわなければならない、と考える。それに、山本のキリスト教論は、「異例」とはいえ、わたしにとっては、種々納得のいく点が多い。つまりキリスト教徒でなくとも、その歴史や聖書を理解する「鍵」を与えてくれるのだ。

0　異例のキリスト者——聖書と論語

系譜をたどれば、七平は、Iで述べたように、「三代目のキリスト者」である。しかし直接には、「二代目」の父が心酔して入門した内村鑑三の書を信奉していた。だが内村は、晩年、内村の忠実な「助手」を破門にした。七平は、その塚本虎二に「師事」したということになる。いずれにしても、教会に属さず、「信仰」だけで結ばれた信徒である。

ベンダサン『日本人とユダヤ人』で、ユダヤ教もキリスト教も、「神との契約」を第一義とし、

「家族の関係」を従とするという。

わたしは、山本が日本教徒キリスト派「貴種」である、と規定する。なぜか。
（1）山本は、家族を「契約」関係ではなく、「自然」関係とみなす。他の日本教キリスト派と同じように、「神との契約」を、人間自然（human nature）関係と「調和」させようとするからだ。しかし、日本教キリスト派と違うのは、「神の契約」と「人間の契約」を「混同」せず、区別、峻別を「自覚」しているからだ。このようなことがどうして可能になったのか？
（2）七平の家には、聖書とともに論語が常備されている。七平は、物心つくと、その二つを暗記するまで読んだ（読まされた）。学んだのだ。
《内村の心酔者であった亡父〔文之助〕が「聖書を理解するには論語を読まなければならぬ、と内村先生が言った』」と言って、大きな本〔論語〕を四冊買って帰り、半ば強制的に読まされた》、《「論語の位置から聖書を見、ひるがえって聖書の位置から論語を見る」は、私の唯一の「物の見方」かもしれない。それはある意味で、日本の位置から西欧を見、西欧の位置から日本を見ることである。》（『論語の読み方』一九八一）と記している。論語と聖書を規範とする生き方は、日本教キリスト派貴種として生きた、内村鑑三から引き継いだものでもあるといっていい。

ところで二一世紀においてもなお、悪名高き「教育勅語」（一八九〇年発布）がある。以下全文だ。

《朕惟《オモ》フニ我カ皇祖皇宗国ヲ肇《ハジ》ムルコト宏遠ニ徳ヲ樹ツルコト深厚ナリ　我カ臣民克《ヨ》ク忠ニ克ク孝ニ億兆心ヲ一ニシテ世世厥《ソ》ノ美ヲ済《ナ》セルハ此レ我カ国体ノ精華ニシテ教育ノ淵源亦実ニ此《ココ》ニ存ス　爾《ナンヂ》臣民父母ニ孝ニ兄弟ニ友ニ夫婦相和シ朋友相信シ恭倹己《オノ》レヲ持シ博愛衆ニ及ホシ学ヲ修メ業ヲ習ヒ以テ智能ヲ啓発シ徳器ヲ成就シ進テ公益ヲ広メ世務ヲ開キ常ニ国憲ヲ重シ国法ニ遵《シタガ》ヒ一

旦緩急アレハ義勇公ニ奉シ以テ天壌無窮ノ皇運ヲ扶翼スヘシ　是《カク》ノ如キハ独リ朕カ忠良ノ臣民タルノミナラス又以テ爾祖先ノ遺風ヲ顕彰スルニ足ラン　斯ノ道ハ実ニ我カ皇祖皇宗ノ遺訓ニシテ子孫臣民ノ倶《トモ》ニ遵守スヘキ所之ヲ古今ニ通シテ謬《アヤマ》ラス　之ヲ中外ニ施シテ悖《モト》ラス　朕爾臣民ト倶ニ拳拳服膺《フクヨウ》シテ咸《ミナ》其徳ヲ一ニセンコトヲ庶幾《コヒネガ》フ

明治二十三年十月三十日　　御 名 御 璽》

一読、これは「論語」の精神で書かれた、皇室伝統を尊崇する、したがって日本化された「論語」を規範とする教育宣言であると気づく人は、どれくらいいるだろうか。

「論語」を下敷きにしている、だから明治憲法に続いて出された「教育勅語」は、（おおくはその文章を見ず、読まずに、あるいは字面をとらえるだけで、）「封建道徳」教育である、と断じる人がいる。少なくない。とりわけ戦後に、多い。（わたしも、本文を読むまでは、そうだった。）

ところで内村鑑三である。内村は、一八九一年（三一歳）、教育勅語奉戴式で、明治天皇の署名（「御名御璽」）がある「勅語謄本」への「拝礼」を拒否し、「不敬」を問われ、第一高等中学校（後の一高）講師の職を追われた、とされている。だが、内村は皇室伝統を尊崇し、論語を解すること一通りではなかったのだ。しかも、「最敬礼」ではなかったが、「一礼」はしたのだ。ましてや、明治天皇と皇室伝統を、さらには「教育勅語」と「論語」の精神を「拒否」したのではなかった。

（3）孔子の『論語』は、人間と社会の変わらない本性（自然）の提示であり、その本性にもとづいて社会とりわけ政治（制度と運用）を、生活（道徳とマナー）を打ち建てるべきだ、と説くのだ。

なるほど『論語』（朱子学）が幕府の国定教科書として採用され、幕藩体制の秩序形成に寄与した。だが江戸の最盛期に当たる一七世紀末、日本にも人間本性に根ざした哲学が続々と登場した。代表が京の伊藤仁斎（一六二七〜一七〇五）や江戸の荻生徂徠（一六六六〜一七二八）であり、大坂の富永仲基（一七一五〜四六）や山片蟠桃（一七四八〜一八二一）が続き、さいごに江戸末期に佐藤一斎（一七七二〜一八五九）が締めくくった。一斎を除いてすべて朱子学（の論語理解）に真っ向から反対した。ここでは仁斎『童子問』（「日本人の論語」）をとりあげる。

仁斎は、「論語に帰れ！」、孔子哲学の「本源＝本義」に戻れという。いくつかその主張の特長を列挙してみよう。

1　孔子は（朱子学のように）天道を説かない。怪力乱神を語らない。人道（性＝人間本性の道）を説く。本性が動いて、欲を起こした場合、情という。「心」とは情が動くとき、少しの判断が加わるものだ。情（欲）も心（判断）も人間本性を基礎に考えるべきだ。人間本性は「伝統」のなかで生き続けている。理想主義や禁欲主義は孔子に無縁である。

2　「性」はそのままほおっておいたら道に近づくか。否だ。『孟子』のいうように、拡充し、存養する（心に養う）よう、教え導かなければならない。これが学問の必要な理由だが、みずから励み教え導く、自学自習こそ学問の本義だ。

3　人間本性の学問だ。貴く高尚で、人情・世情を超越し、高遠で、実行が難しいものであってはならない。およそ逆で、あらゆる人、下僕や農民にさえ共通な本性の学問である。難解、実行困難、高遠な教えは異端邪説だ。誰でも理解でき、実行も容易で、身近で変わらない教えこそ、孔子の教えで、学問は卑近（ポップ）を嫌ってはならない。

4　「仁」は道の最大のもので、比較を絶して傑出している。あえて一言でいえば「愛」である。

君臣に義、父子に親、夫婦に別（けじめ）、兄弟に叙（順序）、朋友に信（誠実）、これらはみな「愛」を根本とする。「仁」＝愛なければ偽装にすぎぬ。

5　『論語』は最上至極宇宙第一の書である。しかし聖典ではない。完結体ではなく、生きた思想で、運動体である。孔子は聖人だが、人間なのだ。誤りを免れえない。

驚くべし仁斎ではないか。孔子『論語』は孔子の死後一二五〇年、仁斎や徂徠の努力によって見事に日本で蘇ったというべきではないだろうか。しかも以上五点は、ぴったり山本七平の『論語の読み方』に合致する。（この本も、カッパ・ブックスと双璧をなす、ノン・ブック「知的サラリーマンシリーズ」の一冊である。）

『聖書』と『論語』をベースにする、日本教キリスト教派の「異端」（貴種）の『聖書』に関する言説を、一瞥しよう。

1　『聖書の常識』（一九七九、八一）

本書は、山本の著作のなかで、もっとも「楽しく《ワンダーフル》」精読できた本である。「聖書の常識」とあるが、いわゆる「啓蒙書」＝「入門書」の類とは異なる。山本の学知と精魂を傾けて書いた本なのだ。

『聖書の常識』は、なかなか複雑な構造をもっている。大別して、二つの課題をもつといっていい。

（1）聖書の文献批判＝聖書学、および聖書学の精髄である「歴史（書）としての聖書」の解明である。

（2）「イエス伝」を書くために「必須」な諸条件の解明である。
この二つの解明をもとに、聖書の「常識」、とくに聖書文化の波をまともにかぶってこなかった唯一の文明社会といっていい日本人の「誤解」＝「非常識」の明示である。

まず（1）の課題である。
1　聖書は旧約・新約を含めて、たんに「バイブル」といわれるが、原義はたんなる「本」(biblio)で、書名はないのだ。
では「一冊の本」か？　否、それぞれ由来も「作者」も異なる独立した旧約三九冊、新約二七冊からなる全書である。しかし関連もないバラバラの寄せ集めかというと、一定の方針で編集された「全書」の類である。等々。
2　聖書は「宗教書」か？「日本的な意味の宗教書」とは異なる。「宗教書」はその一部である。歴史書であり、教訓書、預言書、律法、詩や歌謡である。
旧約は最古の歴史書＝イスラエル史である。この「国」の歴史は、バビロニアとエジプトという巨大強国に挟まれた、四国と同じ狭小な地にはじまり、現在もその歴史アイデンティティが生きている。山本の学的情熱は尋常ではない。理由がある。

聖書学（聖書考古学・史学・文献学・語学・釈義学）はヨーロッパで最新の学問で、二〇世紀で、原子物理学とともにもっとも進んでいるといわれる。だから「聖書の内容は、いかなる学問的分析にも耐えられる」「どれほど深く学問のメスを入れてもびくともするものではない。」事実、聖書は何度となく新しいメスを入れられ、そのたびに大事件のように騒がれてきたが、一定の時間が過ぎると、結局、元に戻ってしまう。山本は、聖書学に対して揺るぎない信頼をもっている。

それに日本教徒とキリスト教徒との根本的相違の論拠であり、それが山本の「日本と日本人」理解の根本にあったものだ。本書での山本の言を要約しよう。

日本人にもっとも理解されにくいのは、聖書が創世記から始まるモーセ五書のテーマである「契約の書」＝「律法」であることだ。「契約」（Testament　神の遺言）とは、「神との契約」である。「宗教」（religion）の原義は、縛る（縛り直す）であり、神（超越者）が縛る絶対戒律のことだ。日本にこのような「戒律」はない。「日本人は無宗教だ」といわれる理由だ。しかし、日本人は「人間」（自然）を規範とする「人間教徒」である。

3　聖書は、キリスト教の聖典か？　然り、かつ、否だ。旧約は、ユダヤ教（＋タルムード）、キリスト教（＋新約）、イスラム教（＋コーラン）の聖典だからだ。

（2）キリスト教は、イエスと不可分離に結びつく。だが、

1　イエスは、「生涯」、ユダヤ教徒である。自分を「人の子」と称したことはあるが、「神の子」と名のったことはない。どうしてか。

2　新約の四福音書は、イエスが「キリスト」（原義は「油を注いで清められた者」、で救世主・ユダヤの王・神の子に転じた）であることを論証し、宣教するためのものであった。

3　したがって、新約だけでは、イエス伝の全容を知ることはできない。旧約を（ユダヤ教徒として）生き、祖述した（「（旧約聖書には）こう記されている。しかし私はこういう」というように、旧約の言葉より自分の言葉が権威あるのかのように説く）、イエスの特異な言動の「歴史」を解明しなければ、イエスはもとよりキリスト教の核心に迫ることはできない。

山本は、こう書き、「イエス伝」を書く原則を本書で明らかにし、イエス伝執筆の課題を自分に

課したのである。

2 『聖書の旅』(一九八一)

本書は、山本が、前後九回、イスラエルの地を訪れた「体験」をベースに、山本の聖書学、すなわち聖書考古学・史学・文献学・語学・釈義学を傾けて書いた、聖地探索の記録である。わたしも三度ほど「巡礼の旅」でイスラエルの地を踏んだことがある。山本の記録を指をたどるように歩むと、ぼんやりとした記憶が陰影をともなって再現することたびたびだった。マサダの砦には途中までしか登らなかったのに、夜、自分の足が砦のなかを歩いているように感じさえした。それほどに見事な「旅」記に思える。この書も、「イエス伝」を書く予備作業であるだろう。印象がとりわけ強い数点を拾いだしてみよう。

1 〈「人間が『血統証的存在』でない限り、『民族』とは一つの意識、一つの思想であって、その系譜は文化史的にのみたどりうる。」「民族意識の形成」にはさまざまな作用が加わる。ペリシテ(紀元前一三世紀末から一二世紀にかけて活躍した海洋の民の一派)との対決は、一二部族にイスラエル民族という意識を浸透させ確立させた。同時に、彼らがこの敵から多くを学び摂取しただろう、という旧約思想における東地中海的背景は無視できない。〉

わたしたちの巡礼旅は、「出エジプト記」に倣うように、スエズ運河を渡り(くぐり抜け)、シナイ半島の砂漠を経巡って、ヨルダン川を渡って(現)エルサレムに入った。全行程、海港エイラットを除いて、岩と砂の連続する地である。しかし、イエスの生誕地ガリラヤで足をとめ、「日本」というより、信州あるいは北海道と同じような冷涼とした朝を経験した。シリアとの（臨時）国交線間近を通ってハイファに着くと、そこは長い海岸線が続く地中海だった。エッと思えた。陽光あざやかな海浜に足を浸すと、エイラットから死海とガリラヤ湖をつなぐ大低地溝帯とあまりにも違う世界が広がっている、と実感できる。ここ地中海の最奥部と最古の都市国家バビロニアとは地続きなのだ、（これは、宮崎市定がいうように、瀬戸内海の最深部と大和王朝との関係と同じだ）と思えた。バビロニアとエジプトという二大強国に挟まれたイスラエルの民の過酷な運命をあらためて思いやられたのだ。

2　イエス伝――失われた地

イエスの根拠地は、ガリラヤ湖北西岸のカペナウムで、そこがキリスト教発祥の地である。〈「カペナウム」は「ケファル・ナホム」（ナホムの村）のギリシア式発音だが、この名の起こった由来は明確ではない。マタイ伝は、ペテロとイエスがカペナウムの住人であり、神殿税の徴収人が二人から神殿税を徴収するのを当然とみなしている、と記す。有名な銀貨を加えた魚の話をネタにしてだ。〉と山本は書く。

山本は、福音書が「伝承」であって、「史料」ではない、したがって、伝承にしたがって「イエス伝」を構成すると、とんだ間違いを犯す、と前提した上で、史実のハムレットとシェークスピアの『ハムレット』とが違っても、後者が「人類の一大遺産」であることに変わりはない、という。同時に、イエスは処刑されたが、処刑されたのはイエスの弟で、本物のイエスは青森県の「戸来村《へらい》」にやってきた、墓もある、という「創作伝承」を批判するのに、「イエスに弟がいたとは初耳だ」という批判こそ、新約も同時代の史料も読んでいない結果だという。

カペナウムの記述で、わたしは「伝承」と「史料」との関係には驚かなかったが、「カペナウム」が「ケファル・ナホム」＝「ナホムの村」であると知ったときは、いささか驚いた。わたしたちの巡礼旅の「案内人」のクリスチャンネームが、「ナホム」だったからだ。「ナホムの村」が旧約の「ナホム書」とどう関係あるのかはわからない。この青年案内人は、伝承にも詳しいよきサマリア人ならぬ、純日本人であった。

3　弟ヤコブ＝義人ヤコブ

山本の聖地巡礼記には、ヨセフスとその著作が頻出する。山本はヨセフスを詳しく紹介しているが、『日本大百科全書』にこうある。

《Flavius Josephus
（37／38―100ころ）ユダヤの歴史家。祭司の家系に生まれ、第一ユダヤ戦争（66～73）ではユダヤ軍のガリラヤ地区の指揮官として戦ったが、彼の立てこもったヨタパタの陥落とともに、ローマ軍総司令官で後の皇帝ウェパシアヌスに投降した。その後ローマ軍の案内人となり、七〇年、エルサレムの陥落後、ローマに赴き、ローマ市民権、土地、年金を与えられ、著作活動に専念した。『ユダヤ戦記』（7巻）、『ユダヤ古代誌』（20巻）、『自伝』（1巻）、『アピオン反論』（2巻）がその著作として伝えられ、いずれもギリシア語で記されている。彼は戦争では民族を裏切った立場に置かれたが、この戦争を扇動した熱心党を糾弾し、異民族に対してはユダヤ人を弁護した。彼の史書は、ユダヤ史はもちろん、ローマ史、原始キリスト教史にも貴重な史料を提供している。〈秀村欣二〉【本】新見宏・秦剛平訳『ヨセフス全集』全16巻（1975～85・山本書店）》

以下、弟ヤコブに関する山本の記述だ。

イエスより弟ヤコブの名のほうが多くの史料に残っている。皮肉な現象だが、当然である。《ガリラヤの時代には少数の弟子と求道者の小宗団にすぎなかったものが、その宗団を受け継いだヤコブのときには一定の組織をもち、一種の基金を必要とする宗教宗団に成長していたからである。……使徒パウロはこの〔エルサレム〕母教会のため寄付金を集めて自ら持参している。》

「イエスの弟ヤコブ」とその宗団〔ユダヤ教ナザレ派〕への「もっとも貴重な直接的証言」は、パウロの「ガラテヤの人びとへの手紙」である。イエスの弟に直接であったパウロ本人の「自筆」だ。この間のことをルカも記している。ルカがパウロの一行に加わり、カイサリアからローマへ渡った航海記もまた貴重だ。（わたしたちは、パウロの道をローマから逆に、途中のギリシアまでだが、辿ったことがあった。）「ヤコブとパウロのあいだには絶対的といえる信頼感があった。」初代キリスト教文書で「義人ヤコブと呼ばれた」と記される理由だ。そしてヨセフス『ユダヤ古代誌』は、弟ヤコブが処刑（殉教）されたと記す。

4　ヨセフス『ユダヤ戦記』

本書最後で、山本は、ユダヤ民族を「裏切り」ったヨセフスの最後の拠点ヨタファタ〔ヨタパタ〕を訪ね（発見し）、裏切りの場面を再構成する。山本の知と情念の旅の結末だ。

山本は、ヨセフスを裏切り者にして（裏切ったがゆえに）殉教者である、と規定する。

《イエスもパウロも、ともにガリラヤ人であり、ともに神を絶対としながら、絶対は同時に虚無に通じることを知っていた。それゆえ、黙って自らが砕かれた。だがそれらの違いを超えてすべての人に言えることは、みな、その生涯を燃焼尽くしたということであろう。その点ではヨセフスも変わりはない。そしてそれが本当に生きているということかも知れない。マサダが無限に魅

力ある地となっているのは、すべての人がそれを感じるからであろう。》

ヨセフスは、ユダヤ民族を裏切ったがゆえに、ユダヤ民族の歴史を書き残すことができた。《ヨセフスが〔ヨタファタで裏切って、ローマ人として〕「生きて書き残す」ことをしなかったなら「ユダヤ教」は残っても、一民族としての「ユダヤ民族」は消えたかも知れない。……。だが自国の歴史を、少なくともヘレニズム世界における「歴史」という概念に適応する「歴史」を記したのは彼だけであり、皮肉なことに、嫌われ拒否された彼の著作を二十世紀まで残したのはキリスト教徒なのである。》

納得できる。心底同意できる。

山本は「イエス伝」を書くことを終生の課題とした。その一環として、ヨセフス全集（邦訳全一六巻を出し続けたのも、キリスト教徒山本と山本書店である。符丁がぴたりと合うではないか。

3 『禁忌の聖書学』（一九九二）

文芸雑誌『新潮』に八七年一月号から、八八年九月号まで断続的に書かれた七章からなる「文章」だ。評論であり、創作であり、歴史書でもある。つまりは「文学」としかいいようのないものだ。「未完」（？）で、山本の死後（一九九二）に出版された。本書は『山本七平の旧約聖書物語』（一九八四）とともに、山本七平ライブラリー（全16巻）に、残念ながら、入っていない。なぜか？

山本七平は、その「聖書学」抜きに多彩な評論活動は存在しない、という当たり前のことを掲げたいのではない。山本七平という作家は、作家として自立する以前も、以降も、その知と行動の基本を聖書学から学んでいるからだ。聖書学とは、宗教学の一部ではない。山本がいう公認の聖書考古学・史学・文献学・語学・釈義学にかぎられるわけでもない。最も古く、ヘレニズム文化に決定的な影響を与え、与えられ、世界大に普遍化された学であり、文学である。『旧約聖書物語』も『禁忌の聖書学』も、伝統＝保守主義者にして革命＝急進主義者山本の、真面目が如実に表現されているからだ。

本書で、聖書（の本体）は、どこから・どんな手を使って攻撃しても、びくともしない（とは大げさすぎるが）、という想定のもとに、聖書の根源に触れるような部分に切り込んでいるからだ。

本書は、裏切り者ヨセフスの役割／マリアは〝処女〟で〝聖母〟か／「ヨセフ」物語は最古の小説か／終末なきヨブの嘆き／『雅歌』の官能性／過越の祭りと最後の晩餐の七章からなる。各章、ここでは（わたしにとって）刺激的テーマにかぎって、摘出してみよう。

1　（裏切り者）ヨセフス『ユダヤ古代誌』

・旧約のギリシア語訳＝「七〇（七二）人訳」は、前三世紀になった。

（1）ヘブライ語からギリシア語訳は、ギリシア・ローマ世界に旧約が広まる契機となったのではない。ギリシア・ローマ人は読んでいない。

（2）ローマ圏のユダヤ人（ヨセフスがネロ皇帝の六四年、ローマに行った時、五万人のユダヤ人がいた。）が読んだにすぎない。

（3）イエスはギリシア語を読めない。ヘブライ語で「演説」もできなかった。（ドイツ人マルクスは、英人ヒュームを独訳で読んだ。英語の演説も苦手だった。）

（4）旧約は、ユダヤ教徒にとっては律法・預言・諸書であり、キリスト教徒にとっては歴史書・

教訓書・預言書である。ヨセフスが律法を歴史書にした。
・ヨセフスが《『ユダヤ古代誌』というヘレニズム世界の文学の中に聖書を組み込んでこれをヨーロッパに提供したのである。ここに文学の中の聖書の最初の例があるといってよい。ユダヤ教徒は絶対にそのようなことをはしなかったし、するはずもなかった。》
《二千年前のだれが、ヘブル語という閉鎖的な少数民族の特異な言語圏の文書が、ユダヤ教・キリスト教・イスラム教という形で、全世界に大きな影響を与えると予想したであろうか。あり得ないことが起こったのである。》

2 「聖母マリア」

・旧約にはない。新約にはルカの福音書だけ。あとは平凡な母親だ。
(1)マタイの「処女降誕」は「七〇人訳」の誤訳が「契機」だ。
「女《アールマー》」を「処女《ベテゥーラー》」と訳す。したがって、処女降誕という教義はパウロの時代にはなかった。
(2)「処女降誕」は、神と人とのあいだに「半人《ヒーロー》」が生まれるというギリシア神話からとった、ギリシア系キリスト教徒が持ちこんだ「異教の神話の継承」ではないか(?)
・パウロには、イエスが神の「言葉」の受肉であると信じるには、「復活」で十分であった。
・「処女降誕」などは、ユダヤ教徒にとっては「姦婦・娼婦」である。キリスト教徒にとって、三八一年のニケア=コンスタンティノポリス信条で「聖母」となった。
・ヘブライズムの世界には、創造主である神の母などという概念はない。「女の腹は借り物」なのだ。

3 「ヨセフ物語」は「現代小説」である。

（1）創作だ。モティーフは、出エジプト記の前に、「入」エジプト記がある。
（2）私利私欲の人間物語だ。
（3）「神の見えざる手」がテーマである。

なおヨセフについて、ふたたび『日本大百科全書』から引く。あくまでもわたしもそうしたように、参考だ。

《ヨセフ　yoseph／Joseph　ヘブライ語：英語
イスラエルの太祖。『旧約聖書』の「創世記」37章以下に、ヨセフと彼の兄弟たちの物語が叙述される。彼は、ヤコブの11番目の息子として生まれ、父から特別な寵愛を受け、自尊心も強かったので、兄たちのねたみを買い、彼らによって隊商に売られ、エジプトの役人の家で奴隷奉公するはめになる（37章）。しかしいくつかの試練を経たのち、ついに彼はエジプトの宰相となり、その国を飢饉から救い（39〜41章）、父や兄弟たちとも再会する（42〜48章）。知恵により運命が切り開かれる、これがこの物語の主題である。〈定形日佐雄〉》

4　結末なきヨブの嘆き

ヨブ記はまことに現代的な作品である。

応報思想の作品で、不思議なことだが、いや当然なのかもしれぬが、人間は不条理を信ぜず、あくまで応報思想を信じたがる。

凡人は結局、応報思想に逃げ込んでそこに安眠したくなる。

応報思想は、すべての思想も宗教も殺してしまう。

《ヨブ　Job　ヘブライ語：英語

『旧約聖書』の「ヨブ記」の主人公。旧約の「エゼキエル書」によれば、彼はノアおよびダニエルと並ぶ三人の義人の代表者に数えられる（14章14、20節）。そして「ヨブ記」において、彼は義人であったが、〔神が許した〕サタンの試みにあい、すべての財産、家庭および健康を失い、自己の生を呪う。これに対しヨブの友人たちは、彼の不幸が罪の結果であり、彼に悔い改めを忠告する。しかし彼は、友人の、応報観に根ざした常識的な説得にいっそう苦悩し、神の義がどこにあるかを〔神に対質しつつ〕模索する。このような苦悩は、亡国離散の民ユダヤ人のそれを反映する。〈定形日佐雄〉【本】中沢洽樹著『ヨブ記のモチーフ』（一九八七　山本書店）》（日本大百科全書）

・人は絶対なるものを否定すると、しばしば「代用品」をつくる。「無謬の革命の指導者スターリン」などもその一例だ。

5　『雅歌』の官能性

・祝婚歌か？　なぜ聖典の中に入れられたのか？

《雅歌　Song of Songs

『旧約聖書』のなかの一書。ヘブライ語の原題は「歌の中の歌」で、もっとも優れた歌の意。ソロモン王の作に帰せられているが、ソロモンの名が本文中に何度も出てくるのをみると（1、3、8章）、かえってソロモンの作でないことは明らかである。雅歌には、男女がお互いに相手の美しさをたたえる歌が交互にみられるので、元来男女の愛を描いた戯曲的な作品であるという説もある。しかし、戯曲としての一貫した筋をたどることは困難である。むしろ古代イスラエルにおける結婚式の祝いの場で、さまざまに歌い交わされた歌を集めたとみるのが妥当であろう。雅歌の起源については明らかではないが、エジプトの恋愛詩などとの類似も指摘され、エジプトの影響が強

かったソロモン王時代を考えることも不可能ではない。〈木田献一〉》（日本大百科全書）
・本書がギリシア人にまったく抵抗なく読めたことは否定できまい。この点、雅歌はヘブル文化とギリシア文化の貴重な橋渡しになったことは否定できない。

6　過越の祭りと最後の晩餐

・「過越の祭り」は、日本人にはわかりにくい。

《pesah／passover　ヘブライ語：英語
「種入れぬパンの祭り」ともいい、ユダヤ教の三大祭の一つ。春分後に祝われる。『旧約聖書』は、この祭りの起源を、モーセに導かれたイスラエル民族のエジプト脱出前夜と結び付け（「出エジプト記」12章ほか）、奴隷状態にあった民族の苦しみと、出エジプトによる自由と解放を想起し、感謝を捧げる日と定めている（同13章ほか）。今日でもユダヤ教徒はニサンの月（3～4月）の13日の日没とともに家中のパン種を除いて火で焼き、14日から21日まで種入れぬパンを食す。晩餐には家族が集い、出エジプトとその後の民族の艱難時代を象徴する食物をとって歴史をしのび、賛美の詩篇を唱和して解放と自由の祭りを祝う。「過越」の語は「悪霊が小羊の血を戸口と鴨居に塗った家を過ぎ越して行った」という聖書の記事によって明らかだが、同時にこれは種入れぬパンを食す期間でもある。これは起源的には、前者が春先に動物の群れが移動を開始する前に、遊牧民の間で行われていた小羊の血による魔除けの儀式をさす。後者は春分のころ豊作を祈願してパレスチナの農民の間で行われていた実りに有害な古い酵母菌を取り除く行事、除酵祭である。この両者の祭儀が結合して古代イスラエルに受け継がれ、さらにこれが出エジプトという民族の歴史的門出の記念行事に結び付けられて、独特の祭りとなったものと説明されよう。〈秋　輝雄〉》（日本大百科全

書）

・曽野綾子氏は「アラブ人は出エジプト記を読むといちばんよく分かる」といわれたが、たしかに彼らには、苦しみから逃れるためにどんな約束でもするが、苦しみが去ればケロリと忘れてしまうところがある。

・ギリシア語の「復活祭」＝パスハは、過越の祭り＝ペサハから転じた。

わたしは「非キリスト教徒」として、聖地巡礼に参加した。山本の『禁忌の聖書学』は、曽野綾子氏といく「巡礼」の体験を、より身近なものにしてくれた。ほぼ一〇年にわたる他に代えがたい貴重な経験に恵まれた。以上の摘要には、わたしの体験も、入り混じっている。

補

第1節　山本七平の「宿願」

山本七平は、一九九一年（平成二）一二月一〇日、死去した。七〇歳である。二〇年の作家生活だった。長くはなかった。しかし、膨大な作品群を残した。その大要については、精粗はあれ、すでに言及した。

七〇歳からは、わたしもそうだったが、通常、やり残した仕事を完遂する時期、と思える。山本もドンピシャリ、そうだった。書き残した仕事を仕上げるという宿願を果たす、これである。山本には、三つの宿願があった。「イエス伝」、「天皇論」、「日本資本主義論」の三つである。どれも、独自な視点による作品だ。しかし、山本の（早すぎた）死が、彼にそれをし遂げる時間を与えなかった。だがこの三仕事はたんなる宿願ではなかった。独立の著作では仕上がることはなかったが、ほとんど準備段階を終え、あるいは構成部分をほとんど書き終え、編成を整え、欠落を補うために、書き足すだけだった、ということもできる。ここで、山本の「宿願」の成就次第を「補」として簡単に見ておこう。

1　イエス伝を書く

1　1　山本は、完成されたイエス伝を書かなかった。「宿願」にとどまった。

2　書けなかった。聖書学に裏打ちされた『イエス伝』は、「わたしのイエス伝」にとどまらざるをえない。

だが独立の書として、『聖書の常識』『禁忌の聖書学』『聖書の旅』『旧約聖書物語』がある。

さらには写文集『旧約への道』『旧約の風景』『ガリラヤへの道』『歴史の都エルサレム』『十字架への道』等の「文」がある。

また「独立」のイエス伝として、イエスにかんする諸論稿（写文集等の文も含む）を集め編纂した『山本家のイエス伝』（一九九六（のち『すらすら読めるイエス伝』二〇〇五））がある。すべて「イエス伝」の準備稿である、とみなすことができる。

3　書いた。山本は、キリストの「生涯」の「実在」（およそ一〇〇〇日）と「不在」（復活）については、その大本は書いた。「歴史のなかのイエス」である。

4　山本はキリスト教徒である。同時に天皇教徒である。「象徴天皇制」の開始を、「朝幕併存」、政教分離の「御成敗式目」においた。立憲君主制に変わった明治維持後も、敗戦後も、象徴天皇制の純化である。

キリスト主義者でありつつ「万世一系」の天皇主義者である「実例」はいくらでもある。師の内村鑑三がそうである。新渡戸稲造がそうだ。むしろ、キリスト者で反天皇者であることのほうが「異例」ではないだろうか。

5　山本はキリスト者であると同時に、日本キリスト教徒の異例である。「神の契約」を信じるが、聖書学にもとづいてだ。「聖母降誕」や偶像崇拝など、旧約新約外からもたらされた「異端」であって、聖書学に照らしてありえない、信じがたい、と断じる。だからたんなる「異端」ではなく、「異例」というゆえんだ。

2　天皇論を書く

1　山本は独立した、北畠親房『神皇正統記』のような『天皇論』を書かなかった。

2　『昭和天皇の研究』を書いた。見事な「昭和史」の自画像となっている。だが昭和天皇は、ワン・ノブ・天皇ではない。皇統の最終形態、もっとも純化した「象徴天皇制」を、立憲君主制の精髄を、最大の国難（敗戦）をはさんで、ものの見事に生き抜いた。『昭和天皇の研究』はしたがって昭和天皇論であると同時に、皇室伝統（皇統）論でもある。昭和時代の自画像であると同時に、日本歴史の自画像を描く基準となることができる。

3　山本は、天皇論を、「象徴天皇制」の変化に応じて、特定の時期、鎌倉期（朝幕併存）・南北朝期（契約天皇）・江戸期（「現人神」の創作）に即して論究している。後者二つは、朝幕併存（象徴天皇制）のもとでの「異端」であり、「歴史における天皇」＝「皇室伝統」からの逸脱である、と断じる。

4　天皇論は、自国中心の歴史論（日本歴史）の中核である。日本国は皇室伝統（「万世一系」）の国だ。ただし「自国」（天皇）は「他国」（皇帝や王）との比較・対照によって理解可能となる。自国中心と自国中心主義（独善主義）とは異なる。

5　わたしの見るところ、山本七平は、『昭和天皇の研究』によって、日本天皇研究を書き上げた、と（一言）断ってもいい、と思える。

3　日本資本主義の精神を書く

山本にとって、もっとも困難だったのが、『日本資本主義の精神』を書くことではなかったろうか。

1　たしかに、山本は、満洲事変から敗戦にいたる、もっとも苛烈な戦争体験を通じて、日本国家社会主義の実在を経験し、論究し、書いた。これらは、「日本資本主義の精神」研究の重要な部分である。

2　山本は、文字通り『日本資本主義の精神』を「勤労意欲」をテーマに書いた。「勤労意欲」こそ、日本資本主義の伝統であり、日本の経済社会ばかりでなく、政治と文化全般を貫くものだ、という「系譜」を明らかにしようとする。

3　だが、山本は「日本資本主義」を所与の前提として論究をはじめる。資本主義は、とくに、日本資本主義とはいかなるものか、それのデッサンなりを示さなければ、せいぜいのところ、資本主義を社会主義の対概念でつかむ程度で終わらざるをえない。あるいは山本がしたように、「文化史」的理解で終わらざるを得ない。

4　資本主義は、マルクス主義がそうするように、近代経済社会に特有のものではない。資本主義は、ノアの箱舟以来のもの、言葉が人間とともに古いように、資本も人間と同じ時代を生きてきた。資本主義は、人間にフィットした欲望システムである。これは今も昔も、今後も、人間が永続するまで変わらない。

したがって、山本が書いた日本資本主義の精神も、資本主義の「限定時期」にしか適応しない。

この意味で、山本は、日本資本主義も、その精神も、十全な形で仕上げることはできなかった、と断じたい。

以上山本の三「宿願」のうち成就する可能性は、もっとも困難を極めると思える「イエス伝」であり、「日本皇統の研究」はすでにできあがっている、といっていいだろう。

第2節　山本七平「私論」

わたしはこれまで大小あわせて五度、「山本七平」論を書いてきた。

以下、1、2の他に、『昭和の思想家67人』（PHP新書　二〇〇七）、『日本人の哲学1』（言視舎　二〇一二）、『日本人の哲学3』（言視舎　二〇一四）においてだ。

（1）全部二一世紀に入ってからのことだ。日本人哲学者の「頂点」に位置する三人の一人としてだ。年齢順にいえば、山本七平、司馬遼太郎、吉本隆明である。山本以外の二人について、「評伝」を書いた。吉本は八〇年代、司馬は九〇年代である。

（2）だが山本をはじめて読んだのは、その死後、九〇年代に入ってからで、本格的に読みはじめたのは、基本的には、論じるためで、二一世紀に入ってからだ。日本思想を本領土とする論者にとって、ありえない無知、無頓着であった。

（3）五編すべて、本書でほとんどすべて丸ごと活用した。

（4）しかし、本書と前五作とのあいだに、根本的ちがいがある。前五作は、いとも簡単に、イザヤ・ベンダサン作と山本七平作を「同一」視する愚を犯している。わたしだけではない愚だとはいえ、著述家山本七平に対する錯誤にとどまらず、許されざる無礼であった。
以下、以上の経緯を明示するために、1、2の二編だけ紹介しよう。

1　山本七平――『「空気」の研究』(一九七七)

著者は、日本人の、ひいては人間の思考態度を一貫して論究しました。本書は、「熱しやすく、さめやすい」日本人の伝統的精神構造を、「空気」を鍵概念に解明します。

△「空気」的判断

戦艦大和の出撃を無謀とする人々はすべて、無謀と断じるにいたる細かいデータ、明確な根拠がありました。一方、出撃を当然とする主張には、そういったデータや根拠がまったくなかったのです。ところが、「全体の空気よりして、当時も今日も(戦艦大和の)特攻出撃は当然と思う」ということになったのです。どうして無謀な決定がなされたのでしょう。そもそもここでいう「空気」とは何でしょう?　それは非常に強固でほぼ絶対的な支配力をもつ「判断の基準」で、それに抵抗する者を異端とし、「抗空気罪」で社会的に葬るほどの力をもつ超能力です。しかも、総合的な客観情勢の論理的検討の下で判断を下していないのに、通常そのことは口に出されません。当然です。論理の積み重ねで説明することができないから、「空気」と呼ばれるのです。日本人は、論理的判断の基準と、空気的判断の基準という、一種の二重基準《ダブルスタンダード》のもとで生きているのです。

△対象の臨在感的把握

この空気的判断は、軍部独裁の戦争時に特有な、稀で異常な例でしょうか?　違います。平和憲法と言論の自由が保障された戦後社会にも(こそ)見られるのです。たとえば、公害訴訟、人権（平等）教育、平和憲法で示されるように、公害＝悪、人権＝絶対善、平和＝絶対善→日本国憲法＝世界最高などという命題の絶対化が生まれました。

この空気支配は、対象の臨在感的把握（一種のアニミズム）と対象の相対的把握の排除を二原則とします。物質や事実の背後に「別な何か」があるという臨在感把握に対し、カドミニウム棒はただの金属にすぎないと、それをなめることで相手の無知を嘲笑したり、「石ころは物質だ。それを拝むのは迷信だ」といってことたれりとするのが、啓蒙主義者が取ったスタイルです。しかし、なぜかくも簡単に多くの人が「何か」にとらわれ、「空気」の支配に陥るのか、を探究する努力を示さなかったのです。

△対象の相対的把握

対象の相対的把握とは、自己の把握を絶対化しないことで、対立概念で対象を把握することです。たとえば、日本（自国）の欠陥車あるいはＣＯ^{2}の根拠（基準）を、日本と対立的なアメリカ（他国）の欠陥車あるいはＣＯ^{2}の根拠（基準）と比較することです。（端的には、自分が採用する命題［基準］を、対立する命題と比較検討することです。）こうすることで対象による一極支配から自由になれるのです。ところが、日本人の場合、相対把握が苦手なのです。ある時は経済「成長」が絶対化され、次の瞬間には「公害」が絶対化され、そのすぐあとに「資源」が絶対化される、というように、空気（ムード）に簡単支配されるのです。ところが、これを結果からみると、その場その場の巧みな方向転換によって、後で振り返ってみれば、結構「相対化」したような形になっているのです。（『超要約で世界の哲学を読む』ＰＨＰ研究所　二〇〇四）

2　山本七平――日本と日本人の「本性」の再発見

1　山本七平は東京駒沢に生まれ、四二年青山学院（高等商学部）を繰り上げ卒業し、各地を転戦、敗戦とともに収容所（フィリピン）に収容される。四七年はじめ復員し、五六年山本書店を設立する。七〇年、イザヤ・ベンダサン『日本人とユダヤ人』を刊行する。代表作に『「空気」の研究』、『勤勉の哲学』等があり、どこにも、誰にも属さない独立独歩の思索の生涯を送った。

2　日本人

日本人の理想型といえば、だれでもすぐに思い出すのが聖徳太子だろう。しかし、『日本書紀』に記された太子とは、お釈迦様にうり二つである。生誕後すぐに言葉を発し、成人後は一〇人の訴えを同時に聞いて、それぞれを聞き分けることができたなどである。日本は常に外来モデルを追い求めてきたが、日本人の最上のモデルもまた、外来ものであった。これは最近に至るまで変わらなかったというべきだろう。

山本の『日本人とユダヤ人』（一九七〇）が現れて、はじめて外来モデルではない日本人論が登場した。日本人の「習性」をものの見事に射抜いた日本人論である。山本によって、日本ははじめて「自製」の「自画像」をもちえた、といっていい。

では山本がくりかえし述べる、外国人と比較して、日本人に固有な日本人の最大の特徴とは何か？　たんに「人間らしい人間」、つまり「人間性」である。

「人間性」は西欧思想に特有なものじゃないか？　こう思われるだろう。しかし、この「人間性」とは、日本人の誰もが暗黙に認める「限度を超えない」性質という意味なのだ。（だから、外国人にはわからない。わからなくて当然だ。）「法外なことをしない、要求しない」ということである。端的にいえば、日本人は「無能な無欲」を咎めず、むしろ誉める。もっとも評価が低いのは、「無能な大欲」ではなく「有能な大欲」である。日本人の理想とするところは「有能な無欲」である。つまり、日本人は他人の欲望、特に突出した欲望を許し難い、とみなす。日本人のこの気質が平等社会を築く原因であったのだ。

「人間性」とはまた「本心」の別名である。山本が指摘するように、日本人は「本心」のない人を、そのような振る舞いをする人を許せない。しかも日本人には、「本心」の存在を信じない人はいない。日本人は、どんなに凶悪な犯人にも、日本を侵略しようとしている外国勢力にさえ、「本心」があることを信じ、それを認めない人をむしろ非難する。日本人に「性悪説」は通り難い。つまり日本人は自分は絶対に善人である、したがって同じ人間である他人も、外国人も、敵対する人間も、もとをただせば、善人であると考える、強い傾向《アイデンティティ》をもつのだ。

3　日本的思想

日本に固有な思想はない。ましてや、普遍思想などない。これが日本思想に対する一般的評価である。外来思想であり、衣装の思想というわけだ。林達夫も丸山真男もそのように述べた。対して山本はいう。

日本人は「自然」という言葉が全人類を律しうると考える一種の普遍主義者として生きてきた。「自然」は全人間を支配する絶対的秩序だから、人はその前で「無心」であればいい。ただし、この普遍主義はその普遍を外国にまで押し出してゆこうとはしない。外国でこの普遍主義が通らないのは異常である、と考えるにすぎない。

では日本に固有な思想形態とはいかなるものか。儒・釈（仏）・道の三教が、日本の伝統的な「自然秩序」を成立させる方法論として受容され、神儒仏合一論という形になり、日本の正統思想になった、と山本はいう。つまり、日本人の外国思想受容は、儒教であれ仏教であれ、プラトンの思想であれ、これこそ真実であると思えるものだけを自由に取捨選択し、パーツとして採用するのだ。つまり、換骨奪胎＝日本化してしまうのである。

第二次大戦後、アメリカニズムに汚染され、日本の伝統的意識を失った、と猛烈な批判がある。しかし、この批判こそ日本人の思想体質（伝統）をわきまえていないのだ。

山本の日本人論の最高傑作は、「空気」という一語に集約される。

日本で、あらゆる議論は、最後には「空気」で決められる。たとえば、「戦艦大和の特攻出撃」である。それを無謀とする細かいデータが揃い、明確な根拠があった。ところが、なんの論理的根拠のないまま、裸の艦隊を敵の機動部隊が跳梁する外海に突入させるという、侵しがたい「空気」が醸成されると、もう誰もそれに抗しがたくなる。日米開戦も、社内会議も、ホームルームも、このまことに大きな絶対権をもつ「空気」に圧せられる。

4　日本的社会

日本社会は、そのすみずみまで、「空気」が、つまりはさしたる根拠がないその場の雰囲気が、採否を決める。ところが、問題の解決のためには、徹底的に話し合えとか、親子間の会話が必要である、という論者がいる。何のことはない、いかなる解決をも提示しない、愚論なのだ。「空気」の怖さをまったくわきまえていない、表面の意見だ。

では、この妖怪とでもいうべき「空気」の支配にどう対処すべきか。「空気」が決めるということは、議論がはじまる前にすでに「空気」を作っておかなければならない、根回し（ネゴシエーション）が必要なのだ。だから、日本人がもっとも許せないのが、賛否いかんよりも、自分が事前の相談に与らなかった、ということになる。

民主主義とは、総じて、最低線にそろえる平等主義を意味する。ところが日本の民主主義は、常に、総格上げの民主主義である。山本が指摘するように、明治とは「一億総武士化」の時代である。明治が、士族と平民の階級差別を取り払い、士族の廃止へと進んだと見えるのは、外見だけのことにすぎない。全日本人が士族に昇格したのである。

第二次大戦後、「一億総格上げ」とでもいうべき民主主義は、「一億総学歴化運動」となって現れた。山本は、日本の総学士化は、やがて総博士化となり、日本の名刺からミスターが姿を消し、すべての人がドクターになるだろう、という。

それに「一億総中流化」がある。日本社会には、なんとしても下を常に上へ、上へと引き上げようとする揚力が働いている、とみなすことができる。この揚力が下がることを、日本国民は許そうとしない。

だからこそ、階級のない日本では、この「学歴」だけが、「実力」の裏付けがないにもかかわらず、刺青のように死ぬまで消えずに、国民すべてを「差別」する唯一の普遍の尺度として通用するかに見えるのである。（『日本をつくった思想家たち』ＰＨＰ新書　二〇〇九）

山本七平年譜

一九二一　大正一〇　一歳　一二・一八　東京府荏原郡駒沢村大字上馬引沢一一番地に生まれる。

＊一九二三・九・一　関東大震災

一九二八　昭和三　八歳　青山師範学校附属小学校に入学。

＊一九三〇　昭和恐慌　一九三一　満洲事変　一九三二　五・一五事件　一九三三　国際連盟脱退

一九三四　昭和九　一四歳　青山学院（中学部）入学。

＊一九三六　二・二六事件　一九三七　日華事変（近衛内閣）　日独伊防共協定

一九三九　昭和一四　一九歳　青山学院高等商業学部入学。

＊一九四〇　日独伊三国同盟（近衛内閣）　大政翼賛会発足　一九四一年一二月八日米英蘭に宣戦布告（東条内閣）

一九四二　昭和一七　二二歳　六月兵隊検査（第二乙種合格）　九月青山学院高等商業学部（繰り上げ）卒業。大阪商船の入社式。一〇月東部一二部隊近衛野砲三聯隊に入営。

＊六月ミッドウェー海戦

一九四三　昭和一八　二三歳　幹部候補生試験で「甲種幹部候補生」となり、二月一五日豊橋第一陸軍予備士官学校砲兵生徒隊十榴中隊第一区隊に入学。年末、見習士官（原隊復帰）。

＊二月ガダルカナル撤退

一九四四　昭和一九　二四歳　五月二九日門司からフィリピンへ。六月一五マニラ上陸。七月予備役野砲少尉任官。
＊七月東条内閣総辞職　一一月東京初空爆
一九四五　昭和二〇　二五歳　九月武装解除　捕虜収容所（マニラ）
＊一月米軍、ルソン島上陸　四月沖縄上陸　ポツダム宣言受諾（八・一四）　一二月近衛文麿自殺
一九四六　昭和二一　二六歳　帰国（一二月二三〜三一日　マニラ〜佐世保港）
＊総選挙（四・一〇）　日本国憲法公布（一一・三）
一九四七　昭和二二　二七歳　一月帰宅　五月奈良県吉野で吉野川木材設立、在勤。
一九四八　昭和二三　二八歳　一月帰京　三月妹（舟子）死去　右肺悪化・静養。
一九四九　昭和二四　二九歳　二山会（小阪元と地方書店の共同販売団体として出発）事務所勤務（「出版ダイジェスト」編集）。
＊朝鮮戦争（五〇年六〜五三年七）
一九五一　昭和二六　三一歳　三月福村書店入社（総務・営業　五三年一月退社　以降フリーの校正等に従事）。
＊対日平和条約・日米安全保障条約（九・八）
一九五四　昭和二九　三四歳　九月山本七平訳・ミハイル・イリン著『人間の歴史』（岩崎書店）刊行。一一月寶田れい子と結婚。
＊防衛庁設置法・自衛隊法公布（六・九）

一九五五　昭和三〇　三五歳　七月ころ、胃を全摘。
＊自民党（保守合同）、社会党（左右統一）
一九五六　昭和三一　三六歳　三月山本七平訳・N・J・ベリール著『生物の生態』（山本書店　発行　発行者・岩崎徹太〔岩崎書店〕　二七〇頁　定価二八〇円）刊行。
＊「もはや戦後ではない」（経済企画庁　白書）
一九五八　昭和三三　三八歳　一一月山本七平訳・ウェルネル・ケラー著『歴史としての聖書』（山本書店　発行者・山本れい子　四九四頁　定価二四〇〇円〔一四刷〕）より刊行。初の聖書関係図書の翻訳出版で、年々重版を重ね、山本書店は軌道に乗り始めた。
＊六〇年　日米安保改定（「双」務協定）　所得倍増計画
一九六三　昭和三八　四三歳　一〇月　自宅兼山本書店、完成したばかりの倉庫・在庫と蔵書を含め、全焼。（のち、自宅は鎌倉、書店は市ヶ谷へ移転。）
＊ニクソン・佐藤会談（沖縄返還同意　六九年一一）
一九七〇　昭和四五　五〇歳　五月　イザヤ・ベンダサン著『日本人とユダヤ人』（山本書店　定価六四〇円）発行。
＊大阪万博　日米安保自動延長。
一九七一　昭和四六　五一歳　「日本教について」（『諸君！』七一年一一〜七二年一〇号）連載。
一九七二　昭和四七　五二歳　「私の中の日本軍」（『諸君！』七二年八〜七四年四号）連載。
一九七三　昭和四八　五三歳　「ある異常体験者の偏見」（『文藝春秋』七三年三〜七四年二号）連載。
一九七四　昭和四九　五四歳　自宅を、鎌倉から東京千代田区に移転。

一九七五　昭和五〇　五五歳　「一下級将校の見た帝国陸軍」（『週刊朝日』七年一八～九年二六号）連載。「『空気』の研究」（『文藝春秋』七五年九～一二号　『諸君！』七六年四～五号、七六年一〇号）

一九七六　昭和五一　五六歳　「洪思翊中将の処刑」（『諸君！』七七年一～七九年二号）連載。

一九七七　昭和五二　五七歳　「わたしの歩んだ道」（『信徒の友』七七年四～八一年三号〔『静かなる細き声』一九九二〕）「日本近代思想の一系譜」（『Voice』七八年一～一二号〔『勤勉の哲学』一九七九〕）この年、イスラエルへはじめて訪れる。

一九七八　昭和五三　五八歳　三月『受難と排除の奇跡』（主婦の友社）書き下ろし「聖書の旅」（『文藝春秋』七九年一～一二号〔一九八一〕）連載。

一九七九　昭和五四年　五九歳　「文化の時代」研究グループ（大平内閣のブレーン）の議長を務める。一一月『日本資本主義の精神』（光文社）「イデオロギーと日本人――現人神の創作者たち」（『諸君！』八〇年一～八二年三号〔『現人神の創作者たち』一九八三〕）連載。

一九八〇　昭和五五　六〇歳　「時評『日本人』」（『週刊読売』八〇年七・六～八一年六・二一号〔単行本一九八一〕）連載　一〇月『聖書の常識』（講談社）書き下ろし「日本近代思想の源流」（『Voice』八一年一～八二年七号〔『日本的革命の哲学』一九八二〕）連載。

一九八一　昭和五六　六一歳　八月　小室直樹と『日本教の社会学』（講談社）書き下ろし対談
一一月『論語の読み方』（祥伝社）

一九八二　昭和五七　六二歳　六月「ユダヤ二千年史の謎」（月刊『現代』八二年七～八三年六号〔『一つの教訓・ユダヤの興亡』講談社〕）連載。

一九八三　昭和五八　六三歳　八月「東京裁判・永遠に回答されなかった疑問」（『諸君！』八三

年九～一一号）連載　一二月「近代日本資本主義の創始者」（『Voice』八四年一～八五年三号、八五年五～八六年三号〔『近代の創造』PHP研究所〕）連載。
一九八四　昭和五九　六四歳　臨時教育審議会、第一部会「二十一世紀を展望した教育の在り方」で専門委員。
一九八五　昭和六〇　六五歳　八月「角栄の御時勢」（『諸君！』八五年八～八六年一号〔『御時世」の研究』一九八六〕）連載。
一九八六　昭和六一　六六歳　九月「徳川家康」（『プレジデント』八六年一〇～八八年三号〔一九九二〕）連載。
一九八七　昭和六二　六七歳　三月「江戸時代の産業知識人」（『BUSINESS　VOICE』八七年春～九〇年春号、『Voice』九〇年八号〔『江戸時代の先駆者たち』PHP研究所　一九九〇〕）
一九八八　昭和六三　六八歳　三月「昭和東京ものがたり」（『週刊読売』八八年四・三～八九年一二・三一号〔一九九〇〕）連載。
一九八九　昭和六四・平成一　六九歳　二月『昭和天皇の研究』（祥伝社）書き下ろし　九月『日本人とは何か。』（PHP研究所）書き下ろし。
＊一月七日　昭和天皇崩御
一九九〇　平成二　七〇歳　五月シリア、ヨルダン旅行、これが最後の海外旅行。九月　膵臓ガンと診断され、一一月国立がんセンターで手術（一六時間）。
一九九一　平成三　七一歳　八月がん再発。一二月一〇日　自宅で死去。

あとがき

1　わたしが「評伝」類を単行本として最初に書いたのは、マルクス（『哲学の構想と現実』一九八三）であった。続いて、野呂栄太郎、スピノザ、吉本隆明、司馬遼太郎、柳田国男、夏目漱石、ヘーゲル、佐伯泰英、坂本龍馬と書いてきた。さらに福沢諭吉（三部作中二部まで出来）、余裕があったら三宅雪嶺も仕上げたいと思ってきた。他に、曽野綾子や梅棹忠夫のインタビュー稿があがっていたが、未刊になったままだ。師の谷沢永一については断章も入れればおそらく二冊分ほど書いているだろう。

ことほどさように「作家」(an author)の「人生」(way of life)に興味がある。もちろんその中心には「作品」への熱愛がある。だが、七〇代の半ばになって、まさか山本七平の評伝を書くなどとは思ってもみなかった。書いてみて、四〇代に吉本論を書いたときの心情が甦ってくる感に満たされ、いささか興奮している。といっても、予想をしなかったわけではなかったが。

わたしはマルクス主義を脱するとき、谷沢とともに、吉本をテコの要素《エレメント》にしたが、はからずも評伝・山本七平は、マルクス主義路線終着駅の「車止め」（標識）になった、と思える。

2　本書は、「言視舎　評伝選」シリーズ編集者小川哲生氏の指名によるものだ。わたしにとっては、吉本隆明「全集撰」（大和書房　全7巻別巻1［うち第2巻と別巻が未刊］）等の「伝説」の編集者である。驚きと喜びが相半ばしたが、一も二もなく受諾した。いつものように、強く後押ししてくれた言視舎編集長杉山尚次氏とともに、小川氏に謝意を表したい。ご指名、ありがとう。

3　最後に、多くの文献の力を借りたが、そのなかで二冊だけ銘記したい。

稲垣武『怒りを抑えし者——評伝・山本七平』(PHP研究所　一九九七)は、再読し、その都度断らなかったが、多くの点で参照した。山本の〈半生〉を抱きしめた書だ。

谷沢永一『山本七平の知恵』(PHP研究所　一九九二)は、山本死去の直後に出た本である。わたしの山本論は、本書に多くを負っている。だがこのたびは再読せず、参照せずに書いた。書き終わり、谷沢書を再読すると、谷沢(先生)が書かなかったこと、書けなかったことを書いている。少しだけ胸がふくれた。

二〇一六年三月二〇日　はやくも雪の消えた馬追山から

鷲田小彌太

［著者紹介］
鷲田小彌太（わしだ・こやた）
1942年、札幌市生まれ、札幌南高、大阪大学文学部哲学科卒、同大学院博士課程満期中退。75年三重短大講師、同教授を経て、83年札幌大学教授（哲学・倫理学担当）。2012年退職。
主要著作に、75年『ヘーゲル「法哲学」研究序論』（新泉社）を皮切りに、86年『昭和思想史60年』、89年『天皇論』（ともに三一書房）、96年『現代思想』（潮出版）、07年『人生の哲学』（海竜社）、07年『昭和の思想家67人』（PHP新書〔『昭和思想史60年』の改訂・増補〕）、その他91年『大学教授になる方法』（青弓社〔PHP文庫〕）、92年『哲学がわかる事典』（実業日本出版社）、2012年～『日本人の哲学』（全5巻、言視舎）等々がある。

編集協力……小川哲生、田中はるか
DTP制作……REN

〈言視舎　評伝選〉
山本七平

発行日❖2016年4月30日　初版第1刷

著者
鷲田小彌太

発行者
杉山尚次

発行所
株式会社**言視舎**
東京都千代田区富士見2-2-2 〒102-0071
電話 03-3234-5997　FAX 03-3234-5957
http://www.s-pn.jp/

装丁
菊地信義

印刷・製本
中央精版印刷㈱

ISBN 978-4-86565-051-8　C0321

言視舎刊行の関連書

978-4-905369-49-3

日本人の哲学 1 哲学者列伝

やせ細った「哲学像」からの脱却。時代を逆順に進む構成。1　吉本隆明▼小室直樹▼丸山真男ほか　2　柳田国男▼徳富蘇峰▼三宅雪嶺ほか　3　佐藤一斎▼石田梅岩ほか　4　荻生徂徠▼伊藤仁斎ほか▼5　世阿弥▼北畠親房▼親鸞ほか　6　空海▼日本書紀ほか

鷲田小彌太 著　　四六判上製 定価 3800 円+税

978-4-905369-74-5

日本人の哲学 2 文芸の哲学

1　戦後▼村上春樹▼司馬遼太郎▼松本清張▼山崎正和▼亀井秀雄▼谷沢永一▼大西巨人　2　戦前▼谷崎潤一郎▼泉鏡花▼小林秀雄▼高山樗牛▼折口信夫▼山本周五郎▼菊池寛　3江戸▼滝沢馬琴　▼近松門左衛門▼松尾芭蕉▼本居宣長▼十返舎一九　ほか

鷲田小彌太 著　　四六判上製　定価 3800 円+税

978-4-905369-94-3

日本人の哲学 3 政治の哲学／経済の哲学／歴史の哲学

3部　哲学は政治なのだ／4部　経済とは資本主義のことだ／5部　歴史の神髄は哲学なのだ…▼岡田英弘▼山片蟠桃▼渡部昇一▼徳富蘇峰▼頼山陽▼司馬遼太郎▼山本周五郎▼岡本綺堂▼梅棹忠夫▼今西錦司▼内藤湖南▼山本七平ほか

鷲田小彌太 著　　四六判上製　定価 4300 円+税

978-4-86565-034-1

日本人の哲学 5 大学の哲学／雑知の哲学

9部　大学の哲学▼廣松渉▼田中美知太郎▼三木清▼西田幾多郎▼山鹿素行▼山崎闇斎▼熊沢蕃山▼林羅山▼日蓮▼道元▼慈円▼栄西▼源信　10部　雑知の哲学▼大宅壮一▼鶴見俊輔▼桑原武夫▼立花隆▼柄谷行人▼鮎川信夫▼山本夏彦▼山田風太郎ほか

※日本人の哲学4は近日刊の予定

鷲田小彌太 著　　四六判上製 定価 3800 円+税

978-4-86565-043-3

谷沢永一　二巻選集 上　精撰文学論

精緻な書誌学者として知られる文学研究家、辛辣な書評で鳴る文芸評論家、「人間通」という言葉を広めた張本人で人生論の達人・多岐にわたる谷沢永一の仕事の精髄を上巻、文学論に凝縮した決定版。

※下（鷲田小彌太編）は近日刊の予定

浦西和彦 編　　A5判上製　定価 4500 円+税